조선영화의 탄생

한상언(韓相言, Han, Sang-eon)

영화사 연구자. 영화학 박사. 19세기 말부터 해방직후 시기를 중심
으로 한국영화사를 연구하고 있다. 저서로『해방공간의 영화·영화
인』,『해방과 전쟁사이의 한국영화』(공저),『할리우드 프리즘』(공
저) 등이 있다. 현재『월북영화인들의 삶과 영화』와『천리마시대
북한영화』에 관한 책을 준비 중이다.

조선영화의 탄생
....

초판 1쇄 발행 2018년 2월 28일
초판 2쇄 발행 2019년 1월 8일

지은이 한상언 ▌**펴낸이** 박찬익 ▌**편집장** 권이준 ▌**책임편집** 조은혜
펴낸곳 ㈜**박이정** ▌**주소** 서울시 동대문구 천호대로 16가길 4
전화 02) 922-1192~3 ▌**팩스** 02) 928-4683 ▌**홈페이지** www.pjbook.com
이메일 pijbook@naver.com ▌**등록** 2014년 8월 22일 제305-2014-000028호

ISBN 979-11-5848-368-5 (93680)

* 책값은 뒤표지에 있습니다.

조선 영화의 탄생

한상언 지음

(주)박이정

머리말

『친일인명사전』편찬에 참여하면서 친일문제의 밑바탕에는 제국에서 온 이주자들과 식민지 원주민들의 이중구조로 만들어진 식민지 체제와 이를 만들고 지탱한 제국주의 이데올로기가 있다는 것을 실감했다. 특히 가까이에서 뵌 이효인 선생의, '민족주의'에 대한 제대로 된 이해 없이 '탈민족주의'를 외치는 영화학계의 풍토에 대한 따가운 일침은 식민지체제에 대한 보다 근본적인 문제에 관심을 갖게 된 직접적인 계기였다.

박사학위논문의 주제를 조선영화산업의 식민지적 구조가 어떻게 형성되었는지에 관해 밝히는 것으로 잡고 초기영화사에 관련한 자료들을 수집했다. 지금도 그러하지만 초기 한국영화사 연구 분야는 마땅한 연구자를 찾아볼 수 없을 정도로 불모지나 마찬가지였다. 참고할만한 선행연구가 없는 상황에서 영화산업이 형성되던 당시 조선에서 큰 영향력을 행사했던 일본인 극장주와 흥행사들, 그리고 일본흥행업의 영향을 증명하는 변사에 관해 자료를 모아 소논문을 작성했다. 이를 토대로 박사논문을 시작했다. 이렇게 완성한 박사논문은 분량이 많지 않고 논지도 거칠 수밖에 없었다. 그럼에도 불구하고 조선에서 영화산업의 식민지적 구조가 어떻게 형성되었는지를 밝혀냈다는 점을 인정받아 2010년 박사학위를 수여받을 수 있었다. 아무도 연구하지 않은 분야를 연구한 덕을 본 것이라 생각한다.

박사학위심사위원은 최영철, 복환모, 이효인, 강성률, 정태수 선생이었다. 이분들의 도움이 없었다면 연구를 수행하는데 있어 많은 시행착오를 겪었을 것이다. 특히 논문 작성 시 이효인 선생의 『한국영화역사강의 1』은 어두운 길을 헤쳐 나가는 길잡이였으며 논문이 거대한 벽에 부딪혔을 때 광운대로 강성률 선생을 찾아가 들었던 조언은 어려운 난관을 돌파하는데 큰 힘이 되었음을 뒤늦게나마 밝힌다.

박사학위를 수여받은 이후 이 책이 나오기 전까지는 박사학위논문의 a/s 기간이었다. 관련분야의 첫 번째 연구이다 보니 빈약하게 서술된 부분이 많았고 실증을 표방한 논문임에도 적지 않은 오류가 있었다. 잘못된 것을 바로잡고 새로운 것을 밝혀내는데 7년이라는 오랜 시간이 걸렸다. 이 책은 박사학위논문의 틀에 그간 써왔던 관련 연구들을 추려 새롭게 한권으로 묶은 것으로 어찌 보면 지난 10년간 진행해 온 연구의 최종 결과물이라 할 수 있다. 뒤늦게나마 지난 연구를 정리하는 것은 후속 연구자들의 수고를 조금이나마 덜어줄 수 있지 않을까 하는 마음에서이다.

이 책에 수록한 글의 제목과 출처는 다음과 같다.

「1910년대 경성의 일본영화인 연구」(『영화연구』 40호, 2009.)
「활동사진시기 조선영화산업 연구」(한양대 박사논문, 2010.)
「1910년대 조선의 변사시스템 도입과 그 특징에 관한 연구」(『영화연구』 44호, 2010.)
「1910년대 경성의 극장과 극장문화에 관한 연구」(『영화연구』 53호, 2012.)
「1920년대 초반 조선의 영화산업과 조선영화의 탄생」(『영화연구』 55호, 2013.)
「경성고등연예관 연구」(『영화연구』 59호, 2014.)
「하야가와연예부의 유락관 경영에 관한 연구」(『영화연구』 제62호, 2014.)
「식민지 조선에서 연쇄극의 유입과 정착에 관한 연구」(『영화연구』 64

호, 2015.)
「최초의 카메라맨 이필우의 초기 활동 연구」(『영화연구』 66호, 2015.)
「식민지시기 칼라영화 상영에 관한 연구」(『영화연구』 67호, 2016.)
「1910년대 중반 조선에서 유니버설 영화에 관한 연구」(『씨네포럼』 23호, 2016.)
「대정관의 설립과 변천에 관한 연구」(『영화연구』 70호, 2016.)

〈대스타의 빛에 가린 조연, 그러나...〉(《오마이뉴스》, 2007.3.30.)
〈의인은 죽고 영화의 시대는 열리고...〉(《오마이뉴스》, 2007.3.30.)
〈뿅뿅이춤 추는 변사, 경성을 휘어잡다〉(《오마이뉴스》, 2010.6.27.)
〈아편중독으로 쓰러진 스타변사〉(《오마이뉴스》, 2010.6.27.)

이 책은 한국영화사 연구의 토대를 쌓은 이영일, 김종원 등 1세대 연구자들에게 큰 빚을 지고 있다. 영화사 연구를 할 때마다 접하게 되는 어른들의 발걸음 하나하나는 그 뒤를 따라 걷는 후학에게는 중요한 지침일 수밖에 없다. 어찌 보면 영화사연구의 획기적인 성장을 가져온 최근의 성과들은 이영일, 김종원 등이 만들어 놓은 놀이터에서 뛰노는 아이들이 쌓아 올린 모래성과 같다고 말할 수 있을 것이다. 이들의 선구적 노고에 감사를 표한다.

책을 묶으면서 연구자로서 가진 능력에 비해 많은 이들의 큰 사랑을 받았음을 새삼 깨닫게 된다. 우선 든든한 버팀목이 되어준 아내 양정임과 아들 한정민, 딸 한은경 그리고 공부를 할 수 있게 물심양면의 지원을 아끼지 않으신 양가 부모님과 형제들에게 사랑의 마음을 전한다. 그리고 이효인 선생을 위시하여 학문적 관심을 교환했던 지인들, 함충범, 정찬철,

이선주 선생 등 현대영화연구소 식구들,《영화예술》세미나를 함께 했던 여러 선생님들 그리고 선뜻 책을 출판해준 (주)박이정의 박찬익 대표 이하 직원 여러분들께 감사의 말씀을 올린다.

마지막으로 정태수 선생과 윤미령님에게는 부모와 같은 마음으로 격려해주고 지지해주고 걱정해주어서 10년이 넘는 기간 갚을 수 없는 큰 은혜를 받았음에 보다 특별한 존경의 마음을 표한다.

2018년 첫날. 한상언.

차례

제1장   조선영화산업의 형성과 식민성

    조선에 언제 처음 영화가 상영되었는지에 관해서는 크게 세 가지로 견해가 나누어진다. 심훈(沈熏)이 《朝鮮日報》(1929.1.1.)에 쓴 글을 근거로 김종원 등이 주장하고 있는 1897년 설, 버튼 홈즈(Burton Homes)의 여행기를 근거로 조희문이 주장하고 있는 1899년 설, 《皇城新聞》(1903.6.24.)의 활동사진 광고를 근거로 한 이영일 등의 주장이 그것이다.

    이들의 각기 다른 주장에도 불구하고 1900년을 전후한 시점 영화가 처음 조선에 들어왔으며, 본격적으로 일반에게 상영되기 시작한 것은 《皇城新聞》에 한성전기회사(漢城電氣會社)의 활동사진 광고가 실린 1903년부터라는 점에는 주장이 일치한다.

[자료] 황성신문에 실린 활동사진 상영 광고(《皇城新聞》, 1903.6.24.)

조선에 영화가 들어와 상영되기 시작한 1900년 전후부터 약 20년 후인 1919년 연쇄극 〈의리적 구토〉(義理的 仇討)가 만들어지면서 조선인의 영화제작이 시작됐다. 반면 인접한 일본과 중국의 경우에는 1896년부터 영화가 수입되었고 일본의 경우 최초의 영화 제작이 1897년, 중국은 1905년에 이루어졌다. 이러한 사실에 비추어 본다면 우리 스스로 영화를 제작한 시기는 인접한 일본과 중국보다 훨씬 늦은 시점에 이루어졌음을 알 수 있다.

왜 조선에서는 영화가 수입, 상영되기 시작한 지 20년이 지나도록 영화제작이 이루어지지 못했을까? 한국영화사 연구의 기초를 닦은 인물로 평가받는 이영일은 한국영화사의 발전 과정을 1. 영화의 수입 － 2. 흥행 산업으로의 발전 － 3. 영화제작의 시작이라는 단선적 측면에서 바라보았다. 이러한 시각을 따른다면 1919년까지의 기간은 영화제작에 필요한 자본이 축적되고, 기술을 담당할 인력이 형성되는 시기로 이해될 수밖에 없었다.

영화가 제작될 토대가 제대로 구축되지 않았기에 영화제작이 이루어 질 수 없는 것은 어쩌면 당연했다.[1] 그래서 이영일은 서양인과 일본인이 흥행을 주도하던 1919년까지의 시기는 한국영화사에서 사상(捨象)할 수밖에 없는 시기로까지 규정했다.[2]

조선인이 주도하지 않은 영화 활동은 빼고 생각할 수밖에 없다는 이러한 주장은 한국영화사 연구의 일반적인 관행이었다. 그런 이유에서 영화의 수용과 산업으로의 정착에 관한 사항은 연구자들의 관심 밖에 있었다. 이처럼 주요 영화사 연구자들이 단선적인 영화사 발전론을 토대로 영화도래에서 연쇄극 제작에 이르는 시기를 영화제작의 역량을 키우는 기간으로 간단히 정리해버림으로써 이 시기 한국영화사 연구는 다른 식의 해석을 거부하는 일정한 틀에 갇혀 버리게 되었다.

그렇다면 과연 조선인의 자본과 기술이 부족했기 때문에 영화제작이 늦어졌던 것일까? 연쇄극이 제작되는 1919년에는 조선인의 자본과 기술 문제가 해결되었던 것인가? 이웃한 일본과 중국의 경우도 이와 같은 단선적 영화발전과정을 겪었던 것인가?

일본에서 영화 제작은 고니시사진기점(小西寫眞機店)의 아사노 시로(淺野四郎)에 의해 1897년 시도되었으며 1899년 흥행사 고마다 고오요오(駒田好洋)의 요청으로 아사노 시로가 촬영한 게이샤의 무용이 처음으로 제작된 흥행용 영화였다.[3] 1905년 제작된 최초의 중국영화 〈정군산〉(定軍山)도 유명한 경극배우인 담흠배(譚鑫培)의 생일을 기념하기 위해 경극의 주요 레퍼토리인 〈삼국연의〉(三國演義)의 한 장면을 기록한 것이었다.[4] 일본과 중국의 경우를 보아도 영화흥행을 통한 자본의 형성과 이를 토대로 영화제

1 이영일, 『한국영화전사(개정증보판)』, 도서출판 소도, 2004, 56쪽.
2 위의 책, 58쪽.
3 田中純一郎, 『日本映畵發達史 Ⅰ』, 東京 : 中央公論社, 1980, 70~74쪽.
4 루홍스, 슈샤오밍(김정욱 옮김), 『차이나 시네마』, 도서출판 동인, 2002, 22~23쪽.

작이 시작된 것이 아니었다. 이처럼 단선적 영화발전론을 토대로 한 해명을 받아들이기에는 미진한 점이 많다. 조선이 일제에 강점되던 1910년이나 연쇄극이 만들어지던 1919년이나 토오키 영화의 제작이 시작되던 1935년이나 조선인의 영화자본과 영화기술은 미약할 뿐이었다.

일제강점기 내내 조선인들에게 부족한 자본과 기술의 문제는 주로 재조일본인을 통해 해결했다. 무성영화시대 최고의 걸작이라고 평가받는 〈아리랑〉(1926) 역시 재조일본인의 자본과 기술로 만들어진 영화였다. 결코 1920년을 전후하여 조선인 영화제작 자본이 형성되거나 뛰어난 조선인 영화 기술자가 나타나 이들에 의해 영화가 제작된 것이 아니었다. 다시 말해 일본의 식민지로 전락해가고 있던 1900년대나 일제의 식민지가 되어버린 1910년에도 영화가 제작될 수 있었으나 그 실현이 1920년을 전후한 시점에 이루어진 것뿐이었다.

그렇다면 민족주의적 영화사 서술에서 주로 언급하고 있는 일제의 가혹한 검열과 탄압에 의해 조선영화의 제작이 늦어진 것은 아닐까?

제국주의의 극성기인 19세기 말에 탄생한 영화는 제국주의의 첨병으로 식민지에 전파되었다. 움직임까지 생생하게 전달해 주는 영화는 강한 자가 약한 자를 잡아먹는, 제국주의 시대 국가 간 우열을 여실히 보여주는 교재였다.

일제는 조선이 동양의 보루인 일본에 의지해야 한다는 점을 강조하기 위해 활동사진을 이용했다. 조선 강점 이전부터 〈러일전쟁의 실사〉와 같은 일본군대의 우월성을 묘사한 활동사진을 조선인들에게 보여주었다.[5] 러일전쟁 이후에는 조선 통치를 위해 설치한 통감부에서 조선통치에 유리한 내용의 영화를 제작하여 조선인을 식민정책에 순응하도록 만들었다. 예컨대 초대 통감이던 이토 히로부미(伊藤博文)는 볼모로 일본에 데려간 영친왕의

---

5 《帝國新聞》, 1904.12.7.

동정을 담은 활동사진을 만들도록 하여 조선인들에게 영친왕이 일본에서 칙사 대접을 받으며 근대식 교육을 받고 있다는 점을 강조했다. 또한 한국 군 해산으로 의병투쟁이 확산되자 일본군은 대대적인 진압을 감행했는데 이 시점에 평온한 조선의 모습을 담은 〈한국관〉(韓國觀)을 만들어 일본에 의해 지배받는 평온한 조선을 대내외에 선전했다.[6] 강점이후 일제의 조선통 치의 근간을 바꾸어 놓은 3.1운동이 발발하자 조선총독부에서는 조선에서 의 식민정책을 강조하는 내용의 선전영화인 〈조선사정〉(朝鮮事情)도 제작, 상영했다.

이처럼 조선에서 일제의 영화정책은 영화제작을 거부하는 것이 아닌 적 극적으로 활용하는 것이었다. 그럼에도 기존 연구를 보면 영화제작에 있어 자본과 기술을 독점하고 있던 재조일본인이나 흥행업에 관심을 두고 있던 조선인 누구도 영화제작에 본격적으로 뛰어들지 않았다. 오직 영화의 배급 과 상영에 몰두했다.

영화의 수입, 배급, 상영을 독점하며 조선영화산업을 장악했던 재조일본 인들이 영화제작을 하지 않고 영화의 배급과 상영만을 담당했다면 여기에 는 조선에서 영화를 제작하지 않아도 되는 영화산업의 구조적인 문제가 도 사리고 있었던 것은 아니었을까? 이런 의문은 재조일본인들이 주도한 조선 영화산업의 형성 과정을 밝히는 데서 시작되어야 한다. 제국의 식민정책은 제국의 식민지 억압기구를 통해서만 이루어진 것이 아니기 때문이다.

주지하고 있듯이 일제는 식민지 조선에 일본인들을 이주시켜 조선사회를 일본인과 조선인의 이중구조로 만들어 조선에서의 식민정책이 이들 재조일 본인들을 통해 실현되도록 했다. 그렇기 때문에 식민지시기 영화사를 연구 함에 있어 조선총독부의 검열과 영화통제 등 일제의 영화정책 외에도 일제

---

6 복환모, 「한국영화사 초기에 있어서 이토히로부미(伊藤博文)의 영화이용에 관한 연구」, 『영화연구』 28호, 2006. 자세한 사항은 본문에서 살펴 볼 것이다.

의 비호를 받으며 식민지에 정착한 재조일본영화인들의 활동을 중요한 연구 대상으로 삼아야 한다. 예컨대 식민 당국은 흥행이 이루어지는 공간이자 근대의 학습장이기도 했던 극장 대부분을 일본인이 소유하도록 했다. 이를 통해 재조일본인들이 조선의 흥행 산업을 장악하도록 유도했으며 일본인 극장주를 통한 흥행물의 취체를 용이하게 만들었다. 이렇듯 일제강점기 극장 설립은 자본이 있든 없든 간에 조선인들이 손쉽게 접근할 수 있는 사업이 아니었다. 조선인이 극장을 설립한다는 것은 일제의 식민정책에 적극적인 협력을 한 사람들에게만 주어지는 대단한 특혜였다.

극장의 탄생에서 영화제작의 시작까지를 다룬 이 책에서는 조선에서 본격적인 영화제작이 왜 1920년대에 이르러서야 가능해졌는지를 밝히고 그때까지 조선인은 오로지 관객으로만 남을 수밖에 없었던 이유와 조선의 영화산업이 어떻게 식민지적 상태로 구조화되었는지를 다음의 네 가지 사항을 중심으로 알아 볼 것이다.

첫째, "왜 1919년에 연쇄극의 형태로 영화제작이 시작되었는가?"라는 문제이다.

연쇄극에 대해 윤백남(尹白南)은 연극도 아니고 영화도 아닌 '변태의 극[7]으로 평가했다. 이것이 연쇄극을 바라보는 지금까지의 통설이었다. 이미 서양의 장편 극영화와 일본의 다양한 신파, 구파 영화들이 스크린을 점령하고 있던 1919년 조선에서는 극영화가 아닌 연쇄극의 형태로 영화가 만들어졌다. 이에 대해 한국영화사 연구자들의 공통된 해석은 활동사진의 유행으로 인해 신파극이 위기를 맞자 이를 극복하기 위한 방편으로 신파극단을 이끌던 김도산(金陶山)이 단성사(團成社) 경영자 박승필(朴承弼)을 설득해 일본에서 유행했던 신파극에 활동사진을 결합한 연쇄극을 상연함으로써 위기를 극복했으며 이를 계기로 한국영화의 제작이 시작되었다는 것이다.[8]

---

7 尹白南, 〈演劇과 社會〉, 《東亞日報》, 1920.5.16.

이는 명쾌한 해석이라 볼 수 없다. 1910년대 중반까지 큰 인기를 끌고 있던 신파극이 활동사진의 유행으로 인기를 잃었다는 것부터 추측에 불과하다. 신파극단의 위기는 1915년을 전후하여 조선인 극장이 사라지게 되자 조선인 신파극단들이 공연할 공간이 없어진데 가장 큰 이유가 있었다. 활동사진이 유행하기 시작한 것은 신파극이 도입된 것 보다 빠른 1910년 이전부터였다. 신파극단의 몰락과 활동사진의 유행은 시기적으로 다를 뿐더러 인과관계 역시 맞지 않다.

또한 영화가 아니라 연쇄극이 제작된 것을 영화를 제작할 여건이 구비되지 않은 것으로 돌리는 데도 문제가 있다. 연쇄극은 무성영화의 제작과 동일한 과정을 거친다. 촬영을 비롯한 기술적 문제는 어차피 일본인 기술자에게 전적으로 맡기고 있었기 때문에 조선인이 할 수 있는 건 이야기의 구성과 연기밖에 없었다. 그렇다면 당시 조선인에게 영화를 제작하는 것은 연쇄극을 제작하는 것보다 더 많은 노력이 필요하다고 말할 수 없다. 어떻게 보면 매번 실연(實演)을 함께 해야 하는 연쇄극 상연에 더 많은 노력이 든다고도 볼 수 있다. 그럼에도 불구하고 무성영화가 아닌 연쇄극이 제작된 데에는 어떤 다른 이유가 있었을 것이다. 이 문제 역시 지금껏 명쾌한 해답이 없었다.

이 책에서는 일본에서 연쇄극을 주로 만들던 텐카츠(天活)와 고바야시상회(小林商會)의 연쇄극이 황금관과 유락관 등 일본인 상설관에서 크게 유행했고, 마찬가지로 텐카츠의 영화를 수입해 상영하던 단성사에서 텐카츠의 기술진과 함께 연쇄극을 제작했다는 것을 여러 자료를 통해 살펴 볼 것이다. 또한 연쇄극이 일본인상설관에서 극장 소속의 연극변사들이 배우로

---

8 신파극단의 위기 탈출을 위해 연쇄극이 제작되었다는 주장은 안종화에 의해 시작되었다. (安鍾和, 『韓國映畵側面秘史』, 현대미학사, 1998, 38쪽.) 안종화가 당시 신파극단에서 활약했던 사실 등에 비추어 본다면 그의 주장에 무게감이 있는 것은 사실이다. 그러나 선입견이 개입될 여지가 있는 모든 증언은 당시의 정황과 비교하여 객관적으로 증명되어야 한다.

출연한 것에 비해 연극변사가 없었던 단성사에서는 신파극단들이 공연에 참여했다는 사실을 통해 두 가지 형태의 연쇄극이 조선에서 제작 혹은 상연되었음을 알아 볼 것이다.

둘째, 활동사진 상설관이 만들어지고 일 년 내내 영화가 상영될 수 있는 배급과 상영 체계가 만들어지기 시작하는 1910년대, 조선에 영화가 어떻게 수입되었고 어떠한 배급과정을 거쳐 상영되었는지 알아 볼 것이다.

이 시기 영화의 수입과 배급, 상영에 관해서는 추측만 있었다. 노만, 이영일 등이 1960년대 출간한 한국영화사 저술들에서는 원로 영화인들의 증언과 추측을 토대로 영화의 수입과 배급을 서술했다. 예를 들어 노만의 경우 "한국 시장에 나타나는 외국작품은 일본에서 상연한지 4, 5년 후에야 비로소 한국 관객을 대하게 되었던 것이다."[9]라고 주장했다. 그러나 노만의 주장과는 달리 우미관(優美館), 대정관(大正館), 황금관(黃金館)이 세워져 경쟁하기 시작하는 1913년부터는 일본에서의 영화 상영이 있은 후 얼마 지나지 않아 대부분 조선에서도 같은 영화가 상영되었다. 뿐만 아니라 1917년 경성의 활동사진관에서는 활동사진을 도쿄, 오사카와 동시에 개봉했다.[10] 그 결과 미국에서 개봉된 활동사진들이 조선에 상영되는 기간 차이도 시기에 따라 다르지만 대체로 점차 짧아진 것이 사실이다. 예를 들어 1918년 11월, 황금관에서는 연속활극 〈大 비밀〉(원제, The Great Secret)이 상영되었는데 후랜시스 부쉬맨(Francis X. Bushman)이 주연한 이 연속영화는 미국에서 1917년 1월 8일 첫 번째 에피소드[11]가 상영된 후 1년 반 만에 경성에서도 상영되었다. 1920년대 들면 미국과 경성의 영화상영의 시간차는 더욱 줄어들었는데 1922년 12월 26일부터 단성사에서 상영된 엘모어 링컨(Elmo Lincoln) 주연의 연속영화 〈大 타—산〉(원제, Adventures of Tar-

9   魯晩, 『韓國映畵史』, 韓國俳優專門學院, 1964, 43쪽.
10   愛活生, 〈朝鮮キネマ界〉, 《活動寫眞雜誌》, 1917年 10月號, 91쪽.
11   http://www.imdb.com/title/tt0008031/(2017.11.26. 접속)

zan)은 1921년 12월 1일 미국에서 첫 번째 에피소드가 개봉되었고, 1922년 3월 9일에 마지막 15번째 에피소드가 개봉되었다.[12] 미국에서 개봉된 지 불과 9개월 만에 경성의 단성사에서도 같은 영화가 개봉된 것이다.

노만의 주장은 이후 연구자들에게 큰 영향을 주고 있다. 이 책에서는 이러한 문제를 극복하기 위해 1910년대 조선에서의 영화의 수입, 배급, 상영을 보다 정치(精緻)하게 살펴볼 것이다. 특히 이 시기 조선의 영화흥행을 좌우했던 닛다연예부(新田演藝部), 하야가와연예부(早川演藝部)의 활동을 중요하게 다룰 것이다.

셋째, 1910년대 조선에서 배급과 상영을 중심으로 영화산업이 형성되는데 절대적인 영향력을 행사한 재조일본인들의 영화 활동을 어떻게 볼 것인가 하는 문제이다.

한국영화가 제작되기 이전, 영화산업은 영화의 수입과 배급, 상영에 집중될 수밖에 없었다. 재조일본인들이 주도한 흥행과 관련된 사항에 대해 이영일은 이 부분을 빼고 생각해야 한다고 주장했다. 하지만 한국영화사의 다양한 측면에 대한 폭넓은 이해를 위해서라도 재조일본인들의 영화 활동은 중요하게 연구되어야 할 부분이다. 더욱이 영화는 다른 어떤 예술장르보다 외래의 영향을 많이 받을 수밖에 없고 식민지 조선은 제국 일본의 영향력에서 자유롭지 못했기 때문에 식민지시기 한국영화사를 연구하는데 있어 재조일본인과 일본영화의 영향을 뺄 수는 없다.

현재 한국영화사에서 재조일본인의 영화 활동에 관한 연구는 극히 드물다. 그렇기 때문에 초기 한국영화사를 보면 큰 공백이 여기저기 발견될 수밖에 없다. 이러한 큰 공백을 메우기 위해 이 책에서는 재조일본인들의 영화 활동을 주의 깊게 살펴 볼 것이다.

넷째, 영화산업의 형성과 영화제작의 시작을 중심으로 식민지시기 한국

---

12 http://www.imdb.com/title/tt0011908/releaseinfo(2017.11.26. 접속)

영화를 구조적으로 이해할 수 있는가 하는 문제이다.

지금껏 식민지시기 한국영화사는 이영일로 대표되는 민족주의적 서술을 수용할 것인가 아니면 이를 극복할 것인가의 문제로 집약되었다. 예를 들어 조희문은 민족영화의 대표라 할 수 있는 〈아리랑〉에 대한 실증적인 문헌조사를 통해 〈아리랑〉이 민족영화가 아닐 수도 있다는 다른 해석을 도출했다.[13] 일부 연구자들 또한 탈식민주의 이론을 끌어 오거나, 관객성으로 대표되는 수용자이론 등을 이용하여 식민지시기 한국영화를 규명하려 했다. 그러나 이러한 이론적 틀은 식민지시기 한국영화사 전체를 아우르기에는 실제 사실과 부합하지 않기에 허다한 논리적 결함을 지닐 수밖에 없다.

이 책에서는 식민지시기 영화산업이 재조일본인들에 의해 구조화 되었으며, 이렇게 구조화 된 영화산업에서 조선의 영화시장은 일본과 서양의 영화들이 소비되는 공간이었고, 이에 따라 식민지 조선영화는 주변화 될 수밖에 없었음을 구체적으로 알아 볼 것이다. 이런 구조적 문제는 식민지시기 내내 조선영화가 실패를 반복할 수밖에 없었음을 증명하는 것으로 '조선영화산업의 식민성'이라는 용어로 정리할 수 있을 것이다.

---

13 〈아리랑〉이 나운규에 의해 만들어진 것이 아니라 일본인 쓰모리에 의해 만들어졌으며, 민족영화가 아닐 수 있다는 주장은 조희문에 의해 제기되었다. 조희문,『나운규』, 한길사, 1997.

제2장   극장의 설립

제1절 일본에 의한 개항

영국에서부터 시작된 산업혁명으로 상품생산이 급증하자 서양 열강들은 새로운 상품소비지를 찾아 아시아, 아프리카로 눈을 돌렸다. 일찍이 중국, 일본과 교역을 하던 이들은 중국과 일본 사이에 위치한 조선을 새로운 상품시장으로 개척하기 위해 조선 연안에 출몰하며 통상을 요구했다. 대포와 총으로 무장한 서양 상선들은 교역에 응하지 않을 경우 마을을 약탈하거나 인명을 살상하는 등 횡포를 부렸다.

1866년 8~9월에는 미국 상선 제너럴셔먼호가 통상을 요구하다가 조선측의 퇴거요청을 받게 되자 대동강을 거슬러 올라가 평양 인근까지 접근해 조선인을 납치, 살해하고 철수를 대가로 많은 물품들을 요구하는 등 횡포를 부렸다. 이에 조선관민들은 화공으로 제너럴셔먼호를 불태우고 선원들을 붙잡아 모두 처형시켰다.[1]

---

1   강준만, 『한국근대사산책 1』, 인물과사상사, 2008, 100~101쪽.

제너럴셔먼호사건 직후인 1866년 10~11월에는 프랑스 선교사들이 처형당한 것을 이유로 프랑스 군인들이 강화도를 점령하고 한강 하구를 봉쇄하면서 책임자 엄벌과 조약체결을 요구하며 인근 마을을 약탈했다. 조선군이 강력히 저항하자 강화도로 퇴각한 프랑스군은 강화이궁(江華離宮)과 외규장각(外奎章閣)을 약탈하고 조선에서 물러났다.[2]

제너럴셔먼호사건과 병인양요(丙寅洋擾)와 같은 서양 열강의 강압적 통상요구에 조선은 문호를 더욱 굳게 닫았다. 더욱이 대원군의 아버지 남연군(南延君)의 묘를 파헤친 오페르트 도굴사건(1868)과 제너럴셔먼호 사건을 빌미로 일어난 신미양요(1871)는 조선이 폐쇄적인 쇄국정책을 펼치게 되는 주된 이유였다.

조선이 서양 열강의 거센 통상 요구를 거절하는 동안 일본은 미국에 의해 개항되어 빠르게 자본주의 국가로 변모해 나갔다.

1853년 미국의 페리(Matthew Calbraith Perry) 제독은 4척의 흑선(黑船)을 앞세워 일본에 통상을 요구했다. 다음해, 250문의 대포로 무장한 10척의 군함을 몰고 일본을 다시 찾은 페리 제독은 무력시위 끝에 「미일강화조약」(美日講和條約)을 체결한다. 미국에 의해 문호를 개방한 일본은 1868년의 메이지유신(明治維新)을 통해 급속한 경제성장을 시작했다.

이렇게 후발 자본주의 국가의 대열에 서게 된 일본은 새로운 소비시장을 개척하기 위해 지리적으로 인접한 조선에 눈을 돌렸다. 일본은 상품시장을 확대하기 위해 조선에 대한 정치적 영향력의 행사를 원했다. 이러한 제국주의적 야욕은 정한론(征韓論)이라는 이름으로 논의되었다. 정한론은 1868년 일본의 왕정복고를 계기로 조선과 일본 사이의 외교문서에 대한 형식을 두고 발생한 외교문제에 대해 1873년 사이고 다카모리(西鄕隆盛), 이타가키 다이스케(板垣退助), 소에지마 다네오미(副島種臣) 등 강경파들이 조선

---

2   위의 책, 107쪽.

에 파병하여 무력행사를 하자는 주장이었다. 이러한 생각을 바탕으로 일본은 1875년 군함 운요호(雲揚號)를 조선 근해에 보내 분쟁을 일으킨 후 이를 이유로 조선에 대한 배상과 통상을 요구했다. 이 결과 1876년 조선은 일본과 「조일수호조규」(朝日守護條規)를 체결하게 된다. 일본은 페리 제독이 자신들에게 했던 방식 그대로 조선을 개항시킨 것이다.

「조일수호조규」에는 부산 이외의 2개의 항구를 개항하고 일본인 전관거류지 설치를 명문화 했다. 이에 따라 부산과 함께 원산과 인천의 개항이 허가되었다.

가장 먼저 개항된 곳은 부산이었다. 1877년 「부산구조계조약」(釜山口租界條約)을 통해 왜관이 있던 부산 초량지역에 일본의 전관거류지 11만평이 연간 50원에 조차되었다. 부산을 시작으로 원산(1879), 인천(1883), 목포(1897), 군산(1899) 등 조선의 중요 항구가 차례로 개항되었다. 특히 청일전쟁 이후 일본의 조선 지배가 강화되어가자 많은 일본인들이 개항장의 일본인 거류지로 건너와 활동하였다. 호남평야의 관문인 군산의 경우 개항 후 10년 만에 일본인 인구가 50배 늘어 군산 인구의 절반을 차지하게 된다.[3]

제2절 최초의 극장 인부좌

조선인들은 주로 개항장을 통해 들어오는 근대식 문물을 통해 서구의 근대를 경험했다. 극장 문화도 마찬가지였다. 우리의 연희는 대부분 옥외에서 이루어지는 것들이어서 옥내 연희 공간인 극장이 존재할 필요가 없었다. 이와는 달리 가부키(歌舞伎), 노(能), 분라쿠(文樂), 교겐(狂言), 나니와부시(浪花節) 등 일본의 전통 연희 대부분은 옥내에서 이루어졌다.

---

3   위경혜, 『호남의 극장문화사』, 다홀미디어, 2007, 267쪽.

개항장에 일본인 거류민이 늘고 다양한 부류의 사람들이 식민지 개척에 참여하면서 일본인들이 거류하기 시작한 부산과 인천 등 개항장에 최초의 극장이 세워졌다. 특히 일본과 지리적으로 가깝고 가장 먼저 개항되었으며 가장 많은 일본인들이 거류했던 부산에 최초의 극장이 세워졌을 것으로 추정되지만 아쉽게도 어떠한 극장이 존재했는지는 남아있는 자료가 없어 알 수 없다. 단, 가설 형태든 상설 형태든 극장이 있었다는 것은 1895년 공포된 「극장취체규칙」과 「각종 흥행규칙」을 통해 확인 할 수 있다.[4]

현재까지 조선에 만들어진 최초의 극장은 협동우선회사(協同郵船會社) 인천지점 대표로 있던 정치국(丁致國)[5]이 1895년 경 만든 인천의 협률사(協律舍)로 알려져 있었다.[6] 그러나 일본인 거류민들이 인천에서 발간하던 《朝鮮新報》를 통해 확인해 본 바, 1892년 5월에 이미 인부좌(仁富座)라는 이름의 극장이 인천에 만들어져 운영된 것을 확인할 수 있었다. 이는 인천의 협률사보다도 3년이 빠르며, 서울에 세워진 황실극장인 희대(戲臺) 보다는 10년이나 이른 기록이다.

극장 이름에서부터 인천에서 부를 획득할 것이라는 일본인들의 믿음이 표현되어 있는 인부좌는 지금까지 그 존재가 알려지지 않았다. 이 기사는 원문의 양이 많지만 조선에 세워진 최초의 극장에 관한 내용을 담고 있는

---

4 홍영철, 『부산근대영화사』, 산지니, 2009, 15~16쪽.
5 1899년 2월, "釜山港에 사는 丁致國이 日本船 秀吉丸號를 雇入하여 釜山 鏡城 等地를 運行하기 위한 協同汽船會社를 設立"했다고 한다.(〈協同船會〉,《皇城新聞》, 1899.2.18.) 1916년 1월 1일, 정치국은 《京城日報》에 협동우선회사 인천지점 이름으로 신년축하 광고를 냈다. 〈[廣告]〉,《京城日報》, 1916.1.1.
6 최성연의 『개항과 양관역정』(경기문화사, 1959)에 의하면 인천 협률사가 조선인이 세운 최초의 극장이라고 기록하고 있지만 인천 협률사에 관한 내용을 담고 있는 『개항과 양관역정』의 협률사에 대한 내용이 불명확해서 인천 협률사의 최초의 극장 여부는 지금까지 논란이 있어 왔다. 현재 한국연극사에서는 인천 협률사의 존재를 인정하고 있지 않고 있다. 이희환, 「인천 근대연극사 연구(1883-1950)」, 『인천학연구』 5호, 2006, 80~81쪽.

중요한 사료이기에 이 중 일부를 인용하도록 하자.

자선연예회 – 인천 개항 이래의 아름다운 일
출운환 침몰조난자 유족을 위로하는 의연금을 구하기 위해 아다치 하치
사부로(安達八三郎)가 발기하고 오오타니 마사히로(大谷正誠)씨가
위원장으로, 고오리 긴자부로(郡金三郎), 미쿠라 마사히로(三倉正寬),
모토하시 세지로(本橋淸二郎), 이와다 가에몬(岩田嘉右衛門), 아사
오카 리키치(淺岡利吉), 미즈쓰 세이조(水津淸三) 등 제씨가 위원으
로, 노세 다쓰고로(能勢辰五郎), 니시와키 초다로(西脇長太郎), 사다
케 진소(佐竹甚三), 헤이세이 데쓰사부로(平生欽三郎), 무코야마 시
게히라(向山茂平), 우에다 호사쿠(上田豊作), 구마모토 에이치로(隈
本榮一郎) 등 제씨가 찬성자가 되고 기타 수명의 뜻을 가진 사람들이
힘을 다하여 5월 28일 오후 2시 반부터 야마노테(山の手)에 새로 만들어
진 인부좌(仁富座)에서 '출운환침몰의연자선연예회'를 열었다. 자선회
가 열린 것은 인천 개항 이래 처음 있는 일이라고 한다. 상류 사회의
사람들이 많이 주선한다고 알려진 것과는 다르게 그 모임은 인천 유민들
과 가장 관계가 깊은 출운환침몰조난자유족조위(出雲丸沈沒遭難者
遺族吊慰)와 관계된 사람들의 모임이다. 개회 수일 전부터 대단한 인기
가 있었는데 당일 래회(來會)한 사람들은 무려 800여 명에 이를 만큼
극장을 꽉 채워 입추의 여지가 없었다. 4시경 이후로 래회하여 허무하게
출입구에서 거절당하여 돌아간 사람들도 무려 3~4백 명이나 될 것이다.
회장문 밖에는 상반목(常盤木)으로 대록문(大綠門)을 만들어 국기를
걸고, 또 털실 세공으로 자선회라는 글자를 쓴 큰 액자를 걸었으며,
본사로부터 기증받은 자선연회라고 크게 쓴 큰 깃발을 세웠다. 입구의
우측에는 자그라 조이치(ジヤグラ-操一)가 디자인하여 만든 목조의
자선회비(慈善會碑)를, 좌측에는 극장주로부터 기부 받은 길이 일장
(一丈)에 가까운 목조비로 "출운환침몰조난자위혼비"(出雲丸沈沒遭
難者慰魂碑)라고 크게 쓴 것을 세웠다. 극장 안 한 쪽에는 각국의 국기
혹은 신호기로 장식하여 찬란히 넋을 빼앗을 계획이고, 밤이 되면 극장
밖에 山 자 형태로 높게 홍등을 켜서 특별한 미관을 더할 것이다. 만사

주의하여 꼼꼼히 이리저리 장식 배치를 완전하게 한 일은 주선한 유지 제씨들의 연일의 노고가 담겨있다. 이 회의 특색은 2층과 아래 층 두 개 장소에서 귀부인 딸들이 음식물 매점을 열어서 자선바자회를 모방했다는 것이다. 연예는 오후 3시경부터 시작하여 십 수번의 연예를 하는 중에 대단히 관람객들의 갈채를 받았던……[7]

　1892년 4월 5일 인천에서 부산으로 운항하던 일본상선 이즈모마루(出雲丸, 출운환)가 전라남도 소안도 인근에서 침몰하여 54명이 사망하는 사건이 일어났다.[8] 조난자의 많은 수가 인천의 일본인이었기에 인천의 일본인들은 유족들을 돕기 위한 자선연예회를 아다치 하치사부로(安達八三郎, 예명은 자그라 조이치[ジャグラ─操一]이다.)의 주도하에 열었다.[9]

[자료] 인부좌에서 개최된 자선연예회 기사(《朝鮮新報》, 1892.6.5.)

7　〈慈善演藝會 = 仁川開港以來の美事〉, 《朝鮮新報》, 1892.6.5.
8　http://www.mlit.go.jp/jmat/monoshiri/enkaku/enkaku_meiji_taisyou.htm
　　일본 국토교통성 해난심판소 (Japan Marine Accident Tribunal) 海事社会の沿革
9　《朝鮮新報》, 1892.5.25.

자선회는 1892년 5월 28일 인부좌에서 거행되었다. 당일 무대에 오른 공연물들은 다양했다. 우에다 호사쿠(上田豊作)의 딸 시나코(シナ子)의 무용, 수월루(水月樓) 여자들의 소인극(素人芝居), 아다치가하라 산단메(安達原三段目)의 소인연극(素人演劇), 도요다케(豊竹光玉連)의 조루리(淨瑠璃), 배우 나카무라(中村歌笑)의 수용(手踊) 및 동(同) 일좌(一座)의 연극(芝居) 등이 함께 공연되었다.[10]

　인부좌의 위치는 일본조계지에서 조금 벗어난 공동조계지에 해당하는 야마노테(山の手)[11] 지역에 있었다. 인부좌가 일본조계지가 아닌 공동조계지에 있었다는 점은 일본인 거류민뿐만 아니라 각국 거류민들까지 주요 관객으로 삼겠다는 것을 의미했다. 또한 일본인 거류민의 수가 흥행수익을 올릴 정도로 많지 않았다는 증거이기도 하다. 일본인이 대부분이었던 부산이나 원산 등 다른 개항장에 비해 인천의 경우 공동조계로서의 성격이 강하게 유지되었던 개항장이었다는 점도 고려해야 할 부분이다.[12]

　인부좌는 수용인원 800명 정도의 내부가 2층으로 되어 있고 화도가 깔린 무대가 있는, 1910년대 경성에 존재했던 보통의 일본식 극장과 비슷했던 것으로 보인다. 또한 한쪽 벽은 만국기를 걸어놓았고, 2층은 다다미가 깔려 있어서 신을 벗고 입장해야 했기에 입구에 신을 맡기는 하족실이 있었으며 자선연예회 이전에 10여 차례의 연예가 있었다는 것으로 보아 인천에서의 흥행을 목적으로 1892년 설립된 극장이었다고 추정할 수 있다.

10　〈慈善演藝會 = 仁川開港以來の美事〉, 《朝鮮新報》, 1892.6.5.

11　현재 인천 중구 송학동 일대이다. 원래 인천부 부내면 지역으로 각국 조계지에 해당한다. 일본인들은 이 지역을 산수정(山手町)으로 불렀다. 일제 강점 직후인 1914년 1월 1일부로 인천의 조계가 철폐되면서 각국 조계도 폐지되었다.

12　이희환, 앞의 논문, 70쪽.

제3절 개항장의 일본인 극장

인부좌의 경우에서 알 수 있듯이 조선에서의 극장 설립은 개항장의 일본인 거류지에서부터 시작되었다. 지방의 극장사(劇場史) 연구가 걸음마 단계이기 때문에 부산, 인천 등 개항장에 언제 어떻게 극장이 만들어졌는지에 관해 전모를 알려주는 자료는 없다. 현재 몇몇 연구들이 부산, 인천 등 개항장의 일본인 극장에 관해 간략하게 설명하고 있을 뿐이다.

1903년 당시 부산의 일본인 거류지에는 행좌(幸座)와 송정좌(松井座)라는 극장이 있었다. 『부산근대영화사』를 쓴 홍영철에 의하면 행좌는 일본거류 1세대인 하자마 후사타로(迫間房太郎)가 1903년 이전에 남빈정(南濱町) 끝자락(지금의 중구 광복동)에 세워 운영한 극장이었다고 한다. 하자마 후사타로는 1880년 이오이(五百井)상점 부산지점에 부임한 후 무역과 부동산업으로 큰 부를 쌓고, 거류민단 의원을 역임하는 등 부산지역의 대표적인 상공인으로 활동했다.

행좌의 주요 프로그램으로는 일본연극, 일본씨름, 마술, 비파, 조루리와 활동사진이었다. 1915년 행좌는 활동사진 상설관으로 재건축되면서 행관으로 이름을 바꾸었다.

행좌 부근에 있던 송정좌는 개항 직후 부산으로 건너온 마쓰이 고지로(松井幸次郎)가 세운 극장이었다. 1903년 이전에 만들어진 것으로 추정되며 1911년경에 폐관되었다.[13]

그 외에도 부산의 일본인 거류지에는 부귀좌(富貴座, 1905~?), 부산좌(釜山座, 1907~1923), 동양좌(東洋座, 1912?~?), 변천좌(辨天座, 1912~1916), 질자좌(蛭子座, 1912~1918), 욱관(旭館, 1912~1916) 등이 있었다.[14]

---

13 홍영철, 앞의 책, 17~19쪽.
14 위의 책, 22쪽.

[자료] 부산의 일본인 극장 부산좌(『釜山要覧』)

　최초의 극장인 인부좌가 있었던 인천에는 1897년 이전 일본인 거류민의
위안을 위해 만들어진 100석 규모의 화도(花道)를 갖춘 극장이 일본영사관
서측인 중정(仲町) 1정목에 있었다. 이 극장은 1897년 산수정(山手町) 2정
목으로 이전 되었는데 이름을 인천좌(仁川座)[15]라고 했다. 인천좌에서는 만
자이(漫才), 고오당(講談), 우다(歌曲) 등을 상연했다.[16] 후에 이 건물은 충
남 대전으로 이전되었다고 하나 정확한 시기는 알 수 없다.[17]

15　『仁川府史』에 인천 최초의 극장으로 기록되어 있는 이름이 알려져 있지 않은
　　이 극장이 최초의 극장 인부좌일 가능성을 배제할 수 없다.

16　이희환, 앞의 논문, 72~73쪽.

17　"仁川最初の劇場は, 仲町一丁目(府廳西側)に錦田席があつて僅かに居留民に
　　慰安を興へてゐた。百人の席もない位な小屋であつたが, 花道と中內は漸やく
　　設備されてゐた。それは明治三十年以前の時代である。明治三十年になつて山
　　手町二丁目(梶谷寫眞屋前角)劇場らしい樣式を備へた小屋が新築されて仁川
　　座と呼ばれてゐた。仁川歌舞伎座建築されて後忠南大田に運ばれ, 二度の勤め
　　をしてゐた。" 小谷益次郎 編, 『仁川府史』, 仁川府, 昭和8[1933] , 1471쪽.

러일전쟁 직후인 1905년에는 인천 빈정(濱町)에 가부키좌(歌舞技座)가 만들어졌다. 전형적인 가부키 전용극장으로 입장정원은 999명이었다.[18] 부지는 300평, 극장은 160평 규모의 2층 건물이었으며 건축비 1만4천원, 도구 및 의상비 6천원 총 2만원의 비용이 들었다. 설립자는 재인천일본인상업회의소회두(在仁川日本人商業會議所會頭) 가라이 에이타로(加來榮太郎)였다. 1915년 당시 가부키좌의 주요 프로그램은 신파극이 총 흥행일수의 3분의 2를 차지하고 있었고, 그 외 구극, 활동사진, 각종 연예회 등이 열렸다.[19]

1897년 개항된 목포에는 1904년 지금의 복만동에 목포좌(木浦座)가 만들어졌으나 상설 운영되지 않았다. 목포좌가 없어진 1908년 그 해에 지금의 상락동에 상반좌(常盤座)가 만들어졌다.[20] 상반좌는 1914년 138평 규모의 2층 건물로 증축되었으며, 1929년 9월 30일 폐관되었다.[21]

1899년 개항된 마산에는 1906년 늦은 여름 마산 최초의 극장인 희락좌(喜樂座)가 경정(京町)의 고이즈미 시게조(小泉繁藏)가 운영하던 오복점 뒤편에 만들어졌다. 희락좌는 건축된 지 얼마 지나지 않은 1907년 2월 1일 실화로 소실되었다.[22] 희락좌가 소실된 직후인 1907년 늦은 봄, 신마산의 유정(柳町)에 만들어진 환서좌(丸西座)는 가부키극장으로 회전 무대를 갖추었고 500명 정도를 수용할 수 있었다. 경영자는 나카무라 하지메(中村

---

18 "仁川歌舞伎座加來榮太郎氏個人經營に依つて,明治三十八年七月現在の位置濱町に建築された。間口十間,奧行十六間,定員七百九十七人を入るに足る。建築樣式は純然たる歌舞伎劇場にて建築當時は全鮮に冠絕してるた。"『仁川府史』(1471쪽)에는 정원이 797석으로 기록되어 있다.

19 「例言」,『仁川鄕土史料調査事項』, 仁川 : 仁川公立普通學校, 1917.7, 이희환, 앞의 논문, 74~76쪽 재인용.

20 위경혜, 앞의 책, 116쪽.

21 木浦開港百年史編纂委員會 編輯,『木浦開港百年史』, 木浦百年會, 1997, 317쪽.

22 이승기,『마산영화 100년』, 마산문화원, 2009, 32쪽.

肇)로 가부키, 나니와부시를 비롯한 일본 전통 연희물과 활동사진 등이 이곳에서 상연되었다.[23]

그 외 원산, 군산 등의 개항장에도 1910년 이전 일본인들에 의해 극장이 만들어졌을 것으로 추정되지만 어떤 극장이 있었는지는 현재 알려진 것이 없다. 하지만 극장의 구조, 흥행방식, 용어 등이 일본식이었다는 것은 조선의 극장이 일본의 극장문화와 밀접하게 관련 되어 있었음을 보여준다.

---

23 위의 책, 36~42쪽.

한성의 극장들

제1절 한성 개시

조선의 수도 한성은 정치적, 군사적, 경제적 이유로 오랫동안 외국에게 개방되지 않았다. 한성 개시(開市)는 1882년 임오군란(壬午軍亂) 직후 체결된 「조청상민수륙무역장정」(朝淸商民水陸貿易章程)을 통해 청국 상인들이 양화진(楊花津)과 한성에서 거류할 수 있도록 허가함으로써 가능해졌다.

조선을 청의 속국으로 규정하는 위 조약의 내용을 서양 열강들은 인정하지 않았지만 청국과 같은 대우를 받기를 원했기에 1883년 영국은 「조영수호통상조약」(朝英修好通商條約)의 비준을 미루며 재협상을 요구, 결국 「조영신조약」(朝英新條約)을 얻어냈다. 「조영신조약」의 결과 영국인은 청국인과 마찬가지로 한성에 거류하며 상점을 열 수 있게 되었다. 이 조약은 영국과의 관계에서만 끝나는 것이 아니었고, 최혜국 대우를 명시한 서양 열강들에게도 똑같이 적용되었다.[1]

일본과는 1883년 체결한 「조일통상장정」(朝日通商章程) 및 동 「해관 세칙」에서 최혜국 대우를 명시하면서 일본 상인들이 한성에서 들어와 상업 활동을 할 수 있는 특권을 얻었다.[2]

애초 일본인들의 한성 정착은 쉽지 않았다. 1884년 발발한 갑신정변(甲申政變)으로 한성에 흩어져 살고 있던 일본인 중 40명이 피살당했다. 이 문제의 해결을 위해 전권공사로 조선에 파견된 이노우에 가오루(井上馨)는 조선정부에 압력을 넣어 「한성조약」(漢城條約)(1885)을 체결한다.[3] 한성조약의 내용은 갑신정변의 결과 발생한 일본인의 피해를 보상하고 소실된 영사관의 부지를 제공하고 그 비용을 청구하는 내용을 담고 있었다.[4]

한성에서 일본인 거주지는 일본영사관이 위치한 남산 주변으로 제한되었다. 상권 또한 자연스럽게 영사관이 위치한 남산 주변 지역을 중심으로 형성되었다. 그 결과 한성의 상권은 종로와 동대문에 이르는 조선인 상권과 수표교에서 남대문통(南大門通)에 이르는 청국상권 그리고 일본인 거류지 주변의 일본인 상권으로 구분되었다.[5]

청일전쟁을 거치며 일본의 조선지배가 한층 강화되자 청국상인들은 남대문통을 떠났고 그 자리를 일본인들이 차지했다. 더불어 동쪽으로도 세력이 확장됨에 따라 일본인 거주 지역은 남산에서 청계천 이남에 이르는 광범위한 지역으로 확대되었다. 여기에 일본인 거주지에 대한 도로의 개수와 주택의 정비가 집중적으로 이루어지면서 한성 내 민족 간 구분에 따른 지역적 차이가 발생하기 시작했다.[6] 이러한 지역적 차이는 조선인의 북촌과 일본인의 남촌이라는 명칭으로 굳어졌다. 도로와 주택, 상하수도가 정비된 근대적

1 강준만, 앞의 책, 240쪽.
2 박찬승, 「서울의 일본인 거류지 형성과정-1880년대~1903년을 중심으로-」, 『사회와 역사』 62집, 2002, 66~67쪽.
3 위의 논문, 70쪽.
4 김호일, 『다시 쓴 한국개항 전후사』, 중앙대학교 출판부, 2002, 170쪽.
5 박찬승, 앞의 논문, 71~72쪽.
6 위의 논문, 89~90쪽.

인 남촌과 그렇지 못한 북촌의 풍경은 근대적인 일본과 상대적으로 전근대적으로 보이는 조선을 상징하고 있었다. 이로써 청계천을 경계로 만들어진 북촌과 남촌이라는 용어는 주거지에 따른 민족 간 구분의 의미로 사용되기 시작하였다.

개항장에서 시작된 극장 설립은 한성이 개시되자 한성의 일본인 거류지에도 영향을 끼쳤다. 1888년 말 한성의 일본인 거류민 348명 중 흥행업에 종사하는 이가 두 명 있었다. 이 둘은 원숭이연극(猿芝居)과 제문(祭文)[7]을 공연하는 사람들이었다.[8] 이중 원숭이연극은 원숭이를 망에 넣어 〈주신구라〉(忠臣蔵)와 같은 연극을 연기하도록 한 것인데 주로 개가 함께 했다. 어떤 경우에는 고양이나 생쥐가 나오는 것도 있었다. 이 흥행물은 옥외에서 공연되는 것이 원칙이었다.[9] 한성 개시 초기에 해당하는 1880년대 후반 이미 한성에서 일본인들에 의한 옥외 흥행이 이루어졌다는 것은 일본 흥행사들이 일찍부터 조선에 들어와 활동했음을 의미한다.

일본거류민들에 의해 한성에 가장 먼저 설립된 극장이 무엇인지 정확히 알려주는 자료는 없다. 심훈이 1897년에 조선에서 가장 먼저 활동사진이 상영된 곳이라고 언급한 본정좌(本町座)가 남산 마루턱(니현)에 있었다고 전하나 사실 확인은 불가능하다.[10]

일본인들이 본격적으로 한성에서 극장을 세우고 흥행업을 시작한 시기는 1902년경으로 추정된다. 한성 거류일본인을 직업별로 나누어 정리했던 『京城發達史』에 1888년 이후 등장하지 않던 흥행업자가 1902년에 다시 등장

---

7 歌祭文. 근세 俗曲으로, 사형, 情死와 같은 사건이나 그때그때의 풍속을 담은 제문을 샤미센 등의 반주로 노래하는 것으로 제문이 흥행화한 것이다.
8 京城居留民團役所 編, 『京城發達史』, 京城居留民團役所, 明治45[1912], 39쪽.
9 "원숭이(猿)는 옥외곡예단에서나 재롱을 보지 극장 안에는 안 들여 놓는다. 원숭이의 일어명은 사루다. 사루는 거(去)라는 뜻이니 간다는 말이다. 사람이 와야지 간대서야 재수가 없지 않는가." 박진, 『歲歲年年』, 세손출판회사, 1991, 72~73쪽.
10 沈熏, 〈朝鮮映畵總觀 (一)〉, 《朝鮮日報》, 1929.1.1.

하는데 그 수가 19명이었다.[11]

이후 러일전쟁에서 일본이 승리하자 많은 수의 일본인이 조선으로 건너오게 된다. 일본의 흥행사들도 조선에 건너와 공연하게 되는데 이즈음 더 많은 수의 공연장이 만들어져 일본에서 온 공연물들이 한성의 일본인 거류지에 유입되었다. 러일전쟁 직후인 1905~1908년 사이에 일본인 거류지에는 본정좌, 판본좌(板本座), 수좌(壽座), 경성가부키좌(京城歌舞伎座), 경성좌(京城座)[12] 등의 극장이 있었다.

일본인들의 흥행에 영향을 받은 조선인들도 극장을 세워 운영했다. 협률사(協律社)와 원각사(圓覺社) 등의 이름으로 운영되던 황실극장인 희대(戲臺)를 비롯하여, 단성사(團成社), 장안사(長安社), 연흥사(演興社), 광무대(光武臺) 등이 이 시기 조선인들이 세워 운영했던 극장이다.

제2절 조선인 극장

조선왕조의 수도 한성이 개시되면서 한성에 입경한 외국인들이 가지고 들어온 근대적 문물들은 조선에 급격한 변화를 가져왔다. 가시적인 변화는 도시풍경에서 도드라졌다. 서양인들은 한성에 들어와 공사관, 교회, 성당 등 서양식 건축물을 세웠고 조선왕실에서도 덕수궁(德壽宮) 안에 중명전(重明殿), 석조전(石造殿) 등 서양식 건물을 지었다.

---

11 京城居留民團役所 編, 앞의 책, 111쪽. 1902년 이전에도 가설형태의 일본순회연예단이 한성에서 공연했을 것으로 추측된다.

12 洪善英, 「1910년 전후 서울에서 활동한 일본인 연극과 극장」, 『일본학보』 제56호, 2003, 247쪽.

[자료] 근대식 공원으로 만들어진 탑골공원(『ろせった丸満韓巡遊紀念写真帖』)

또한 근대적 도시문화의 유입으로 도시민의 휴식과 오락을 위한 근대식 도시공원인 탑골공원이 만들어졌다. 탑골공원이 들어선 자리는 고려시대 흥복사(興福寺)가 있던 곳으로 1464년 세종이 이를 중건하며 원각사(圓覺寺)라 이름 지었으나 연산군 때 폐사되어 19세기말까지 방치되어 있었다.

풍경의 변화는 도시의 외관에만 있었던 것이 아니었다. 1899년 서대문에서 청량리까지 전차가 놓이면서 한성 주민들의 여가를 즐기는 모습도 달라졌다. 교외의 사찰이나 계곡에서 여가를 즐기던 전통적인 여흥문화는 도심을 달리는 전차를 타고 도시공원이나 공원근처의 극장에 들러 연극과 활동사진을 보는 것으로 바뀌었다.[13]

상설극장이 만들어지기 이전 한성 주변에는 아현무동연희장(阿峴舞童演

---

13 橋本妹里, 「都市公園의 理解方式과 그 變遷樣相」, 성균관대학교 석사학위논문, 2009, 8~9쪽.

戲場)이나 용산무동연희장(龍山舞童演戲場) 등 가설형태의 연희장이 존재했다.[14] 이러한 가설형태의 연희장은 극장이 존재하지 않던 조선에서 근대식 극장이 설립되는데 있어 이행기적 특징을 지니고 있었다.

1) 희대(협률사 및 원각사)

조선인이 한성에 설립한 최초의 상설극장은 대한제국 황실에서 1902년 고종의 망육순(望六旬)과 어극(御極) 사십년을 기념하는 칭경예식(稱慶禮式)을 위해 봉상시(奉常寺) 안에 설치한 희대가 최초이다.[15]

이 희대는 전통연희 공간과 마찬가지로 천원지방(天圓地方)의 우주관을 반영하고 있었다. 외관은 원형의 2층 건물로 지붕은 원뿔 모양이었으며 계단 형태의 객석과 직사각형 모양의 무대를 갖추고 있었다. 규모는 500석 정도의 관객을 수용할 수 있었다.

희대는 통칭 협률사 혹은 원각사라고 불렸다. 이는 희대를 빌려 연희를 공연하던 희대 회사의 이름과 관련이 있었다. 칭경예식이 불과 한 달도 남지 않은 1902년 9월, 토사병이 발생하여 칭경예식은 다음 해 4월로 연기되었다. 칭경예식에 소용되는 예인들을 관리하고 있던 삼패도감의 장봉환(張鳳煥)과 희대 회사를 결성하려 했던 모종의 세력이 합세하여 협률사라는 연희회사를 세우고 칭경예식에 참여하기 위해 한성에 올라온 남녀 예인들의 공연을 희대에 올렸다. 사람들은 희대를 연희회사의 이름인 협률사라 불렀다.[16]

---

14 〈開雜遊戲〉,《皇城新聞》, 1899.4.3. ; 〈[廣告]〉,《皇城新聞》, 1900.3.3.

15 2004년 조영규는 협률사와 원각사에 관한 그간의 논란을 정리하고 사실들을 바로 잡은『協律社와 圓覺社 研究』(연세대박사논문)를 발표했다. 조영규의 논문은 수정 보완되어『바로잡는 협률사와 원각사』라는 책으로 출간되었다. 협률사와 원각사에 관한 내용 중 특별히 각주를 달지 않은 내용은 이 책을 참고 했다.

16 조영규,『바로잡는 협률사와 원각사』, 민속원, 2008, 94쪽.

협률사의 공연은 러일전쟁의 전운이 감돌던 1904년 3월 경 폐지되었다가 러일전쟁 직후인 1906년 2월 하순 복설(復設)되었다. 복설된 협률사는 김용제(金鎔濟), 최상돈(崔相敦), 고희준(高義駿)에 의해 조직된 사영의 연예회사로,[17] 그 운영비는 친일조직인 일진회가 대고 있었으며 이토 히로부미(伊藤博文)를 비롯한 조선을 식민지배하려는 세력의 후원을 받았다.

협률사의 복설은 러일전쟁 이후 조선에 대한 지배권을 강화한 일본이 조선인의 관심을 흥행물에 돌리기 위해 강구된 조치였다. 이에 협률사를 혁파(革罷)해야 한다는 의견이 속출했는데, 봉상사(奉常司) 부제조 이필화(李苾和)의 상소로 고종은 1906년 4월, 협률사를 혁파하라고 명을 내렸으나 오히려 협률사를 운영하던 일본인이 위약금 25만원을 청구하면서 협률사 혁파는 유야무야 되었다.[18]

[자료] 원각사의 외관

---

17 〈責協律社觀光者〉, 《大韓每日申報》, 1906.3.16.
18 조영규, 앞의 책, 112~120쪽.

협률사가 운영하던 희대는 1907년 2월, 관인구락부(官人俱樂部)가 사용하며 각종 연희 및 활동사진을 상영했다. 이어 1908년 7월 26일 이완용(李完用)의 비서로 일제의 조선침략에 동참하고 있던 이인직(李人稙)과 박정동(朴晶東) 등이 경시청으로부터 희대를 연극장으로 사용할 수 있도록 허가받고 원각사라는 이름으로 연희회사를 시작했다. 원각사에는 김창환(金昌煥)을 위시한 창부(唱夫) 40명과 가기(歌妓) 24명을 포함 64명의 예인(藝人)들이 있었다.[19] 강점 이후인 1912년 원각사는 유광관(有光館)이라는 이름의 활동사진관으로 이용되기도 했으나 1912년 9월 28일부로 시설 낙후를 이유로 사용이 금지되었다.[20]

2) 동대문활동사진소(광무대)

동대문활동사진소는 한성전기회사(漢城電氣會社)에서 "전등을 켜는 편리와 종업원을 위안한다는 명목으로 세운 극장이다."[21]

한성전기회사는 1896년 말 고종이 내탕금 일화 10만원을 내어 이근배(李根培), 김두승(金斗昇)의 명의로 창업 준비를 시작하여 1898년 회사 설립을 완료했다. 시설의 건설과 운영은 경인철도 부설공사의 청부인으로 조선에 와 있던 미국인 콜브란(H. Collbran)과 보스트윅(M. R. Bostwick)이 맡았다.[22]

이들은 자신들에게 일방적으로 유리한 조건으로 한성전기회사와 계약을 맺었다. 이로 인해 한성전기회사와 운영자 콜브란 측 사이에 채무분쟁이 일어나게 된다.

---

19 〈[廣告]〉,《大韓每日申報》, 1908.7.26.
20 〈원각샤의연극금지〉,《每日申報》, 1912.10.2.
21 李瑞求,『歲時記』, 培英社, 1973, 54쪽.
22 大韓電氣協會 編,『韓國電氣事業變遷史(草創期~統合韓電)』, 大韓電氣協會, 2000, 28~29쪽.

[자료] 동대문활동사진소가 자리한 전기회사 기계창

이 문제는 1901년 7월 콜브란이 한성전기회사 사옥에 게양된 태극기를 내리고 성조기로 바꿔 달면서 외교 문제로 비화되었다. 이듬해인 1902년 8월 대한제국 정부에서는 한성전기회사에 대해 문부조사(文簿調査)를 실시하여 콜브란 측의 잘못을 따졌다. 1903년에는 조선인들이 콜브란 측의 부당한 처사에 항거하는 뜻으로 전차안타기 운동을 전개했으며 이는 반외세 운동으로 확대되었다. 이러한 움직임에 당황한 미국은 미해병 100명을 한성에 파견하여 한성전기회사 사옥 주변을 경계하는 등 사태는 악화되었다.[23]

고종과 콜브란 사이의 채무분쟁은 러시아와 일본 사이에 전쟁 발발의 기운이 돌자 미국과의 관계 회복을 원한 고종이 콜브란 측의 의견을 수용하면서 마무리되었다. 이에 따라 한성전기회사는 미국에 본사를 둔 미국 기업인

---

23 위의 책, 42~43쪽.

한미전기회사(韓美電氣會社)로 바뀌었고, 고종은 일개 투자자로 남게
된다.[24]

한성전기회사에서 동대문활동사진소를 만들어 활동사진을 상영하기 시
작한 시점은 서병달(徐丙達)이 한성전기와 황실과의 채무분규와 관련해 종
로에 운집한 군중 앞에서 콜브란을 성토하다 경무청에 구금되는 사건이 일
어났던 1903년 6월이었다. 전차안타기 운동으로 승객이 급감하자 한성전기
회사를 운영하던 콜브란은 창고를 개조한 활동사진관을 만들어 수익사업도
펼치고 한성전기회사에 대한 조선인들의 좋지 않은 감정도 무마시킬 방편
으로 활동사진 상영을 추진했다.

한성전기회사 기계창 안에 만들어진 활동사진소는 동대문활동사진소라
는 이름을 달고 1907년까지 운영되었다. 동대문활동사진소로 운영될 당시

[자료] 광무대의 내부가 그려진 『無雙新舊雜歌』(1915)의 표지

---

24 위의 책, 45쪽.

시설이 어떠했는지를 알려주는 자료는 없으나 동대문활동사진소가 광무대로 바뀐 뒤의 극장 모습은 노래 책인『無雙新舊雜歌』의 표지에 그림으로 남아있다.[25]

『無雙新舊雜歌』(1915)의 표지를 통해 추정컨대 객석은 2층이었으며, 2층 객석의 한쪽은 만국기가 걸려있었고, 무대는 활동사진관으로 이용해서인지 폭이 좁았다. 또한 가부키 등을 공연할 때 필요한 화도(花道)는 없었다. 이러한 내용은 다음과 같은 회고를 통해 개략적인 확인이 가능하다.

> 무대에는 미국긔와 됴선긔를 그린 휘장을 처놋코 그 휘장 압혜 굵은 줄을 가로 매여 놋코 맨-먼저는 少女광대가 나와서 줄을 타고 그 다음에 휘장을 거더 치우더니 조선 녀자가 춤(僧舞 等)을 몃가지 추고 그리고 불이 쩌지는고로『익크 활동사진이 나온다』하고 기다렷더니 한참이나 캄캄한대로 잇다가 식썸언 외투를 닙은 서양 사람한테가 웃둑웃둑 서잇는 것이 환-하게 빗취엿다.[26]

동대문활동사진소는 1907년 광무대로 이름이 바뀌었고 박승필(朴承弼)이 운영을 맡았다. 이후 활동사진상영보다는 전통연희의 상연에 앞장섰다. 한미전기회사는 1909년 일한와사전기회사(日韓瓦斯電氣會社)에 인수되면서 광무대 연극장도 와사전기회사의 소유가 되었다. 그러던 중 1913년 와사전기회사에서 부지의 협소를 이유로 연극장을 없애면서 광무대는 황금유원(黃金遊園) 내 연기관(演技館)으로 이전되었다.

---

25 구체적으로 이 그림이 동대문활동사진소 시절의 광무대인지, 아니면 황금유원 시절의 광무대인지는 알 수 없다. 책의 발간 연도로 보아 황금유원 시절의 광무대일 것으로 추정되나, 황금유원 내 광무대는 원래 일본 신파극단들이 사용하기 위해 만든 연기관을 그대로 사용한 것으로 그림 속의 무대에 일본극장에서 보이는 화도가 없는 것으로 볼 때, 동대문활동사진소 당시의 그림일 가능성도 배제할 수 없다.

26 〈活動寫眞 이약이〉,《別乾坤》2號(1926.12), 91쪽.

3) 단성사

단성사는 1907년 설립되었다. 연예계를 발전시키고 그 수익으로 교육장려와 자선사업을 하기 위한 목적으로 지명근(池明根), 박태일(朴太一), 주수영(朱壽榮) 등 한성상인들이 발기하여 파조교(罷朝橋) 인근에 세웠다.

> 京城 內 實業家 立志紳商 池明根, 朴太一, 朱壽榮 諸氏가 發起ᄒ야
> 我國 演藝界를 發達ᄒ 目的으로 官廳에 承認ᄒ야 一大 演劇場을
> 現今 罷죠橋 近地에 建築 中인데 三昨日에 一般俳優 等을 東門 外
> 永導寺 大圓庵에 聚集ᄒ야 演藝의 性質과 沿革과 改良 發展ᄒ 趣旨
> 로 演說ᄒ고 一會社를 組成하야 團成社라 名稱ᄒ고 一은 一般才人의
> 生活上 營業을 務圖ᄒ고 一은 收入한 利益으로 敎育 上 獎勵와 慈善
> 的 事業에 投用ᄒ기로 決定ᄒ얏ᄂᄃᆡ 適其時 西門 外 華東學校에서
> 設行ᄒᄂ 運動會에 往參ᄒ얏든 贊育硏法所長 閔泳韶氏 以下 大官
> 諸氏ᄀ 該 景況과 演說ᄒᄂ 趣旨를 得聞하고 贊成ᄒ기 爲ᄒ야 金重
> 煥氏의 贊辭로 演藝界의 團合과 事業上의 好意를 勵勉ᄒ 後에 一般
> 演戱로 餘興을 畢覽ᄒ고 散歸하얏다더라.[27]

단성사 설립을 위한 모임을 기록한 위 신문기사를 보면 단성사의 설립 목적은 재인(才人)들이 생활할 수 있도록 돕고 극장 운영수익으로는 교육과 자선사업에 사용하겠다는 점을 밝혔다. 이러한 설립 취지에 민영소(閔泳韶) 등 고관들이 적극적인 찬성의사를 표명했다. 이는 극장 설립이 오락을 제공하는 공간을 넘어 근대문화 수용의 중요한 장소임을 시사한다.

개관 초기 단성사의 모습은 알 수 없다. 단 1910년대 초반 신파극이 연행되기 시작하자 그 장소의 협소함이 문제되었다. 아래의 기사를 보자.

---

27 〈演藝 團成社 設立〉, 《萬歲報》, 1907.6.7.

本社에서 新演劇을 設行ᄒ여 開演ᄒ읍다가 陽曆 一月 二十六日브터
停止ᄒ읍는 理由는 革新團이 日就月將되여 本社가 狹隘ᄒ읍기로 一
層 華麗ᄒ읍게 改築ᄒ 預定이읍고 其間 外方에서 有志紳士가 革新團
一行을 請ᄒ여 一次 觀覽을 要ᄒ읍기로 發行ᄒ엿다가 限 二週日 後
回還ᄒ여 陰曆 正月에 本社를 一新 修理ᄒ읍고 開演ᄒ터이오니 僉君
子는 照亮ᄒ심을 敬要홈. 團成社 告白.[28]

1912년 1월 단성사에서는 혁신단의 신년공연이 끝난 직후 단성사의 무대
를 한층 확장하기 위해 영업을 정지했다. 그 사이 혁신단은 외부에서 공연
후 음력 설에 돌아와 공연을 재개하기로 한다. 위 내용을 토대로 추정해 보
면 1912년 이전 단성사는 무대가 연극하기에 적절치 못할 정도로 좁았고
이러한 문제들은 내부 수리를 통해 해결해 나갔던 것으로 보인다.

단성사는 다른 극장들과 마찬가지로 극장 경영의 미숙과 전황(錢荒)으로
인한 경영상의 곤란으로 극장 경영자와 소유자가 자주 교체되었다.[29] 단성
사의 경영자들은 경영상태의 정상화를 위해 다양한 연희를 프로그램으로
준비하였다.

단성샤의 구경ㅅ군이야말로, 참 굉장ᄒ더군, 롱선(弄仙)의 승진무와,
치경(彩瓊) 도화(挑花)의, 승무는 한목줄 밧고 업고, 금강산의 환등과,
활동샤진도 볼만ᄒ더구면, 활동샤진이, 넘어 흐려셔 자미가 좀 적은
모양이오, 뎐긔 호접무는 아즉 좀, 스틀너셔「正評生)」[30]

정평생(正評生)이라는 필명의 독자가 쓴 글을 보면 단성사에서는 승전무
(勝戰舞), 승무(僧舞), 전기호접무(電氣胡蝶舞), 환등, 활동사진 등 다양

28 〈[廣告]〉, 《每日申報》, 1912.1.26.
29 서은선, 「일제 강점기 시대의 단성사 연구」, 상명대학교 석사학위논문, 2005,
48~49쪽.
30 〈途聽途說〉, 《每日申報》, 1912.5.30.

한 장르의 연희가 함께 공연되었음을 알 수 있다. 이중 활동사진에 대해서는 화면이 흐려 재미가 적다고 부기하고 있다. 필름의 상태가 좋지 않았던 것으로 보인다.

경영자가 자주 바뀌며 안정되지 못하던 단성사는 안재묵(安在黙)이 운영하기 시작하면서 대대적인 설비투자가 이루어진다. 우선 문제로 지적되던 무대의 협소함을 해결하기 위해 단성사의 신축이 이루어졌다. 공사는 1913년 7월 시작되어 1914년 1월에 완료되었다.

> 경성 중부 동구안에 잇는, 연극쟝 단성샤를 헐고, 시로 짓는다흠은, 이젼에 여러번, 긔지한 바, 작년 칠월에, 역수를 시작ᄒ야, 임의 집 건축은 다 맛치고, 구력 안에 너부 슈졍식지, 젼혀 맛칠터이라는ᄃᆝ 간수가, 일빅륙십팔간에, 무ᄃᆡ가 삼십이간이오, 관람쟈의 뎡원이, 일쳔명이오, 뎐긔 등이, 합 일빅오십기오, 안은 일본 졔도, 밧갓 졍면은, 셔양 졔도인ᄃᆝ 일이등셕은 젼부 다ᄭ미를 ᄭ랏고, 하등셕도 쟝교의에 안져보게 되얏스며 기타 여러 가지 구죠와 쟝식이, 조선의 연극쟝으로는 젼도에 뎨일이 되겟스며, 구력 졍월 초하로날브터, 기셩의 연쥬회로, 첫번 무ᄃᆡ를 연다더라, 총 건축비 일만일쳔원"[31]

[자료] 신축낙성한 단성사(《每日申報》, 1914.1.17)

---

31 〈新築落成 ᄒᆞᆫ 團成社〉, 《每日申報》, 1914.1.17.

1914년 음력설을 맞아 새롭게 신축 낙성된 단성사는 당시 가장 호화로운 극장이었다. 총 건축비 1만1천원으로 지어진 2층 건물로 외관은 서양식으로 장식했고 내부는 일본식 극장의 구조를 따랐다. 또한 건물의 총 칸수는 168칸에 달했는데 이중 무대가 32칸 전기조명은 150개나 설치되었다. 그리고 총 1천석에 이르는 객석 중 2층 1, 2등석은 다다미를 깔아 신을 벗고 입장하도록 했고, 1층의 하등석은 장의자를 깔아 앉아서 볼 수 있도록 했다.

최신 시설을 구비하고 있던 단성사는 1915년 2월 18일 발생한 화재로 벽만 남은 채 소실되었다. 상등석 옆방에서 차를 팔던 안성범(安聖範)이 연극이 파한 후 화롯불을 끄지 않고 퇴근했는데 화롯불이 다다미에 옮겨 붙어 극장 전체를 태운 것이다.[32] 화재의 원인을 제공한 안성범은 단성사 주무자 안재묵의 아버지로 그는 실화죄로 기소되어 재판을 받았다.[33]

단성사의 화재로 다방골 김연영(金然永)에게 돈을 빌어 극장을 신축했던 안재묵은 파산했고 소유권은 채권자 김연영에게 넘어갔다. 단성사를 소유하게 된 김연영은 내부를 수리하여 1915년 5월 다시 개장했다.[34] 그러나 건물을 재건하는데 있어 돈을 적게 들였기 때문에 화재 전보다 시설은 열악했다.[35]

1917년 2월 김연영은 황금유원을 소유하고 있던 다무라 기지로(田村義次郎)에게 8,500원의 금액으로 단성사를 매각했다.[36] 이로써 경성 내 조선인이 소유한 극장은 아무것도 남지 않게 되었다.

---

32 〈劇場 團成社 燒失〉, 《每日申報》, 1915.2.19.
33 〈團成社 失火 公判〉, 《每日申報》, 1915.3.17.
34 〈희딕쇼식〉, 《每日申報》, 1915.6.4.
35 〈희딕쇼식〉, 《每日申報》, 1915.5.30.
36 〈단성샤가 팔려〉, 《每日申報》, 1917.2.18.

[자료] 화재 직후 단성사의 모습

4) 연흥사

1907년 11월 송지만(宋芝萬), 이준동(李俊東), 이종진(李鍾振) 등이 절골(寺洞) 장윤직(張潤稙)의 집을 개조하여 연희루(演戲樓)를 건축하고자 경시청에 청원했다.[37] 사동에 연희장이라고는 연흥사밖에 없었기 때문에 이들이 청원하여 만든 연희장을 연흥사로 추측하고 있다.[38]

연흥사의 정확한 위치는 탑골공원 왼편, 훗날 조선극장이 위치했던 자리로 현재 서울특별시 종로구 인사동 130번지이다. 1912년 연흥사에서 연극 공연을 본 박진의 회고를 빌리자면 건물은 비계목으로 만든 이층짜리였으며 일층 객석은 나무로 만든 장의자가 길쭉길쭉 놓였고 이층은 삿자리를 깔았다고 한다. 당시의 여느 조선인 극장과 마찬가지로 객석은 성별에 따라

---

37 〈又設演臺〉,《皇城新聞》, 1907.11.30.
38 유민영, 『한국 근대극장 변천사』, 태학사, 1998, 133쪽.

나뉘어서 일층은 남자석, 이층은 여자석이었다.[39]

연흥사는 1908년 초부터 본격적인 흥행을 시작했다. 박원근(朴元根)이 총무를 맡고, 송종오(宋鐘五)가 감독을 맡았다.[40] 이들은 극장을 경영해본 경험이 일천했고, 전황으로 인한 경영난으로 고전했다. 결국 극장은 이풍의(李豊儀), 최복윤(崔復潤)에게 넘어가게 된다.[41] 이후 연흥사는 전당포 주인 석동환(石東煥) 등이 인수하였는데 1909년 10월 당시 신문에 손해가 적지 않다는 기사가 실렸을 정도로 경영상태가 좋지 못했다.[42]

전황으로 인한 관객의 감소로 심각한 경영난을 겪게 되자 각 극장들은 자신만의 특징 있는 프로그램들을 상연하는 식의 해결책을 강구했다. 연흥사는 1910년대 들어 다른 어떤 극장보다 신파극을 자주 공연함으로써 그 해법을 찾았다. 연극인 박진(朴珍)도 연흥사를 임성구(林聖九)의 혁신단(革新團) 공연으로 기억하고 있었던 것으로 보아 연흥사는 당대의 사람들에게 신파극의 본산으로 인식되고 있었다.

극장 경영에 있어 일정한 궤도에 올랐던 연흥사는 1914년 8월 돌연 영업을 중지 당한다. 이후 연극장이 협소하고 공연하기 부적절하다는 이유로 10월 29일자로 경무청에 의해 허가가 취소되었다. 당시 소유자는 신태휴(申泰休)였다.[43] 그럼에도 불구하고 연흥사는 1915년까지 운영된 것이 확인된다.[44] 연흥사가 있던 자리는 빈터로 있다가 7년 뒤인 1922년 조선극장이 들어섰다.

---

39 박진, 앞의 책, 25~26쪽.
40 권영민, 『한국현대문학대사전』, 서울대학교출판부, 2007, 542쪽.
41 〈演興不興〉, 《大韓每日申報》, 1908.10.17. ; 〈演興叓演〉, 《皇城新聞》, 1909.2.3.
42 〈演況彫殘〉, 《大韓每日申報》, 1909.10.24.
43 〈연흥샤허가쟉쇼〉, 《每日申報》, 1914.11.7.
44 〈연흥샤의 죠흔 판소리〉, 《每日申報》, 1915.4.17.

5) 장안사

장안사는 동구(洞口) 내(內) 장대장동(張大將洞) 장사골에 건립된 극장이다. 박진은 장안사의 위치에 대해 "낙원동과 익선동 사이, 즉 단성사에서 동관대궐이라던 창덕궁을 향해 가는 큰 길과, 낙원동에서 경운동으로 가는 큰길과의 사이"에 "동궐나뭇장(柴場)이라고 해서 넓은 공지가 있었는데 그 공지가 장안사가 있던 터"[45]라고 회고했다.

장안사의 건설 연도는 정확히 알 수 없으나 단성사, 연흥사와 비슷한 시기인 1907년에서 1908년 사이에 만들어진 것으로 추정된다. 개장 초기 우리의 전통연희를 비롯하여 중국의 경극,[46] 활동사진 등을 두루 상영하던 장안사는 여타의 다른 극장처럼 관람자가 적어 경영난을 맞게 되었는데 연흥사가 신파극을 전문으로 하여 경영난을 타개했던 것처럼 장안사에서는 연흥사나 단성사에서 연행하지 않는 "꼭두각시의 홍동지, 박첨지놀음과 광대 줄타기, 남사당패의 무동 서기, 서도잡가, 경기 입창 등"[47]을 비롯한 전통연희를 주요 레퍼토리로 하여 극장의 전문성을 살렸다. 1912년에는 서양인이 극장을 임대하여 지만관(志滿館)이라는 이름으로 활동사진을 상영했다.[48]

장안사는 1915년경에 문을 닫은 것으로 추정된다. 단성사가 화재로 소실되자 그곳에서 연행하던 김재종일행이 장안사로 옮겨 연행을 계속한다는 기사가 있으나,[49] 김재종일행이 장안사가 아닌 연흥사에서 연행한다는 또 다른 기사[50]로 미루어보아 이즈음 폐관되었음을 알 수 있다.

---

45 박진, 앞의 책, 69쪽.

46 〈淸人演劇〉, 《大韓每日申報》, 1909.4.16.

47 박진, 앞의 책, 70쪽.

48 〈演藝界〉, 《每日申報》, 1912.6.19.

49 〈劇場 團成社 燒失〉, 《每日申報》, 1915.2.19.

50 ▲ 단성사가 화지가 난 후로 김직종 일힝이 고만 쇼식이 업다더니 이번 북셔에셔 한 달 작명으로 연흥사를 허가ᄒ야 쥬엇디요 그동안 손히도 젹지 안엇슬걸. 〈독자 긔별〉, 《每日申報》, 1915.2.26.

제3절 일본인 극장

러일전쟁에서 승리를 거둔 일본이 조선에 대한 강력한 지배력을 갖게 되자 조선에 건너온 일본인의 수는 급격히 늘었다. 대한제국이 일제에 강점되던 1910년 일본인 이주민의 수는 3만 8천명을 넘었다. 1914년에는 6만 6천명으로 러일전쟁 직후보다도 6배 정도의 증가를 보였다.

[표] 1885년에서 1914년까지 경성의 일본인 인구수

연도	호수	남	여	계
1885	19	72	18	90
1893(청일戰前)	234	454	325	779
1895(청일戰後)	500	1,114	725	1,839
1903(러일戰前)	902	2,074	1,599	3,673
1906(러일戰後)	3,216	6,447	5,277	11,724
1909(강점전)	7,539	13,300	11,942	25,242
1910(강점후)	11,152	19,901	18,285	38,186
1914	16,011	37,467	28,557	66,024

출전 : 京城協贊會(編), 『京城案內』, 京城協贊會, 1915, 40쪽.

극장으로 대표되는 흥행관련 시설은 일본인 상권에서 볼 수 있는 특징 있는 모습이었다. 돈을 지불하고 신기한 볼거리를 즐기는 흥행업은 유교국가인 조선에는 존재하지 않았지만 일본에서는 "에도 문화의 중심"으로까지 일컬어질 정도로 오랜 전통이 있었다.[51]

특히 흥행업은 유흥업과 밀접한 관계를 가지는데, 흥행업과 유흥업이 어우러진 지역을 보통 환락가라 불렀다.[52] 이 두 가지는 모두 직간접적으로

---

51 E. 사이덴스티커(허호 옮김), 『도쿄이야기』, 이산, 1997, 174쪽.

섹스를 암시하고 있었다.[53] 당시 경인(京仁)지역에서 발간되던 일본어 신문에는 유흥업의 대표라 할 수 있는 유곽에 관한 정보가 극장에 관한 정보와 함께 주요한 기사로 처리되었다.[54]

일본의 흥행장과 유곽, 상점은 사람이 많이 모이는 사찰과 신사 주변에 형성되는 것이 보통이었다. 각종 축제일 등에 사찰과 신사를 찾은 사람들은 인근의 극장과 유곽에 들렀다. 주변에 이들을 상대로 한 상점들이 들어서는 것은 당연했다. 대표적인 곳이 도쿄의 아사쿠사공원(淺草公園)이다. 에도 시대부터 도쿄의 아사쿠사(淺草)신사와 센소지(淺草寺) 주변에는 신사와 사찰을 찾는 사람들을 대상으로 하는 상점과 극장은 물론 요시와라(吉原)라는 일본 최대의 유곽지역이 있었다.[55] 1873년 근대화의 일환으로 아사쿠사 지역이 일본 최초의 근대식 공원인 아사쿠사공원으로 조성되자 이곳의 환락가는 더욱 번성하게 된다.[56] 1910년경 아사쿠사 6구에만 10여개의 활동사진 상설관이 들어서서 일본 활동사진 흥행의 바로미터 역할을 담당했다.

한성 일본거류지 내의 공원과 유곽, 극장의 설립은 일본식 도시문화가 조선에 이식 되는 과정을 보여준다. 1892년 일본거류민들이 일본영사관이 자리 잡고 있는 남산 북쪽 기슭, 속칭 왜성대에 황대신궁(皇大神宮)을 세웠다. 청일전쟁에서 승리한 직후에는 이곳에 충혼비를 세우기로 하면서 공원 조성 계획이 수립됐다. 1897년 공사를 시작하여 통로를 넓히고, 땅을 평평하게 다져 휴식소(休息所), 분수지(噴水池), 주악당(奏樂堂), 연무대(演舞

---

52 일본에서는 영화가 유입되면서 도쿄의 淺草6區, 교토의 新京極, 오사카의 千日前이 근대 일본의 3대 환락가로 꼽히게 된다. 上田学,「映画館の〈誕生〉」, 岩本憲兒 編,『日本映画の誕生』, 森話社, 2011, 182쪽.

53 E. 사이덴스티커, 앞의 책, 33~34쪽.

54 인천에서 발간되던 최대 발행부수의 일본어 민간지인《朝鮮新聞》에는 1910년을 전후한 시기, 극장 프로그램을 소개하는 것과 마찬가지로 경성 신정유곽의 유객 수와 소비금액을 매일 신문에 게재했다.

55 E. 사이덴스티커, 앞의 책, 36쪽.

56 아사쿠사 6구의 흥행가 설립에 관해서는 上田学의 논문(앞의 책, 182쪽)을 참조.

臺) 등을 새로 짓고, 벚꽃 600여 그루를 심어 공원을 완성했다.[57] 공원으로 향한 길을 중심으로 동서방향으로 형성된 상권은 본정(本町, 혼마치)이라 불리는 일본인 상권의 중심이었다. 이후 일본인 거류지는 지금의 명동과 을지로 방향으로 확대되었다.

일본거류민들은 왜성대공원의 규모가 협소하다는 이유로 남산 안에 또 다른 공원의 설립을 추진했다. 고종이 한양공원(漢陽公園)이라 이름 붙인 이 공원은 일본인 유지자들의 발기와 송병준(宋秉畯)을 비롯한 친일관료들의 도움으로 남산 북서측에 한일공동공원 형식으로 1909년에 완성되었다.[58] 한양공원에는 훗날 거대한 규모의 조선신궁(朝鮮神宮)이 만들어지는데, 이는 1919년 남산 남동 측에 완성된 장충단공원, 기존의 왜성대공원, 한양공원을 포함한 거대한 규모의 일본인 공원인 남산공원의 완성을 의미했다.

일본인을 위한 공원이 들어선 남산의 동서 양 끝단에는 일본인 대상의 유곽이 형성되었다. 1904년 현재의 중구 묵정동인 신정(新町)과 본정 9정목[59] 일대에 신정유곽(신마치, 新町遊廓)이 만들어졌다.[60] 위치는 남산 왜성대공원 동쪽 끝 편이었다.

남산의 서쪽 끝 편인 남대문정차장(경성역) 건너편 길야정(吉野町)과 어성정(御成町)에는 속칭 신지(新地)라고 불리는 유곽이 들어섰다. 신지는

---

57 京城居留民團役所 編, 앞의 책, 447쪽.

58 위의 책, 448쪽.

59 시구 개정 이후 본정 9정목은 본정 5정목으로 바뀌었다.

60 신정유곽은 일제강점기 내내 경성의 대표적인 유흥가로 이름을 떨쳤다. 유곽의 설립은 러일전쟁으로 일본 군인과 군수물자를 담당하는 일본인들이 한성으로 몰려올 때, 유곽업자들까지 대거 몰려오면서 시작되었다. 이들은 일본군이 마굿간 부지를 매입한다는 소문을 내서 일본군에 의해 부지를 몰수당할 것을 염려한 조선인들에게 땅을 헐값으로 매입했다. 당초 예정가격의 1/4가격이었다. 1904년 10월 제일루(第一樓)를 시작으로 수십개소의 업소가 개장을 했다. 홍성철, 『유곽의 역사』, 페이퍼로드, 2007, 33~34쪽.

철도역을 중심으로 발달한 유곽이었다. 비슷한 경우로는 구용산 도산정(桃山町) 일대에 만들어진 도산유곽(모모야마, 桃山遊廓)이 있었다. 용산에 일본군이 주둔하기 시작하면서 용산역을 중심으로 일본인촌이 형성되었는데 도산유곽도 이때 형성되었다. 훗날 도산정은 미생정(彌生町)으로 이름이 바뀌는데 유곽 이름도 미생정유곽(야요이쵸, 彌生町遊廓)으로 바뀌었다.[61]

이렇듯 일본이 조선을 식민지로 만들면서 일본인 거류지에는 조선에는 볼 수 없었던 도시공원과 유곽지역이 형성되었다. 극장 역시 일본인 상권의 중심인 본정 길을 따라 동서 방향으로 자리를 잡았는데, 도시공원과 주변에 들어선 극장, 유곽, 상점 등은 일본인 거류민의 독특한 풍경이었다.

[자료] 본정좌의 후신인 수관의 내부 사진(『京城繁昌記』)

---

61 위의 책, 67쪽.

1910년 이전 한성의 남촌에 일본인 극장이 몇 개나 있었고, 이 극장들이 누가 어떻게 설립했으며, 어떻게 사라졌는지에 관해 전모를 알려주는 확실한 자료는 없다. 『京城繁昌記』, 『京城發達史』를 비롯한 재조일본인들이 남긴 기록에 일부 그 내용이 남아 있으나 이것 역시 부정확하다.[62] 언제 처음 일본인 거류지에 극장이 세워졌는지는 알 수 없지만, 한성에 일본인 흥행업자가 19명이나 거주하고 있던 1902년에는 상설극장이 만들어졌을 것으로 추정된다.[63]

1) 판본좌(수좌)

　　판본좌는 1907년 이전부터 존재했다. 1908년 판본좌가 있던 자리에 수좌(壽座)가 재건되었다.[64] 수좌는 1919년까지 영업을 지속하다가 그 자리에 경성극장(京城劇場)이 신축되면서 사라졌다. 지금의 충무로 남산스퀘어빌딩 북편에 있었다.

2) 경성좌

　　1906년 10월 26일 경성자선음악연주회가 경성좌에서 개최되었다. 이것을 보았을 때 경성좌의 건립연도는 1906년 10월 이전임을 알 수 있다.[65] 한성의 오래된 일본인 극장 중 하나였으나 1911년 3월 시설낙후를 이유로

62　『京城繁昌記』에는 러일전쟁 직후인 1907년을 전후한 시기, 일본인 거류지에는 수정(壽町) 3정목에 수좌(壽座), 남대문 밖 어성좌(御成座), 욱정(旭町) 1정목에 경성가부키좌(京城歌舞伎座), 본정(本町) 2정목에 본정좌(本町座), 본정 7정목에 경성좌(京城座) 등 총 5개의 극장이 있었다고 기록하고 있다.(岡良介, 『京城繁昌記』, 博文社, 1915, 477쪽.) 하지만 어성좌의 경우 1910년 만들어졌으며 판본좌가 사라진 후 그 자리에 수좌가 들어선 것과 같은 자세한 내용은 알 수 없다.

63　京城居留民團役所 編, 앞의 책, 111쪽.

64　〈劇場と興亡 過去十六年間の京城〉, 《京城日報》, 1921.8.13.

65　〈京城慈善音樂演奏會〉, 《朝鮮新報》 1906.10.26.

폐관되었다.[66] 지금의 충무로역 대한극장 건너편 옛 극동극장 부근에 있었다.

3) 본정좌

가장 오래된 극장 중 하나로 언제 건립되었는지 정확하게 알 수 없다. 심훈은 1897년 이곳에서 처음 영화가 상영되었다고 기록했으나 증명할 수는 없다. 판본좌(수좌)와 나란히 자리하고 있었으나 1909년 2월 16일 발생한 화재로 사라졌다.[67] 1912년 본정좌가 있던 자리에 수관(壽館)이 들어섰다. 현재 충무로 남산스퀘어빌딩 북편에 있었다.

4) 경성가부키좌

1906년 무렵 본정입구인 욱정(旭町) 1정목에 건립되었다. 가부키전용극장으로 당시 한성에 건립된 일본인 극장 중 가장 큰 규모였을 것으로 추정된다. 1912년 2월 화재로 소실되었다.[68] 현재 한국은행 앞 SC제일은행 제일지점 좌측 편에 위치하고 있었다.

5) 낭화관

1909년 12월 1일 개관했다.[69] 사미센을 뜯으며 창을 하는 나니와부시(浪花節)가 공연되던 작은 규모의 극장(요세, 寄席)이다. 1930년대 영화관으로 개축되었으며 해방 후 명동극장으로 이름을 바꾸었다. 1974년도에 폐관되었다.

---

66 《朝鮮新報》, 1911.3.16.
67 〈劇場本町座大火災〉, 《京城新報》, 1909.2.18.
68 〈歌舞伎座의 大火〉, 《每日申報》, 1912.2.22.
69 《京城新報》, 1909.2.18.

6) 용산좌

1906년 말에 용산 영정에서 개관했다. 개관 당시 좌주는 사사베 모쿠자에몬(笹部杢左衛門)이다.[70] 1917년 개성좌(開盛座)로 개칭되었다. 현재 용산 원동교회 근처에 있었다.

---

70 《朝鮮新報》 1907.1.1.

제4장 극장문화와 흥행산업의 형성

제1절 관객의 탄생

옥내 공간에서 공연되는 연희가 존재하지 않던 조선에서 극장과 극장문화는 그 자체로 근대적인 것이었다. 유교적 가치관에 따라 신분과 성별, 나이에 따른 구분을 당연시 했던 당시에 극장은 차별이 없는 독특한 공간이었다. 일정한 입장료만 지불하면 누구나 입장할 수 있었고, 그 안에서는 고관이나 여염집 아낙이나 기생이나 똑같은 대우를 받을 수 있었다. 다시 말해 양반의 신분이라서 양반 대우를 받는 것이 아닌, 상등석(上等席)의 표를 사야 상등(上等)의 대우를 받을 수 있었던 공간이었다. 이처럼 극장의 설립과 이에 따른 극장문화의 탄생은 신분사회에서 막 벗어나고 있던 조선에 일대 사건이었다.

1902년 황실희대를 협률사에서 빌려 공연을 시작했을 때나, 1903년 콜브란이 동대문활동사진소를 열었을 때는 갑오개혁으로 신분제가 폐지된 지 얼마 지나지 않은 때였다. 아직 두터운 신분의 벽이 가로막고 있었을 이 시기 극장에서 어느 누구도 신분에 따른 특별대우를 해달라며 항의하지 않았다는 점은 신분의 벽이 생각보다 높지 않았거나 신분제를 뛰어넘는 근대적 경험을 이미 당시의 관객들이 가지고 있었다는 것을 의미한다.

그렇다면 당시의 관객들이 가지고 있었던 근대적 경험은 무엇이었을까? 극장 설립 직전인 1898년 한성에서는 만민공동회(萬民共同會)와 같은 신분제를 뛰어넘는 근대적 움직임이 있었다. 갑신정변(甲申政變)에 실패한 후 미국으로 망명을 떠났던 서재필(徐載弼)이 대한제국으로 돌아와 독립협회(獨立協會)와 《독립신문》(獨立新聞)을 만들어 토론을 통한 독립의식과 민주주의 사상을 고취하기 위한 운동을 펼쳤다. 이에 영향 받아 한성의 시민, 소상인, 일부 지식인층이 조직한 것이 만민공동회였다.

최초의 만민공동회는 독립협회 주최로 1898년 3월 10일 종각에서 약 1만 명의 서울 시민이 참여하여 개최되었다. 이 대회에서 쌀장수 현덕호(玄德鎬)가 회장으로 추대되었고, 백목전(白木廛) 다락 위에서는 여러 시민들이 자발적으로 자신의 의견을 펼쳤다.[1]

1898년 10월 29일 천민이던 백정 박성춘(朴成春)이 연설을 했다. 종래의 가장 천시 받던 백정이 수많은 사람들이 모인 만민공동회장에서 연설했다는 사실은 그 자체로 역사적인 것이었다.[2] 이렇듯 만민공동회는 신분 고하를 막론하고 누구든지 자발적으로 자유롭게 자신의 정치적 소견을 발표할 수 있는 공간이었다.

만민공동회와 같은 신분 해방을 체험한 사람들은 새롭게 등장한 극장의 관객이 되었다. 이들 최초의 관객들은 신분, 성별, 나이와 같은 전근대적 가치가 아닌 입장료를 내고 들어서면 어느 누구나 관객이라는 동등한 대우를 받는 것을 당연하게 생각했다.

이렇듯 극장은 만민공동회장을 실내로 옮겨놓은 것과 같았다. 황실에서

---

1   愼鏞廈, 『新版 獨立協會硏究(하)』, 일조각, 2006, 504쪽.
2   위의 책, 490~491쪽.

칭경예식을 위해 만든 희대였지만 입장료만 내면 신분에 관계없이 너도 나도 들어올 수 있었다. 희대의 좌석은 신분에 따른 구분이 아닌 돈을 지불할 수 있는 능력에 따라 달랐다.

근대적 극장문화의 출현은 연희의 가치도 바꾸어 놓았다. "과거의 연희는 기본적으로 무료이거나 그것이 자신을 매료시키는 정도에 따라 관객들이 돈을 던져주는 비정액 후불제였다면, 극장 공간 속으로 들어온 공연은 그것의 감상 이전에 대금을 치러야 하는 정액 선불제"[3]였다는 박노현의 언급은 연희가 자본주의적 상품소비의 단계로 바뀌었음을 지적하고 있다.

정액 선불제 요금을 지불하고 들어온 관객들은 그 만큼의 대우를 받길 원했다. 조명 사정으로 공연이 중지되었을 때, 지금의 관객과 마찬가지로 강하게 항의를 해 환불을 얻어 냈다.[4] 이런 일들로 인해 각 극장에서는 순사와 헌병들이 관객의 입장권을 조사했다.[5]

최초의 극장은 연희만 보여주는 공간이 아니라 야외에서 행하던 만민공동회를 일기와 기후에 상관없이 행할 수 있는 실내강연장의 역할도 담당했다. 애초 강연회장으로 활용되던 청년회관뿐만 아니라 황실희대와 연흥사, 장안사, 단성사 등의 극장은 언제든지 강연회장으로 바뀌었다.

공론장으로써 극장은 일제의 조선지배가 확고해지자, 단속과 계도의 공간으로 바뀌어갔다. 일제는 풍속의 저해, 위생 시설의 미비 등을 이유로 극장을 단속하고 존폐를 운운했다.[6] 그러면서 다른 쪽으로는 친일 단체인 일

---

3 박노현, 「극장(劇場)의 탄생」, 『한국극예술연구』 제19집, 2004, 16쪽.
4 "三昨夜에 장안사에셔 연희ᄒ다가 전기등이 절단ᄒ야 黑暗洞을 작ᄒ지라 완상객들이 票價를 還索ᄒᄂᄃᆡ 풍파가 激起ᄒ얏다더라." 〈演劇場風波〉, 《大韓每日申報》, 1908.9.12.
5 "장안사 연극에셔ᄂ 巡査補가 입구를 파수ᄒ고 관람인에게 입장권 유무를 조사ᄒ얏다더라"〈長安社把守〉,《每日申報》, 1910.9.29. ; "京城 第二憲兵分隊에셔ᄂ 日前夜브터 憲兵 及 補助員 各 一名을 團成社 演劇場에 派送ᄒ야 一般 觀覽者의 入場券 有無를 調査ᄒ다더라"〈入場券有無調査〉,《每日申報》, 1912.1.23.

진회(一進會)를 이용해 대한제국이 일본의 보호국이 되어야 하는 바를 역설하고 일본과 공통의 이해를 추구해야한다는 식의 주장을 펼쳐 일반의 공분을 사기도 했다.[7] 조선의 독립을 옹호하고, 구습을 거부하며, 외세에 대해 저항하던 장소가 일제의 조선 침략을 옹호하는 매국의 공간이 되어 버린 것이다.

제2절 연희의 개량

극장이 만들어지면서 열린 공간에서 펼쳐지던 연희가 극장으로 수렴되었다. 전통 연희가 극장으로 들어오기 위해서는 극장에서 상연하기에 알맞은 모습으로 바뀌어야 했다.

근대식 극장은 한쪽에 무대가 있고 그 뒤는 배경으로 사용되어 관객을 바라보면서 공연되도록 만들어졌다. 전통 연희의 공간과 같이 둥근 모양의 건물인 황실 희대 역시 한쪽에 무대를 만들어 근대식 극장의 역할을 수행할 수 있도록 했다.[8]

6　"演劇場存拔 警視廳에셔 各 演劇場 取締規則을 製定ᄒᆞᆫ데 京城 內 一 二 處만 存在케 ᄒᆞ고 其餘ᄂᆞᆫ 解散케ᄒᆞᆫ다더라."《大韓民報》, 1909. 7. 28.

7　"高氏演說 再昨日 圓覺社 內에셔 一進會員 高義駿氏가 我韓 今日의 國是 如何란 問題로 演說ᄒᆞ얏ᄂᆞᆫ데 其 槪要ᄂᆞᆫ 左와 如ᄒᆞ니 第一, 我韓이 果然 日本의 保護를 脫離ᄒᆞᆯ 途가 有乎아 否乎아 第二, 假令 日本의 保護를 脫離ᄒᆞᆯ 途가 有ᄒᆞᆯ지라도 我韓이 果然 自存自立의 能力이 有乎아 否乎아 第三, 又 假令 第一 第二의 問題를 十分 充得 ᄒᆞᆯ지라도 最後에 東洋平和를 保持ᄒᆞᆯ 以上에ᄂᆞᆫ 日本을 除ᄒᆞᆫ 外에 誰와 共謀ᄒᆞ리오 此 三問題로 論ᄒᆞ면 到底히 日本의 保護를 不可 不受ᄒᆞᆯ 事를 詳演ᄒᆞ고 此에 韓國 今日의 國是ᄂᆞᆫ 韓日兩國 交際에 基因ᄒᆞ야 利害共通主義를 探ᄒᆞ야 全國人民으로 ᄒᆞ여금 貫徹케 ᄒᆞᆯ 事라 云云ᄒᆞᄂᆞᆫ 故로 傍聽者가 鼻笑以散 ᄒᆞ얏다ᄂᆞᆫ데 此 目的으로 所謂 遊說團을 組織ᄒᆞᆯ 次로 今日 演興社에 更集ᄒᆞᆫ다 ᄒᆞ니 叅會ᄒᆞᆯ 者가 幾人이 有ᄒᆞᆯᄂᆞᆫ지 人皆 注目ᄒᆞᆫ다더라."《大韓民報》, 1909. 7. 28.

8　"원각사 시절의 희대는 최남선의 말과 같이 서구의 대표적인 고대극장을 표방하

반면 전통 연희 공간은 중앙에 연희가 펼쳐지는 마당이 있고 이 마당을 관객이 둘러싸고 관람을 하는 형태였다. 선유락(船遊樂)과 같은 대규모의 궁정 연희뿐만 아니라 탈춤이나 농악, 남사당패 공연의 경우처럼 민중들 사이에서 행해지던 전통 연희의 대부분은 마당 전체를 공연 공간으로 사용했다. 판소리와 잡가 등 일부 연희가 누각과 같은 실내 공간에서 이루어지기도 했지만 대부분의 전통 연희는 열린 공간에 맞게 발전되어왔다.

그러나 무대와 객석이 확연히 구분된 장방형의 무대에서 연희가 연행되면서 전통 연희는 극장에 맞게 바뀌어야 했다. 이 중 개량화가 쉬운 판소리와 같은 화극(話劇) 형태의 재담극 등은 융성해지는 반면 탈춤이나 꼭두각시극 같은 경우는 쇠퇴하게 된다.

> 즉 야간에 화톳불을 피워놓고 판을 벌이는 탈춤은 위에서 내리 꽂는 무대조명으로 그 생동감을 잃게 되었고 프로시니엄 아치의 고정무대는 꼭두극을 관중으로부터 멀리 떼어놓음으로써 흥미를 반감시켰다고 말할 수 있다. 딱딱한 고정무대는 악사(樂士)와의 조화도 깨뜨렸다. 또한 농악 같은 것은 옥내 공연에서는 잘 맞을 수가 없었다. 반면에 무용은 제 무대를 만난 것이다. 무용뿐만 아니라 판소리도 긍정적인 방향으로 발전해갔는데, 정통 판소리는 옥내공간이 소리의 분산을 차단해 줌으로써 야외무대보다 득이 되었고 창극(唱劇)이라는 또 하나의 장르를 파생시키기도 했다. 사실 이것은 한국공연예술사에서 매우 중요

면서 도입한 원형극장에 무대를 설치하고 타원형에 가까운 좌석배치를 취하고 있다. 무대와 객석의 배치는 협률사 시기와 비교해서 상대적으로 서구식 프로시니엄 무대에 가까워지고 있지만, 일부에서 평석을 이용한 세 방향의 관람이 가능하다. 따라서 현대의 완전한 프로시니엄 무대와 비교해 볼 때 원각사 시절의 희대는 상대적으로 관객과 연희자의 상호친밀도가 양호한 편이었다고 말할 수 있다. 연희자를 바라보는 관객의 시간선은 야외공연장에서 사방이었던 것이 실내극장 '희대'의 출현으로 세 방향으로 축소되었다가 원각사 시절을 거치면서 무대가 점차 서구식 프로시니엄 무대에 가깝게 변화됨에 따라 단(일)방향화에 가깝게 다시 축소된 것으로 정리할 수 있다." 조영규, 앞의 책, 210~211쪽.

한 의미를 갖는 부분이다. 만약 극장이 없었다면 창극은 생겨날 수
없었던 연극 장르였다.[9]

위에 인용한 유민영의 글에서처럼 극장의 등장으로 전통 연희의 장르 간
성쇠가 결정되었다. 마을 마다 번창했던 탈춤과 농악 등 무대화하기 어려운
연희와, 무대와 객석의 이격으로 재미가 반감된 꼭두각시극은 급격하게 쇠
퇴한 반면, 근대 극장에 맞게 개량화가 가능했고, 실내공간에서 연희의 효
과가 강화될 수 있었던 판소리, 재담 등은 큰 성공을 거두어 창극과 같은
새로운 장르를 만들어 내기까지 했다. 무용 역시 무대에 맞게 무용극 형태
로 바뀌었다. 예컨대 1912년 4월 21일부터 단성사에서 공연된 강선루(降仙
樓)일행의 기생가무는 문예적 신연극으로 개량되어 공연되었다.[10]

극장은 전통 연희의 성쇠뿐만 아니라 새로운 예술 장르의 수용을 촉진했
다. 서양의 극장 연희인 연극이 신파극이라는 이름으로 조선에서도 만들어
지게 되었고, 활동사진이 수입되어 극장을 통해 상영되었다.

신파극은 일본인 극장에서 행해지던 일본 신파극의 영향을 직접 받았다.
신파극단을 처음으로 조직한 임성구(林聖九)는 연극에 대한 체계적 교육을
받은 것이 아니었다. 그는 동지들을 모아 혁신단(革新團)을 만들어, 일본인
극장에서 연행되는 신파 극단의 레퍼토리를 그대로 모방한 신파극을 시작
했다. 임성구의 혁신단은 몇 번의 시행착오 끝에 세련된 형태의 연극을 만
들 수 있었다. 이에 영향 받아 여러 신파 극단이 만들어졌다. 이 중에는 윤
백남(尹白南), 조일제(趙一齊), 이기세(李基世)와 같이 일본 유학출신의
인텔리들이 조직한 문수성(文秀星), 문예단(文藝團) 등의 극단도 있었다.
신파극은 1910년대 초반 조선인 극장의 대표적인 프로그램으로 자리 잡았
다. 그 결과 연흥사의 경우처럼 일반에게 신파극 전용 극장으로 선전되기도

9   유민영, 앞의 책, 13~14쪽.
10 〈[廣告]空前絕後의 妓生歌舞〉, 《每日申報》, 1912.4.21.

했다.

활동사진 역시 조선에 소개된 후 극장을 중심으로 상영되었다. 활동사진의 수용 초기는 배급과 상영이 아직 체계화 되지 않던 시절이어서 동대문활동사진소를 비롯한 조선인 극장에서나 서대문의 서양인들이 만든 활동사진소, 남촌의 일본인 극장에서 간헐적인 상영이 이루어졌다. 전차안타기 운동을 펼치는 중에도 활동사진을 보기위해 전차를 가득 메운 관객들을 고려해보았을 때, 새로운 오락거리인 활동사진은 조선의 관객들에게 전통연희와는 다른 감동과 흥분 그 자체였다.

제3절 흥행 산업의 형성

극장이 등장하기 전 열린 공간에서의 연희는 수익 창출을 위한 활동이 아닌 공동체의 위안과 안녕을 기원하는 축제였다. 그렇기 때문에 연희에 드는 비용은 독지가가 전부를 지불하거나 공동체의 추렴을 통해 마련했다. 추렴은 경제적 능력에 따라 일정한 금액을 내는 것으로 능력이 없는 사람은 내지 않아도 문제되지 않았다. 돈을 내지 않았다고 해서 연희에 참여하는 것이 제한되었던 것이 아니었다.

극장이 등장하면서 추렴과 같은 행태는 전근대적인 것이 되었다. 극장은 닫힌 공간으로, 흥행업자는 극장 출입문을 지키고 있으면서 입장권을 산 사람만 입장할 수 있도록 하여 관객을 통제했다. 누구든 관람을 위해서는 꼭 돈을 지불해야 했으며 관람료에 따라 구분된 자리에 위치해야했다.

흥행을 전문화하여 수익을 만들어내는 것은 조선의 전통 연희에는 없었다. 한성에서 조선인들의 극장 흥행이 시작되기 이전, 일본인들은 자신들이 운영하던 가설, 혹은 상설 극장에서 흥행업을 시작했다. 그러나 아쉽게도 언제 어떻게 흥행이 이루어졌는지를 알려주는 자료는 없다.

한성에서 흥행업은 창고를 개조한 실내 공간에서 서양인이 주도하여 이루어진 파노라마의 흥행이 가장 오랜 기록이다. 아래는《獨立新聞》에 실린 파노라마 광고이다.

구라파 그림 광고
구라파 사름이 남대문 안에 구라파 각국에 유명흔 동리와 포딕와 각싴
경치를 그림으로 그려 구경 식힐터이니 누구던지 구라파를 가지 안코
구라파 구경 흐랴거던 그리로 와셔 그림 구경을 흐시오 죠션사름과
일본 사름은 매명에 돈이 오젼이요 외국사름은 십젼식을 밧고 구경식힐
터이요 아츰 구시브터 저녁 십이시 싯지 열녀 잇쇼[11]

위의 광고가 파노라마 광고라는 것은 《獨立新聞》의 영문판인 《The Independent》에 실린 같은 광고를 통해 알 수 있다.

PANORAMA!!
The undersigned has opened a Panorama on South gate Street and is ready to receive visitors. The pictures are made by the best artists Europe representing the towns, fortresses and other grandeurs of European cities.
Open from 9 A.M. to 12 P.M.
Charges : Europeans, 10 cents.
        Korean & Japanese, 5 cents.
A. Donapassis
Proprietor.[12]

---

11 〈[廣告]〉,《獨立新聞》, 1897.5.13~6.12.
12 〈[廣告]〉,《The Independent》, 1897.5.13~6.15.

파노라마(PANORAMA!!)

아래에 서명한 사람은 남대문통에서 파노라마를 개설하여 방문객을 맞을 준비가 되었습니다. 유럽 최고의 아티스트가 그린 그림은 유럽도시들의 시내모습, 요새, 그리고 여타의 장관을 보여주고 있습니다. 개장 시각은 오전 9시부터 오후 12시까지.

요금은 유럽인 10센트, 한국인 및 일본인 5센트.

운영주 A. 도나파시스(A. Donapassis) 알림[13]

광고

구라파 그림 광고

○ 구라파 사름이 남대문 안에 구라파 각
국에 유명훈 동리와 포딕와 각식 경치를
그림으로 그려 구경 식힐터이니 누구던지
구라파를 가지 안코 구라파 구경 호랴
던 그리로 와셔 그림 구경을 호시오
사름과 일본 사름은 돈 오전이오
외국 사름은 십전식을 밧고 구경식힐러이
요 아홈 구시 브터 저녁 십이시 석지열
녀엇쇼

PANORAMA!!

The undersigned has opened a Panorama on South gate Street and is ready to receive visitors. The pictures are made by the best artists in Eurpoe representing the towns, fortresses and other grandenrs of European cities.

Open from 9 A. M. to 12 P. M.

Charges: Europeans, 10 cents.

Koreans & Japanese, 5 cents.

A. Donapassis
Proprietor.

6-12.

[자료]《독립신문》에 실린 파노라마 광고

파노라마는 "야외의 높은 곳에서 실지로 사방을 전망하는 것과 같은 느낌을 주는 사생적(寫生的) 그림을 둥근 돔형의 벽면에 설치해 놓고, 그 앞면에는 그림 속의 형상에 융합하는 입체 모형과 가설물을 설치하거나 조명 등을 이용하여 중앙의 관람자로 하여금 장대한 실제 경치 속에 있는 것과 같

---

13 번역문은 "구한말 외국인 공간 정동" 싸이트에서 인용했음.
   http://jungdong.culturecontent.com/main/view.asp?seq=cp0710a00053

은 느낌을 주는 회화적 장치"를 말한다. 일본에서는 1890년 5월에 시부사와 에이이치(澁澤榮一)와 오쿠라 기하치로(大倉喜八郎)가 아사쿠사공원(淺草公園)에 설치한 파노라마관이 처음이었으며, 활동사진이 등장하기 전까지 "현장감 넘치는 오락의 제왕으로 인기를 독차지 했다."[14]

위 광고를 보면 일본에서 큰 인기를 차지하고 있던 파노라마가 1897년 조선에도 도입되어 흥행이 이루어졌음을 알 수 있다. "유럽도시들의 시내모습, 요새, 그리고 여타의 장관을" 그린 파노라마와 같은 실내의 볼거리는 조선인들에게 볼거리를 소비한다는 인식을 심어주었다. 또한 구매력 있는 유럽인에게는 관람료로 10센트를 받고 구매력이 떨어지는 조선인과 일본인에게는 5센트를 받았는데 이는 극장 흥행이 시작되면서 객석에 따른 관람료의 차등이라는 기본적인 흥행원칙과 같았다.

이렇듯 일본인과 서양인들을 중심으로 흥행업이 시작되면서 조선에 볼거리를 소비한다는 인식이 생겼다. 서양인 도나파시스(A. Donapassis)가 파노라마를 흥행할 당시 이와 비슷한 시도가 조선인들을 중심으로 이루어졌다. 아래의 광고는 《獨立新聞》에 실린 금강산 그림 구경 광고이다.

> 셔울 즁셔 즈닉 견평방 향졍동 사는 태덕엽의 집에셔 농샹공부 인가를 뭇하 금강산을 모본 죠셩ᄒ야 본국 사롬들과 각국 사롬들을 구경식히려 ᄒ노니 쳠군즈는 와셔 구경들 ᄒ시오.[15]

위 광고는 화사(畫師) 태덕엽(太德燁)이 농상공부의 인가를 받아 금강산을 보고 그린 어떤 볼거리를 조선인과 외국인에게 구경시킨다는 내용의 광고이다. 위 광고의 "모본 죠셩ᄒ야"라는 내용으로 미루어 파노라마와 비슷

---

14 유모토 고이치(연구공간 수유+너머 동아시아 근대 세미나팀 옮김), 『일본 근대의 풍경』, 그린비, 2004, 276쪽.

15 〈[廣告]〉, 《獨立新聞》, 1897.6.12.

한 구조물을 만들어서 일반에게 구경시켰던 것으로 추정된다.

도나파시스의 파노라마 광고가 입장료와 입장시간을 기재하여 흥행의 형식을 취했던 반면 위 광고는 입장료와 입장시간 등이 기재되어 있지 않은 것으로 보아 각종 볼거리가 본격적인 흥행을 하기 직전의 과도기적 형식의 하나로 추정된다.

1900년대 들어 극장이 만들어지자 협률사와 같은 조선인 연예단체들이 하나 둘 만들어지기 시작했다. 협률사는 황실 극장인 희대가 만들어지고 칭경예식을 위해 전국의 예인들이 한성으로 올라오자 이들을 이용하여 돈을 벌어보고자 했던 일군의 사람들이 예인들을 관리하고 있던 삼패도감(三牌都監)의 장봉환(張鳳煥)과 함께 수익 사업의 일환으로 만들었다.[16]

협률사와 같은 전문적인 연예단체들이 생겨나면서 이들 연예단체에서 극장을 대여하여 흥행을 시작했다. 동대문활동사진소를 임대하여 사용한 광무대의 박승필을 비롯하여, 박춘재, 김재종 등 유명 연예패들과 임성구, 이기세, 윤백남 등의 신파극단을 이끌던 인물들이 신파극단을 이끌며 연흥사, 원각사, 개성좌(開城座) 등의 극장도 함께 운영했다.

조선에서 처음 시작되는 흥행업은 많은 어려움을 겪을 수밖에 없었다. 계몽적 신문들이 보여주는 극장을 바라보는 시선은 탕자음부(蕩子淫婦)들이 들끓는 퇴폐의 소굴이자, 많은 사람들이 일시에 모여 항시 전염병의 발생이 우려되는 비위생의 공간이었다. 이를 불식시키기 위해 극장에서는 더 많은 자선 연희를 베풀었다. 그러나 자선 연희는 극장 수익에 도움이 안 되었기에 극장 측에서는 흥행 수익 개선을 위한 각종 노력을 강구해야 했다. 우선 흥행에 도움이 되는 연희를 만들어내기 위해 선유락(船遊樂)을 비롯한 궁중 연희를 개량하여 무대에 알맞게 개조하고 독창인 판소리를 여러 명이 나오는 창극으로 만드는 등의 시도가 이어졌다. 또한 극장마다 독특한 프로그

---

16 조영규, 앞의 책, 94쪽.

램을 개발하여 특색 있는 극장으로 일반이 인식할 수 있도록 노력했다. 예를 들어 임성구의 혁신단 공연을 주로 유치한 연흥사는 신파극의 본산으로 이름을 알렸고, 꼭두각시의 홍동지, 박첨지놀음과 광대 줄타기, 남사당패의 무동 서기, 서도잡가, 경기입창 등을 주로 공연한 장안사는 광무대와 함께 전통 연희 전문극장으로 이름이 났다. 광무대를 운영했던 박승필의 경우 관객이 들지 않는 여름 한철은 야외에서 연희를 열어 수익을 보전했고, 단성사의 경우는 다양한 종류의 프로그램을 구성했다.

이처럼 조선인이 운영하는 각 극장들은 전황으로 인해 발생한 경영상의 어려움에도 불구하고 이를 극복하기 위한 여러 노력을 경주했으며, 시행착오에도 불구하고 조선인 주도의 흥행업의 토대를 닦았다.

제4절 일본식 극장문화의 유입

강점을 전후하여 조선의 극장문화는 일본의 극장문화의 일방적인 이식이 이루어지고 있었음은 부인할 수 없는 사실이었다. 남촌의 일본인 극장에선 일본에서 건너 온 각종 흥행물들이 공연되었고, 그 종류는 나니와부시(浪花節)에서부터 가부키, 활동사진까지 다양했다. 이중 흥행물의 중심을 차지하고 있었던 것은 신파극이었다. 조선인들에게도 큰 영향을 주었던 일본의 신파극은 남촌의 일본인 극장에서 자주 공연되었는데, 키쿠치 류호(菊池幽芳)의 유명 신문소설을 각색한 〈나의 죄〉(己が罪)를 비롯해, 〈금색야차〉(金色夜叉), 〈비파가〉(琵琶歌) 등 대표적인 신파 레퍼토리들이 당시 인기 있던 프로그램이었다. 유명 신파레퍼토리 외에도 신파공연물 중에는 당시 사회를 떠들썩하게 만들었던 사건들을 극화한 것도 있었다. 예컨대 〈흉적 츠다〉(兇賊津田政)라는 작품은 인천감옥을 탈옥한 츠다 마사(津田政)라는 범인이 마산에서 체포 된 사건을 츠다의 경성 압송에 맞춰 극화한 것이었다.[17]

일본의 신파레퍼토리들이 자주 상연되었다는 사실에서 주목해야 할 것은 러일전쟁 직후에 이미 경인(京仁)간을 오가며 활동하는 조선 내 일본인극단이 조직되어 일본식 극장문화가 경성에 뿌리내리는데 영향을 주었다는 점이다. 조선에서 활동하던 대표적인 극단으로는 1906년부터 2,3년 이상 꾸준한 활동을 보인 키타무라일좌(北村一座)가 있다. 키타무라 이코마(北村生駒)가 이끌던 키타무라일좌는 일본의 유명 신파극단인 카와카미 오토지로(川上音次郎)일좌에서 활동하던 여형 하라다 신노스케(原田新之助)를 입단시키는 등 전문적인 신파극단으로 성장해나가기 위해 노력했다.[18]

남촌 일본인 극장의 설립과 일본 흥행단체들의 유입, 재조일본인들의 공연 활동 등은 조선인들의 연극문화에도 그대로 영향을 끼쳤다. 강점 전후 경성 극장가의 풍경을 확인할 수 있는 박진(朴珍)의 회고록 『세세년년』을 중심으로 당시의 극장 풍경을 재구성하여 조선에 이식된 일본식 극장 문화의 구체적인 모습을 확인 해 보도록 하자.

1) 마찌마와리(町廻リ)

마찌마와리는 흥행이 이루어지기 전 낮에 가장 중요한 행사로 "마찌는 마을(町), 마와리는 돌다(廻)의 의미를 가지고 있다. 직역하면 동네를 돈다는 뜻이다."[19] 흥행물의 선전을 위해 출연자들이 마을을 돌면서 홍보하는 것을 말한다. 맨 앞에는 장대에 좁은 폭의 긴 기를 단 노보리(幟)가 앞에 서고 이어 악대, 그 다음 출연자들이 탄 인력거가 따른다. 출연자들의 순서는 보조 프로그램의 출연자들이 앞서고 메인 프로그램의 출연자들이 뒤에서는 것이 원칙이었다.[20] 영화, 연극, 무용이 함께 공연될 시에는 보통 연극이

---

17 〈歌舞伎座の津田政登場〉, 《京城新報》, 1908.1.29.

18 〈歌舞伎座の北村劇〉, 《京城新報》, 1908.1.23.

19 朴珍, 『世世年年』, 京和出版社, 1966, 47쪽.

메인프로그램이 되기에 뒤에서야 되지만 무용가 최승희(崔承喜)가 인기를 끈 1920년대 이후에는 그 순서가 영화, 연극, 무용의 순서로 배치 됐다.[21] 같은 프로그램에서는 선배일수록 인력거가 뒤로 간다. 마치마와리 순서로 극단에서의 서열을 알 수 있었다.[22]

2) 개장(開場)

극장 문을 여는 것을 개장이라고 한다. 1920년대까지 극장은 평일 야간1회, 주말에는 주야2회 공연이 원칙이었다. 평일 저녁 무렵이 되면 극장의 2층 발코니에서는 악대가 음악을 연주하고, 출입구 옆 높은 단위에 앉은 직원은 개장을 알리며 호객을 시작한다.[23] 극장주는 관객이 입장하기 전, 출입구에 액을 막기 위해 소금 세 줌을 나란히 올려놓는다.[24] 일본에서는 극장업을 미즈쇼바이(水商賣)라고 해서 요식업, 유곽업과 같은 업종으로 인식하고 있는데, 소금 세 줌을 올려놓는 것은 일본식 미즈쇼바이업의 개장 의식이었다.[25]

---

20 "노보리(幟)라는 것이 있다. … 좁은 幅의 긴 旗를 장대(長竹)에 길이로 매달고 劇團의 이름과 俳優의 이름과 그 날의 藝題를 써서 數10名이 든다. … 그 뒤를 악대가 따른다. … 악대 뒤에는 노보리 수만큼이나 인력거 행렬이 따른다. … 인력거에는 남녀배우가 단장을 하고 탄다. … 또 인력거에는 제 이름을 쓴 고노보리(작은 노보리)를 꽂는다. …인력거순은 서열이 있다." 위의 책, 48~49쪽.
21 "「오모노」(大物)는 뒤에 하고 「소에모노」(添物)는 먼저 한다는 格式에서 崔承喜란 계집애가 「도리」(맨 끝에 붙이는 것의 日語)로 가야한다고 생판 우기는 바람에 「레디・퍼스트」가 아니라 우리가 양보했던 것이다. 그래서 映畵, 演劇, 舞踊의 순서로 억지로 트리오의 화음을 마춘것이었다." 위의 책, 63쪽.
22 위의 책, 49쪽.
23 "해질 무렵이 되면 長安 한복판에서 하늘을 찌르고 퍼지는 징, 꽹과리, 날라리 소리는 長安 사람의 궁둥이를 들먹거리게 했다. … 大人은 10錢! 小人은 5錢! 出入口 옆 高座에 앉은 사람이 나무牌를 두두리며 핏대를 올리고 외쳤다. 그 위 높다란 곳에서는 胡笛소리가 신이 났다." 위의 책, 40쪽.
24 "이 票도 저 票도 아직 안 받은 開場時에는 소금 세줌을 쥐어서 「기도구치」(木戸口)라는 入口에 있는 票 받는 곳에 나란히 놓는다." 위의 책, 99쪽.

극장의 첫 번째 관객으로는 반드시 남자를 들인다. 여자 관객이나 초대권을 들고 온 사람은 첫 번째 남자 관객이 올 때까지 기다려야 한다. 첫 번째 입장권은 바로 극장주의 집 불단에 올려진다. 극장주는 입장권이 올려진 불단 앞에서 손뼉을 세 번치면서 관객이 많이 들기를 빈다.[26]

극장 입구에 들어서면 바로 게소꾸방(下足番)이 나온다. 하족실이라고도 부르던 이곳은 관객의 신발을 보관해 두는 곳이다. 관객이 신발을 벗고 들어서면 직원은 번호표를 준다. 이 번호표는 관객이 퇴장할 때 신발과 함께 교환된다.

객석은 경사가 없는 평마루에 돗자리가 깔려 있거나, 긴 나무 판으로 만든 걸상이 있었다. 이층은 보통 삿자리가 깔려 있었다. 객석은 무대가 잘 보이는 위치에 따라 가격이 달랐다. 개장 전까지 앞치마를 두른 매점원이 군것질거리와 방석, 겨울에는 화로까지 팔았다.[27]

극장 내부를 살펴보면, 막은 여러 가지 광고가 가득 붙어 있었고,[28] 막 위쪽에는 유지들의 희사금이 적힌 백지가 철사에 묶여 있었다.[29] 극장의 좌

---

25 위의 책, 98쪽.

26 「기도」라는 票 받는 入口에 많은 法則이 있다. 누구나 開場과 開幕쯤은 다 常識化하였지만 그 開場을 하였을 때 아무리 貴婦人이라 할지라도 여자가 먼저 표를 사들고 들어온다면 『미안하지만 잠깐 기다려주십시오』하고 한옆에 세워놓고 코를 흘리는 아이 녀석이라도 남자를 먼저 넣어놓고야 여자를 넣는다. 또 그 첫 번째로 들어온 표는 主人이 쓰는 방 선반에 모셔놓은 「神主」 앞에 올려놓고 손뼉을 딱딱딱 세 번 친다. 말하자면 이 표가 많이 들어오게 해달라는 뜻인데 이거야말로 純倭風이다. .. 또 먼저 안들여 보는 것은 招待券이라는 공짜표다." 위의 책, 99쪽.

27 "日人들은 신을 벗고 客席으로 들어갔다. 그래서 일일히 신발을 끈에 매달아 걸고 그 番號표를 주던 것이다. 그 신발표를 가지고 객석으로 들어가면 판자 마루에 돗자리를 깔고 간을 막고 자리의 好不好에 따라 等級을 메기고, 또 料金도 달랐다. 앞치마를 두른 日女들이 방석도 팔고 군것질거리도 팔고 구경꾼은 술과 안주를 마련해 가지고 가서 談笑하면서 구경을 했다. 겨울에는 火爐도 팔았다. 그때의 劇場이란 全部가 日人들의 經營으로 日本서 온 新派劇 其他 歌舞로서 日人들 觀客만이 가득 찼었다." 위의 책, 42쪽.

28 "面幕은 외겹 布帳인데 갖가지 廣告가 가득 찼다." 위의 책, 41쪽.

우편에는「하나미찌」(花道)와 하야시바(囃場)라는 것이 있는데, "「하나미찌」는 대극장이면 객석 가운데를 지나가는 것도 있지만 대개 아래층 객석 좌편에 위치했"고, "아래 평지에서부터 비스듬히 무대높이 까지 객석을 꿰뚫고 뻗혀있는 무대의 일부"였다.[30] "하야시바란 무대 한 옆에 창살을 한 음악실이다. 대개 하나미찌의 반대편에 있"는데, "이 하나시바에서는 극이 진행하는 동안 장면에 따라서 그 분위기와 감정을 돋아주는 음악과 효과를 담당한다."[31] 사용되는 악기는 대고(大鼓)와 소고(小鼓) 그리고 놋접시(鍮器) 같은 것이다. 이것을 극의 흐름과 분위기, 장단에 맞게 두드린다.

3) 개막(開幕)

관객이 들어차면 본격적인 공연이 시작된다. 마에고조(前口上)라고 해서 극단의 중요배우나 간부가 막을 들추고 나와 인사말과 함께 개막을 선언한다.[32] 막은 딱, 딱, 나무토막을 잘라 부딪쳐 내는 소리에 맞춰 열린다.[33]

공연물의 중심은 신파극이었다. 극장의 장치와 도구사가 일본인이었기에

---

29 "前面 이맛전에는 鐵絲를 가로 매놓고 거기에 길게 자른 白紙를 주렁주렁달았는데 그 종이에는 「一金○圓也 ○○○氏」라 씌어있었다. 이것은 有志들의 喜捨金이랄까, 寄附金이랄까, 補助金이랄까, 어쨌든 즉석에서 즉흥적으로 投擲하는 돈이다." 위의 책, 41쪽.

30 위의 책, 43쪽.

31 위의 책, 44쪽.

32 "개막전에는「메에고죠」(前口上)라고 해서 요새말로 세리머니인데 중요배우나 간부가 막을 둘추고 나와서 일장의 인사말씀과 극의 줄거리를 설명하고..." 위의 책, 44쪽.

33 "막의 개폐는 포장 뒤에 사람이 숨어 있다가 이 끝에서 저 끝으로 끌고 간다. 이 막의 개폐가 또 까다롭게 격식이 많다. 막의 개폐신호는 참나무 토막을 네모나게 한 뼘 반(?)쯤 길이로 깎아서 그것을 딱딱 치는데 또 격식이 있다. 처음 딱하고 치는 격은 준비신호, 또 한 번 딱치는 것은 포장을 잡으라는 신호, 또 한 번 딱치는 것은 움직이기 시작 - 이렇게 시작해서 이렇게 시작하면 소리가 작고 얕고 가늘게 자주 딱딱딱... 이렇게 계속하다가 마지막에는 딱 하고 액센트를 둔다." 위의 책, 44쪽.

공연은 전적으로 일본식이었다. "무대조명은 희미한 백광전등을 켜서 낮은 그냥 밝고 밤은 그 백광등을 줄이고 등불을 켜놓는 것으로 구분했다."[34] 일본식 신파극의 영향으로 여배우 대신에 남자가 여자역을 맡았다. 여역을 맡은 배우가 쓰던 히사시가미(遮陽髮)라는 머리 스타일은 일반 신여성에게까지 유행할 정도였다.[35]

"登場人物 中 重要한 役割을 하는 俳優는 特別한 場面으로 突入할 때 이「하나미찌」를 지나간다. 지나가되 그냥 성큼 성큼 걸어만 가는 것이 아니라 그 중턱쯤에서 한가락 自己流의 名演技를 보"인다.[36] 배우마다 특징적인 연기 스타일을 보통 가다(型)라고 한다. 관객은 배우의 연기에 환호하며 종이에 돈을 싸서 던진다. 이러한 관행은 가부키에서 온 것이다.[37] 공연이 끝나기 직전 마지막 막을 남기고 단장이 나와 관객에게 정중한 인사를 하고 다음날 공연을 광고한다.[38] 공연이 끝나고 흥행이 잘되어 만원이 되었

---

34 위의 책, 43쪽.

35 "裝置와 道具師가 日人이었으니 別道理 없었다. 日本의 假髮이란 예로부터 發達된 것이어서 이 新派劇에도 많이 使用되었는데 더구나 女俳優가 없는 때라 男俳優가 女子로 扮하는데 이 假髮(가즈라)은 絶對 必要했다. 소위「히사시가미」(「히사시」란 遮陽의 뜻,「가미」는 머리(髮)의 뜻)라는 짚방석을 머리에 올려놓은 것 같은 것으로서 最新 머리라하여 一般 新女性들에 유행했었다." 위의 책, 43쪽.

36 위의 책, 43쪽. "그 중에서도「다찌마와리」(立廻)라는 格鬪나 칼싸움을 하는데는 「각고」라는「모션」(Motion)이 있는데 이「각고」는 俳優마다 自家流의 獨特한 特技가 있어서 여기에 名俳優의 딱지가 붙는다. 中國의 唱戲에도 있거니와 日本의 歌舞伎에서 온것이다." 위의 책, 47쪽.

37 "더구나 재미있는 것은 연극을 구경하다가 어느 장면에서 興이나 신이 나면 객석에서 돈을 던진다. 이것은 마치 巫堂굿 구경을 하다가 神明이 나면 巫堂 이마에 紙錢을 붙여주는 것과 같은 것이고 日本 사람들은 가부기(歌舞伎)나 新派구경을 하다가 배우가 잘했거나 자기 자신이 흥이 났거나 했을때에「지리가미」(塵紙)라는 休紙에 돈을 싸서 무대로 던진다. ... 그때 演興社에서도, 長安社(樂園洞에 있었다)에서도, 團成社에서도 볼 수 있던 風景이었다." 위의 책, 41쪽.

38 "最終 한 幕을 남기고는 團長이 扮裝한 채로 나와서 鄭重한 인사를 하고 다음날의 演題를 廣告한다. 이 말솜씨 如何가 그 이튿날 관객 수에 영향을 준다." 위의 책, 44쪽.

을 때는 단원들에게 가부키식 한자로 오이리(大入)이라고 쓴 봉투에 정해
진 액수의 금액을 넣어 준다.[39]

　박진의 회고를 재구성해서 살펴본 것처럼 마치마와리에서 오이리까지 극
장의 공연관행은 조선의 흥행계를 장악한 재조일본인들에 의해 철저하게
일본식 흥행문화의 형태로 자리 잡았다. 조선인들이 흥행문화를 주체적 받
아드리지 못했다는 점은 제국의 이해를 바탕으로 한 이데올로기 수용시스
템이 식민지 조선에 일방적인 형태로 고착되었음을 의미한다.

---

39 "오이리(大入)라는 것은 이를 테면 滿員謝禮인데 예쁘장한 봉투에 「大入」이라고
　　日本歌舞伎式 漢子를 붉은 色으로 가득 차게 印刷한 것으로서 그날의 賣票額에
　　따라서 몇%의 돈이 들어왔다. 얼마 以上부터 「오이리」를 낸다는 額數가 있고
　　또 %도 定해져 있다." 위의 책, 64쪽.

제5장

영화흥행업의 시작

제1절 영화의 전래

1895년 12월 28일, 뤼미에르 형제(Auguste et Louis Lumière)가 만든 시네마토그라프(cinématographe)는 파리의 카퓌신가(Boulevard des Capucines)에 있는 그랑카페의 인디안 살롱(Salon indien du Grand Café)에서 공개 상영되었다. 1초에 16프레임의 연속된 사진을 찍어 움직임을 표현해 낸 이 발명품은 휴대하기 편리하고, 촬영과 상영이 간단했기 때문에 전 세계로 빠르게 퍼져나갈 수 있었다.

1896년 뤼미에르 형제는 자신들이 운영하던 뤼미에르회사를 통해 시네마토그라프의 촬영과 상영을 겸하는 일종의 상영단을 꾸려 주요 국가로 보냈다. 영국에서는 1896년 2월 20일 왕립기술학교(Regent Street Polytechnic)에서 시네마토그라프가 처음 상영되었고, 3월 9일부터는 제국극장(Empire Theatre)에서도 상영이 시작됐다.

뤼미에르회사에서는 1896년 5월 14일에 있었던 러시아 니콜라이 2세의 대관식에 맞추어 상영단을 상트페테르부르크(St. Peterburg)로 파견해 시네마토그라프가 러시아에도 전해졌다. 특이하게도 러시아에서는 상영보다 촬영이 먼저 이루어졌다. 대관식 중 발생한 난간붕괴 사건을 뤼미에르회사 촬영팀이 촬영했으나 촬영된 필름은 러시아 정부에 의해 모두 압수당하였다. 그럼에도 불구하고 러시아에서 시네마토그라프의 일반 상영은 대관식이 있은 직후인 5월 17일 상트페테르부르크의 아쿠아리움(aquarium)에서 개최될 수 있었다.[1]

유럽 각지로 확산되었던 뤼미에르회사의 시네마토그라프는 유럽을 넘어 미국과 아시아에까지 전해졌다. 1896년 6월 29일에는 대서양을 건너 미국 뉴욕에서 시네마토그라프가 상영되었고,[2] 같은 해 7월 7일에는 인도 봄베이의 왓슨호텔(Watson Hotel)에서,[3] 8월 11일에는 상해(上海) 갑문(閘門) 서당가롱(西唐家弄)의 서커스 공연장 서원(徐園) 안에 있는 '우일촌(又一村)'에서 시네마토그라프가 상영되었다.[4]

일본에서는 시네마토그라프보다 먼저 에디슨의 키네토스코프(kineto-scope)가 다카하시 신지(高橋信治)에 의해 수입되어 1896년 11월 19일 왕실별장에서 상영되었다. 이후 11월 25일 고베(神戶)의 신코(神港) 클럽에서 일반인들을 대상으로도 상영되었다.

그러나 일본에서는 키네토스코프보다 조금 뒤에 전래된 시네마토그라프가 빠른 속도로 정착되었다. 시네마토그라프는 뤼미에르형제의 일본인 친구인 이나바타 가쓰타로(稻畑勝太郎)에 의해 수입되어 1897년 2월 15일 오사카(大阪) 난지(南地) 연무장에서 상영되었다.[5]

시네마토그라프가 이나바타 가쓰타로에 의해 수입되었지만 정작 일본 전

1 앙마누엘 툴레(김희균 옮김), 『영화의 탄생』, 시공사, 1996, 19~24쪽.
2 위의 책, 20쪽.
3 趙熙文, 「草創期 韓國映畵史 硏究」, 中央大學校 博士學位論文, 1992, 8쪽.
4 배경한 엮음, 『20세기 초 상해인의 생활과 근대성』, 지식산업사, 2006, 224쪽.
5 사토오 다다오(유현목 옮김), 『일본영화이야기』, 다보문화, 1993, 10쪽.

역에 이를 상영한 것은 요시자와상점(吉澤商店)이었다. 1897년 2월, 프랑스로 휴가를 다녀온 이탈리아인 용병 브라치알리니(Braccialini)가 구입해 가져온 시네마토그라프를 요시자와상점이 다시 사들여 요코하마(橫濱)의 미나토좌(港座)와 도쿄(東京)의 긴키칸(錦輝館)에서 상영했다. 이후 요시자와상점은 산소 가스를 이용하여 산간벽지까지 시네마토그라프를 순회 상영했다.[6]

이처럼 시네마토그라프는 만들어진 지 불과 1년 남짓한 기간에 극동의 중국, 일본에까지 전해졌으며 얼마 있지 않아 조선에까지 전해지게 된다.

조선과 일본에서 이것은 활동사진으로 불렸다. 조선에서 최초의 활동사진 상영기록은 한성전기회사 기계창에서 상영회를 개최한다는 《皇城新聞》의 광고이다.

> 東門 內 電氣會社 機械廠에셔 施術ㅎㄴ 活動寫眞은 日曜 及 陰雨를 除ㅎ 外에ㄴ 每日 下午 八時로 十時ク지 設行ㅎㄴ듸 大韓 及 毆美 各國의 生命都市 各種 劇場의 絕勝ㅎ 光景이 具備ㅎ외다. 許入 料金 銅貨 十錢[7]

위 광고는 일요일과 비오는 날을 제외하고 매일 하오 8시부터 10시까지 한국과 구미 각국의 여러 도시들과 각종 연극, 멋진 광경 등을 동화 10전을 받고 상영한다는 내용을 담고 있다. 한성전기회사 기계창에서 공연된 활동사진 상영에 대해 한성 사람들의 반응은 어떠했을까?

> 近日 東大門內 電氣鐵道社 中에 活動寫眞 機械를 購入하여 士女의 觀玩에 供ㅎ으로 觀玩者가 하오 八時로 十時ク지 電車에 搭載하여

---

6   김려실, 『투사하는 제국 투영하는 식민지』, 삼인, 2006, 33쪽.
7   《皇城新聞》, 1903.6.24.

紛紛 往觀ᄒᆞᄂᆞ디 인산인해를 簇聚하야 每夕 票價 수입액이 백여원이
오 車票價도 亦然한디 三昨日은 新門 內 협률사에도 如彼 機械 一坐
를 배치하고 觀玩케 홈으로 玩客游女 수천인이 聚集하얏다가 홀연
電火가 裂破하야 滿屋火光이 奮迅홈으로 衆人이 一時에 驚動하야
自相踐踏하며 혹 數仞墻原에 自隨하야 衣冠毁裂者와 破頭折脚者와
傷脅壞指者의 수가 무수한데 翌朝에 視之한 則 錦貝纓香佩 等屬이며
靴子 수혜 등속이며 紗羅 衣服 等屬이 半截 혹 一雙 혹 一片이 紛紛
堆積하얏다더라[8]

위 기사는 1903년 6월, 한성전기회사 기계창(동대문활동사진소)에서 활
동사진을 상영하기 시작했고, 그 반응이 폭발적이었는데 전차를 타고 온 관
람객들로 인산인해를 이루어 매일 저녁 활동사진 수입액이 백 여원에 달했
고, 차표 수입 역시 그러했다고 전한다. 활동사진 상영이 큰 성공을 거두고
있음을 보여주는 기사이다. 또한 한성전기회사 기계창 말고도 서대문(신문)
안쪽에 자리한 황실희대(협률사)에서도 한성전기회사기계창과 같은 영사기
를 배치하고 일반 관객들을 대상으로 활동사진을 상영했으나 7월 7일 상영
도중 화재가 발생하여 큰 소동이 일어났다는 이야기도 보도하고 있다. 비슷
한 시기에 두 군데에서 활동사진이 상영되고 있었던 것이다.

동대문과 서대문 인근에서 동시에 활동사진이 상영되고 활동사진을 관람
하기 위해 모인 관람객들로 전차 승객이 늘었다는 위 기사는 1903년 한성
에서 본격적으로 활동사진이 상영되었음을 증명하고 있다. 그러나 이것이
최초의 활동사진 상영을 의미하는 것은 아니다. 만약 최초의 영화 상영이
1903년에 있었다면 이를 소개하는 광고에서 조선 최초의 영화 상영이라는
점을 강조했을 것이고, 조선에 처음 소개되는 활동사진이란 것이 무엇인지
에 대해 설명이 부가 되었을 것이다. 그러나 이미 활동사진이란 것이 무엇

---

8 《皇城新聞》, 1903.7.10.

인지 대중이 알고 있는 이상 그런 과정은 필요 없었다.

조선에 활동사진이 언제 처음 상영되었는지 알려주는 확실한 자료는 없다. 1901년 9월 14일 《皇城新聞》에 실린 〈寫眞活動勝於生人活動〉이라는 논설에서 활동사진 속 인물과 살아있는 인물을 비교하며 살아있는 인물이 활동사진 속 인물보다 못함을 꼬집었다.[9] 이로 미루어 1901년 이전 조선에 영화가 들어와 상영되었음을 추정할 수 있다.

1901년 이전에 영화가 들어왔다는 주장은 심훈의 전언을 바탕으로 한 글과 이를 인용한 몇 몇 글들에 실려 있다. 심훈은 1897년(光武 1년) 니현(泥峴, 南山町 진고개)에 있었던 본정좌(本町座)라는 일본인 극장에서 일본인 거류민단을 위해 활동사진이 상영된 것이 한성에서의 최초 활동사진 상영이었으며 그 일 년 후, 남대문통의 중국인 창고에서 어떤 서양인에 의해 파테 영화가 상영되었다고 주장하고 있다.[10] 심훈의 주장은 손위빈(孫煒斌),[11] 이치카와 사이(市川彩)[12] 등에 의해 지지받았고, 해방 후 김정혁(金正革) 등에 의해 계속 인용되었다.[13] 이 글의 정확성 여부는 보충 자료들이 발굴될 때 정확히 확인될 수 있을 것이다.

기억에 의존한 대부분의 이야기들은 입에서 입으로 옮겨가는 도중에 연도나 장소, 선후관계 등이 바뀔 여지가 있다. 그래서 정확성이 문제된다. 그러나 이야기의 본질인 "영화가 상영되었다"는 내용은 사실일 가능성이 있다. 그렇다면 1897년 본정좌, 혹은 1898년 남대문통의 중국인 창고에서 상영되었다는 심훈의 주장을 뒷받침할 내용으로 의심할 만한 단서를 찾아보는 것이 심훈의 1897년 설을 확인하는 한 방법이 될 것이다.

---

9 〈寫眞活動勝於生人活動〉, 《皇城新聞》, 1901.9.14.
10 沈熏, 〈朝鮮映畵 總觀 (一)〉, 《朝鮮日報》, 1929.1.1.
11 孫煒斌, 〈朝鮮映畵史 −十年 間의 變遷−〉, 《朝鮮日報》, 1933.5.28.
12 市川彩, 『アジア映畵の創造及び建設』, 国際映画通信社出版部, 1941, 99~100쪽.
13 김려실, 앞의 책, 33쪽.

요시자와상점이 시네마토그라프를 구입하여 일본에서 상영할 당시 조선에서는 이탈리아인으로 추정되는 도나파시스가 파노라마라는 볼거리를 청국인 상권이던 한성 남대문통에 열었다.[14] 1897년 5월 한성에서 스펙터클한 볼거리인 파노라마가 조선인들에게 흥행되었을 때, 그곳에서 시네마토그라프가 상영되었을 가능성을 배제할 수 없다.

뤼미에르회사에서는 1895년부터 1907년 사이에 63개의 파노라마를 촬영했다.[15] 이 당시는 영화라는 말은 물론 활동사진이라는 말도 존재하지 않았다. 그렇기 때문에 시네마토그라프를 의미할 수도 있는 파노라마(panorama)라는 단어와 픽쳐(picture)라는 단어를 《獨立新聞》에서는 '서양그림'으로 번역해 광고했다. 심훈의 주장을 뒷받침할 만한 자료가 발견되지 않고 있는 가운데 "남대문통 중국 사람의 창고에서 상영된 활동사진"은 1897년 도나파시스의 파노라마 상영이었을 가능성이 있다.

또한 심훈이 언급한 일본인 거류민들을 위한 영화 상영이 있었다면 이는 요시자와상점의 순회영사대에 의한 상영이었을 것이다. 요시자와상점에서는 1897년 3월부터 일본 전역을 순회했다. 이후 이들이 조선에까지 건너왔다면 파노라마 상영이 있은 이후였을 것이다. 그렇게 본다면 심훈의 기록은 남대문통 중국인 상점이 먼저고 그 다음이 일본인 거류민단의 본정좌에서 상영이 나중이었던 것은 아닐까?

이와 같은 주장은 어디까지나 추측에 불과하다. 정확한 자료의 발굴이 이루어지기 전까지 사실여부는 알 수 없다. 단, 심훈의 주장이 옳건 그르건 확실한 것은 1901년 이전에 조선에 영화가 상영되었다는 것이다.

---

14 〈[廣告]〉, 《The Independent》, 1897.5.13.
15 앙마누엘 툴레, 앞의 책, 21쪽.

제2절 필름의 유입경로와 상영방식

1900년대 영화는 어떤 경로를 통해 조선에 들어와 상영되었던 것일까? 이 시기 영화의 유입은 크게 두 가지 경로를 통해 이루어졌다. 첫 번째는 영화 상영 설비를 갖춘 곳에서 직수입한 활동사진 필름을 영사하는 형식으로 미국과 프랑스 등지에서 수입된 필름을 상영한 것이고 두 번째는 영사장비를 갖춘 영사대가 각지의 극장을 빌려 활동사진을 상영하는 이동순업대의 형식이었다. 첫 번째의 경우가 오락과 흥행을 목적으로 한 것이라면 두 번째의 경우는 오락과 흥행 목적 외에 각종 종교, 사회단체가 주체가 되어 선교와 계몽의 목적도 가지고 있었다.

1) 흥행목적의 직수입

활동사진을 직수입하여 상영하는 방식은 한성전기회사가 운영하던 동대문활동사진소의 경우가 대표적이다. 한성전기회사 기계창에서는 1903년부터 활동사진이 상영되기 시작했다. 이 때 상영된 활동사진은 대한제국과 구미 각국의 도시 모습을 담은 실사 영화와 짧은 길이의 극영화들이었다.[16] 동대문활동사진소에서 상영한 활동사진 중 조선을 촬영한 필름이 있었다는 것은 활동사진을 상영하기 이전에 이미 활동사진 상영을 위해 조선을 왕래하던 사람들이 있었다는 것을 의미한다.

한성전기회사에서는 활동사진기계를 구입하여 동대문의 전기회사 기계창과 서대문 인근의 황실희대에서 활동사진을 상영했다.[17] 이 시기는 한성전기회사의 운영자 콜브란과 소유자 고종 사이에 발생한 채무문제가 반외

---

16 "大韓 及 歐美 各國의 生命都市 各種 劇場의 絕勝혼 光景"《皇城新聞》, 1903. 6.24.

17 "近日 東大門內 電氣鐵道社 中에 活動寫眞 機械를 購入하여.... 新門 內 협률사에도 如彼 機械 一坐를 배치하고 觀玩케 흠으로..."《皇城新聞》, 1903.7.10.

세운동으로 바뀌어 손진민(孫振玟) 등 민족주의적 성향의 인물 10여명이 한성 각 통에 전차안타기 운동에 참여할 것을 주장하는 통문을 배부하는 등, 반외세 운동이 절정에 달했을 시기였다.[18] 이러한 움직임에 대한 해결책으로 콜브란은 전기회사 창고를 개조한 활동사진관을 만들어 수익사업도 펼치고 한성전기회사에 대한 조선인들의 좋지 않은 감정도 무마시킬 방편으로 활동사진 상영을 추진했다. 화재로 황실 희대(협률사)에서의 상설 상영은 실패했지만 동대문 안에 있는 전기회사 기계창(동대문활동사진소)에서는 순회 영사나 1회성 상영이 아닌 상설 상영의 형태로 영화상영이 이루어졌다.

한성전기회사가 미국자본의 한미전기회사로 바뀐 뒤에도 활동사진관은 계속 운영되었다. 1906년 한미전기회사의 활동사진 수입은 1,181.39원으로 회사 전체 수입의 0.6%를 차지했다. 1907년에는 625.84원으로 전체 수입의 0.2%, 1908년 1~8월에는 138.10원으로 전체 수입의 0.1%에 머물렀다.[19] 한미전기회사의 규모가 커지는 것에 반하여 활동사진 상영수입은 점차 그 규모가 작아졌다. 이는 1905년 실시된 메가타의 금융, 재정 개혁으로 인한 전황(錢荒)으로 조선인의 상업 활동이 크게 위축되어 관객이 급감한 것과 1907년 동대문활동사진소가 광무대로 바뀌면서 상영 프로그램이 활동사진 중심에서 전통연희로 바뀌었던 것이 주된 이유였다.

동대문활동사진소에서 상영된 필름은 한미전기회사의 본사가 있는 미국에서 직접 수입되었다.[20] 미국에서 수입해 들여온 필름은 일정기간 동안 활동사진소에서 상영되었다. 예정된 상영기간이 지나면 활동사진소는 문을

---

18 大韓電氣協會 編, 앞의 책, 42~43쪽.
19 吳鎭錫, 「한국근대 電力産業의 발전과 京城電氣(株)」, 연세대학교 박사학위논문, 2006, 82쪽, 표 Ⅱ-7 한미전기의 수입지출구조(1906~1908년 8월) 참조.
20 "美國에셔 新倒き 各種 活動寫眞을 本社에셔 每夜 演技ᄒ오니 僉君子ᄂᆞ 枉臨ᄒ시기 企望홈 東大門 內 電氣會社 活動寫眞所 告白"《皇城新聞》, 1906.8.14.

닫았다가 새로운 필름이 도착하면 다시 문을 열었다. 활동사진소는 상설이었지만 영업은 매일 이루어진 것이 아니었다. 활동사진소가 문을 열었을 때와 그렇지 않았을 때, 전차승객 수는 큰 차이를 보였을 것이다. 전차승객의 수를 늘리기 위해서라도 활동사진관을 매일 열어야 했다. 또한 전차를 타고 활동사진을 보러오는 관객들의 다양한 요구를 충족시키기에는 10분 내외의 필름들로는 불충분했다. 이런 이유로 한미전기회사에서는 1907년 동대문 활동사진소를 연극장으로 개조하여 광무대라 이름 짓고 조선무용과 같은 전통 연희를 함께 상연하는 식으로 운영을 바꾸었다.

동대문활동사진소가 광무대로 바뀐 후 프로그램을 살펴보면, 활동사진을 수회 상영한 후 판소리 춘향전을 비롯해 탄금, 승무 등의 연희로 이어지는 것이 일반적이었다. 또한 프로그램 사이사이에는 유성기를 이용하여 음악을 들려주었다.[21] 이처럼 동대문활동사진소에서 광무대로 바뀌면서 영화만을 상영하는 것이 아닌 다채로운 버라이어티를 제공하는 식으로 프로그램 편성이 바뀌었다.[22]

1907년 8월 프랑스 영화회사 파테(Pathé)는 싱가포르에 총대리점을 설

---

21 "東門내 電氣倉에 부속ᄒᆞᆫ 활동사진소 내에 演劇場을 신설ᄒᆞᆫ다ᄂᆞᆫ 說은 前號에 槪報ᄒᆞ얏거니와 該연극은 전기회사에셔 專管經起ᄒᆞ야 光武臺라 명칭ᄒᆞ고 前記ᄒᆞᆫ 才人 등으로 演藝를 始開ᄒᆞ얏ᄂᆞᆫ딕 再昨夜에 하오팔시붓터 개장ᄒᆞ야 활동사진 數回를 演戲한 후에 춘향가 중 數回를 演劇ᄒᆞᄂᆞᆫ딕 才人 등의 唱歌와 技藝가 天然的 眞境를 畫出ᄒᆞ거니와 십이세女 蓮花ᄂᆞᆫ 上丹의 형모를 換出하고 십일세女 桂花ᄂᆞᆫ 춘향이가 재생ᄒᆞᆫ 듯 百般悲歎ᄒᆞᆫ 상태를 모출할 ᄲᅮᆫ더러 唱歌 彈琴 僧舞가 無非絶妙ᄒᆞ야 可히 歌舞場 裏에 제일등을 점거ᄒᆞᆯ거시라 一動一靜이 관광자의 喝來를 供ᄒᆞ며 傀儡가 換出ᄒᆞᆯ 시간에ᄂᆞᆫ 유성기로 가곡을 迭奏하니 춘향전은 傳來ᄒᆞᄂᆞᆫ 특이한 行蹟이ᄂᆞᆫ 但 唱優가 唱歌로 敷衍ᄒᆞ고 其 진상을 未睹함이 慨歎하ᄂᆞᆫ바이러니 今에 其 活畫를 快睹하니 眼界ᄂᆞᆫ 恍然하고 心地ᄂᆞᆫ 豁如ᄒᆞ거니와 演戲場 進步도 其 영향이 역시 國民發達에 及ᄒᆞᄂᆞᆫ딕 此 才人 등의 기예가 타국에 讓頭치 아니ᄒᆞ깃ᄂᆞᆫ지라 관람ᄒᆞᆫ 성황을 略記ᄒᆞ야 찬양ᄒᆞᄂᆞᆫ 辭를 附陳ᄒᆞ노라."《萬歲報》, 1907.5.30.
22 우수진, 「무성영화 변사의 공연성과 대중연예의 형성」, 『한국극예술연구』 28집, 한국극예술학회, 2008, 53쪽.

립한 후 런던필름 시장의 가격보다도 저렴하게 필름 판매를 시작, 극동지역의 영화유통을 지배하게 된다.[23] 이즈음 서대문정차장(西大門停車場) 근처에 위치한, 프랑스인 마탱(L. Martin)은 자신이 경영하던 호텔 아스터 하우스(Astor House)에서 1907년 4월부터 10월까지 프랑스에서 온 필름을 상영했다.[24] 1908년 5월부터 광무대에서는 영미연초주식회사(英美烟草株式會社)[25]의 활동사진 상영회가 있었는데 이때 사용된 필름 역시 프랑스 파리에서 온 것이라 홍보되었다. 이렇듯 파테의 영화가 극동으로 다량 유입되기 시작하자 1909년 6월 파테에서는 한성에 특파원을 파견하여 직접 활동사진 필름을 배급하게 된다.[26] 파테의 필름은 싱가포르에서 상하이를 거쳐 조선으로 수입된 것이다.[27]

2) 순회영사대

순회영사대는 각지의 극장을 빌려 활동사진을 흥행 하는 방식이다. 일본에서는 활동사진 전용관이 만들어지기 이전, 활동사진을 주로 수입하던 요시자와(吉澤)상점, 요코다(橫田)상회 등이 변사, 회계, 악사 등 약 10명 정도로 구성된 순회영사대(巡廻映寫隊)(약칭 순업대, 巡業隊)를 조직해 각지의 흥행장을 돌며 활동사진을 상영했다.[28] 이러한 순회영사의 방식은 일본

---

23 笹川慶子, 「海を渡った興行師・播磨勝太郎」, 『關西大學文學論集』 64卷 4號, 2015, 35~36면.

24 〈[廣告]〉, 《皇城新聞》, 1907.4.19.~4.23; 〈[廣告]〉, 《皇城新聞》, 1907.4.24.~5.7; 〈[廣告]〉, 《皇城新聞》, 1907.5.30.~7.16; 〈[廣告]〉, 《皇城新聞》, 1907.9.24.~10.11.

25 영미연초주식회사에서는 자사 담배를 홍보하기 위해 여러 차례에 걸쳐 자사의 담뱃갑을 가져오면 활동사진을 무료로 보여주는 홍보활동을 전개했다. 활동사진을 이용한 영미연초주식회사의 담배 홍보는 1906년 광무대의 전신인 동대문활동사진소에서도 이미 이루어진바 있었다. (〈[廣告]〉, 《皇城新聞》, 1906.4.30.~5.15.)

26 〈嶄新宏壯活動寫眞〉, 《大韓每日申報》, 1909.6.9.~7.3.

27 〈[廣告]〉, 《皇城新聞》, 1909.7.31.~8.6.

인 거류민들이 많이 살고 있는 조선에도 영향을 주었다. 일본거류지의 주요 흥행장에는 일본에서 온 활동사진 순업대의 활동사진 상영이 자주 이루어졌다.

러일전쟁 당시 순회영사대를 운영하던 일본의 활동사진회사에서 파견한 종군 촬영반의 활동사진 상영은 조선에 존재했던 순회영사대의 일종이었다. 러일전쟁 종군 촬영반은 전지(戰地)에서 촬영한 필름을 도쿄에서 상영하고 다시 전지로 돌아가는 길에 한성에 들러 일본인거류민들과 조선인들에게도 상영했다.[29] 1904년 12월 소광통교(小廣通橋) 근처에서 처음 러일전쟁 필름을 상영한 이래, 1905년 4월~5월에는 상동의 독일영사관 앞,[30] 6월에는 청국영사관 건너편 공원에서 러일전쟁 관련 필름이 상영되었다.[31]

서양을 상대로 일본군이 승리하는 모습을 담은 러일전쟁 실사영화를 조선인들에게 상영한 것은 조선이 동양의 보루 일본에 의지해야 한다는 점을 강조하는 것이었다. 그래서 일본 활동사진회사의 순업대는 조선을 일본의 식민지로 만들려고 했던 세력들에 의해 주로 이용되었다.[32] 초대 통감이었던 이토 히로부미(伊藤博文)는 활동사진이 지닌 선전 효과와 여론 환기의

---

28 田中純一郎, 『秘錄 日本の活動寫眞』, ワイズ出版, 2004, 90쪽.

29 "금번 일아전졍에 일본 유명훈 스진기사가 종군ㅎ야 젼황을 실지로 빅여셔 동경에 와셔 귀현 신스에게 활동으로 뵈엿더니 소문이 대단이 낫하낫습고 쏘 젼징디에 가ᄂᆞᆫ 길에 공령스와 신스와 밋 부인ᄌᆞ션회에 간청으로 흥힝ᄒᆞ엿습더니 졔씨에 칭찬을 밧앗습ᄂᆡ다 지나든 ᄎᆞ에 대한국 쳠군ᄌᆞᆫ에게 소소ᄒᆞᆫ 쯧슬 표ᄒᆞ기 위ᄒᆞ야 소광통교에 셜비ᄒᆞ고 흥힝ᄒᆞ오니 강호 쳠군ᄌᆞᆫ 륙속 릴림ᄒᆞ시ᄋᆞᆸ소셔 쏘 부인네 좌셕도 편리ᄒᆞ게 쑴여노앗습니다 ᄆᆡ일 오후 륙시붓터 시힝ᄒᆞ옵. 소광통교 일본활동스진회 고빅" 《帝國新聞》, 1904.12.7.

30 "新發明훈 日露戰爭活動寫眞을 尙洞 德國公舘 前에서 每夜 演戲ᄒᆞ오니 僉君子ᄂᆞᆫ 來臨玩賞ᄒᆞ심을 要홈. 但 空日만 休業ᄒᆞ오. 南門 內 尙洞 活動寫眞事務所 告白"〈廣告〉, 《皇城新聞》, 1905.4.24.~5.10.

31 〈活動寫眞〉, 《帝國新聞》, 1905.6.3.

32 이토 히로부미에 의한 조선에서의 활동사진을 이용한 여론 환기에 관한 사항은 다음의 논문을 참조했다. 복환모, 「한국영화사 초기에 있어서 이토히로부미(伊藤博文)의 영화이용에 관한 연구」, 『영화연구』 28호, 한국영화학회, 2006.

기능을 일찍이 간파하고 조선을 식민 지배하기 위한 정지(整地)작업에 이를 이용했다.

1907년 헤이그 밀사 사건으로 고종을 강제 퇴위시킨 이토는 순종을 황제로 만들고 순종의 동생인 10세의 영친왕을 황태자로 삼아 일본에 볼모로 데려갔다. 볼모가 된 10세 황태자에 대한 동정 여론이 들끓자 이토는 이를 무마할 목적으로 대한제국의 황태자가 일본에서 대대적인 환영을 받으며 근대식 교육을 받고 있다는 것을 선전하기 위해 영친왕의 동정을 담은 활동사진을 만들어 일반에 상영하도록 했다. 이를 위해 1908년 4월 일본 요코다상회의 순업대가 한성에 와서 순회 영사를 시작했다. 순회 영사가 있기 전, 창덕궁에서 황실어람이 있었다.[33] 이렇듯 영친왕의 동정을 담은 필름은 요코다상회에서 제작되었고[34] 일본애국부인회를 통해 조선에서 일반을 대상으로 상영되었다.[35]

요코다상회는 이 기회를 이용하여 한성의 일본인 거류지인 니현(泥峴)에 출장소를 설치했으며 지속적으로 영친왕의 동정을 담은 활동사진을 만들어 조선으로 보냈다. 1909년 영친왕의 홋카이도 순유(巡遊) 중 촬영한 활동사진에는 영친왕의 배 안에서의 모습, 종마 목장과 경마장에서의 모습, 해군

---

33 寫眞御覽 日本 京都 橫田商會의 活動寫眞 技師가 渡韓흔 故로 昨日에 皇上陛下끠옵셔 該 寫眞을 御覽ᄒ옵셧ᄂᄃᆡ 太皇帝陛下끠셔와 嚴貴妃殿下끠셔도 御覽ᄒ옵신다더라.《皇城新聞》, 1908.4.15.

34 "活動寫眞御覽
日本 京都 橫田商會에셔 我 皇天子殿下끠셔 該地에 滯留ᄒ실 時에 各種 活動寫眞을 睿覽의 供ᄒ고 又 該旅館에셔 七條停車場으로 御着ᄒ시ᄂ 光景과 新橋停車場에 御着ᄒ실 時에 該 停車場에셔 芝離宮ᄭ지 歡迎ᄒᄂ 狀況과 芝離宮에셔 遊戲ᄒ시ᄂ 狀況을 塔影ᄒ얏ᄂᄃᆡ 該 商會에셔 今番에 京城 泥峴에 出張所를 設ᄒ고 該 活動寫眞과 其他 奇異흔 者 數十種을 皇上陛下 御覽의 供ᄒ다더라《皇城新聞》, 1908.3.28.

35 賜眞婦人會 皇太子殿下끠셔 日本 東京 麻布園 內에셔 運動狀況을 活動寫眞으로 塔影ᄒ셧ᄂᄃᆡ 日本愛國婦人會 韓國本部에 下賜ᄒ셧다더라.《皇城新聞》, 1908.3.24.

함포훈련 연습을 관람하는 장면들이 포함되었다.[36]

이런 식의 활동사진 제작과 상영은 영친왕의 동정을 보여주는 것에 그치지 않았다. 한국군 해산으로 의병투쟁이 더욱 격렬해지고 일본군에 의한 대대적인 토벌이 이루어지던 시기, 요코다상회 촬영반이 만들어 상영한 〈한국일주〉는 일제에 의해 통치 받는 한국의 평온함을 보여주었다. 이와 더불어 메이지(明治) 천황의 모범을 따르는 듯한 순종황제와 이토의 순행을 기록한 〈한국관〉 등도 제작, 상영되었다.

일제는 고희준(高義駿)을 비롯한 조선인 협력자들을 이용하여 조선인 스스로가 일제의 식민지가 되어야 한다는 점을 설득하도록 했다. 일진회에서 조직한 국시유세단에서는 자존자립의 능력이 없는 조선이 독립할 수도 없으며 궁극적으로 동양평화를 지키기 위해서는 일본과 협력해야 한다는 주장을 펼쳤다. 특히 고희준은 과연 대한제국이 일본의 보호에서 벗어날 수 있는지 의문이며, 만약 벗어난다 해도 자존 자립할 능력이 있는지 의문이고 이 두 가지 문제를 다 충족해도 동양평화를 위해 일본과 공동운명체가 되어야 한다고 주장했다.[37] 이러한 동양평화론은 일제의 조선 침략을 당연한 것으로 받아들이는 것이었다. 이런 연설회는 주로 원각사나 연흥사와 같은 곳에서 이루어졌는데 이들 극장은 근대화된 서양 각국의 모습을 담은 활동사

---

36 〈韓太子の御父君へ御献品〉, 《活動寫眞界》 3號, 明治42年[1909], 15쪽.

37 "再昨日 圓覺社 內에서 一進會員 高義駿氏가 我韓 今日의 國是 如何란 問題로 演說ᄒ얏ᄂ데 其 槪要ᄂ 左와 如ᄒ니 第一, 我韓이 果然 日本의 保護를 脫離ᄒ 途가 有乎아 否乎아 第二, 假令 日本의 保護를 脫離ᄒ 途가 有ᄒᆯ지라도 我韓이 果然 自存自立의 能力이 有乎아 否乎아 第三, 又 假令 第一 第二의 問題를 十分 充得 ᄒᆯ지라도 最後에 東洋平和를 保持ᄒ 以上에ᄂ 日本을 除ᄒ 外에 誰와 共謀ᄒ리오 此 三問題로 論ᄒ면 到底히 日本의 保護를 不可 不受ᄒᆯ 事ᄅᆯ 詳演ᄒ고 此에 韓國 今日의 國是ᄂ 韓日兩國 交際에 基因ᄒ야 利害共通主義ᄅᆯ 採ᄒ야 全國人民으로 ᄒ여금 貫徹케 ᄒᆯ 事라 云云ᄒᄂ 故로 傍聽者가 鼻笑以散 ᄒ얏다ᄂ데 此 目的으로 所謂 遊說團을 組織ᄒᆯ 次로 今日 演興社에 更集ᄒᆫ다 ᄒ니 叅會ᄒᆯ 者가 幾人이 有ᄒᄂ지 人皆 注目ᄒᆫ다더라" 《大韓民報》, 1909.7.28.

진이 상영되던 장소로 일제의 조선침략을 긍정하는 동양평화론을 강조하기에는 가장 적절한 장소였다.

일진회뿐만 아니라 을사오적인 이지용(李址鎔)의 처 이옥경(李玉卿)과 친일인사인 윤치오(尹致旿)의 처 윤고라(尹高羅) 등이 주도하여 "女子社會에 智識을 啓發ᄒ기 爲"하고 자선활동을 위한다는 이유를 들어 활동사진회를 조직하여 여성들을 대상으로 상영회를 열었다. 이들의 활동사진 상영회 역시 국시유세단과 마찬가지로 근대적인 서양과 이에 대항하는 동양의 보루 일본이라는 등식을 설정하고, 이를 위해 조선은 일본과 협력해야 한다는 점을 강조하고 있었다.[38]

이처럼 순업대를 통한 일제의 영화 이용은 "한국을 식민지화하는데 대한 일본 국내의 긍정적 여론을 만드는 것"과 "한국국민에게 일본의 우월성을 인식시"켜 자연스럽게 한국이 일본의 보호국에서 더 나아가 식민지가 되도록 조선 스스로 인정하도록 만드는 것이 목적이었다.[39]

제3절 식민지 흥행산업으로의 재편

러일전쟁 이후 일제가 조선의 금융과 재정을 장악하면서 상업자본가로 성장하고 있던 다수의 조선인 상인들이 몰락했다. 재조일본인 상인들은 일제의 정책적 지원에 힘입어 몰락한 조선인 상인들을 대신하여 조선의 상업을 장악하게 된다.

1900년대 초반부터 형성되기 시작하던 흥행업 역시 조선의 경제가 식민지 경제로 포섭되면서 성장을 멈췄다. 1905년 시작된 화폐 정리 사업으로

---

38 〈活動留聲〉,《大韓民報》, 1909.6.19. ; 〈慈善活動寫眞會〉,《大韓民報》, 1909.7.8.
39 복환모, 앞의 논문, 255쪽.

인해 발생한 전황으로 조선의 상업은 만성적인 불황에 시달리게 된다. 흥행업도 마찬가지였다. 거대 자본이 필수적인 활동사진업의 경우 한성상인들이 몰락하자 상설관 설립과 운영에 필요한 자본을 지원해 줄 후원자를 찾을수 없었다. 더욱이 일제가 장악한 금융기관은 조선인들의 대출을 억제하여 조선인의 활동사진업 진출은 처음부터 불가능했다. 이런 이유로 1910년부터 형성되기 시작한 조선의 활동사진업은 철저히 재조일본인들에 의해 주도될 수밖에 없었다. 그 결과 조선의 활동사진업에서 조선인은 주변화 되는 문제가 발생하게 된다.

조선의 경제가 식민지 경제로 재편되는 과정은 다음과 같다. 러일전쟁 직후 제1차 한일협약으로 고문정치가 시작되자 대한제국의 재정고문을 맡은 메가타 다네타로(目賀田種大郎)에 의해 조선의 화폐, 재정 정리 사업이 시작되었다. 우선 기존의 백동화가 신화폐인 일본 제일은행권으로 바뀌었다. 이는 조선이 일본과 같은 통화를 사용하도록 하는 조치로 일본의 경제침탈을 유리하게 하는 효과를 가져왔다. 1905년 7월 1일부터 1908년 11월 말까지 시행된 화폐교환은 백동화의 마모 상태에 따라 교환 등급이 갑, 을, 병으로 나뉘었으며 교환비율도 갑종의 경우 1:2, 을종의 경우 1:5, 병종은 화폐로 인정하지 않았다. 이에 따라 화폐 유통량의 50%가 평가절하 되었으며, 환수율 또한 83.5%에 그치게 된다. 여기에 백동화 교환 실시 이전에 이를 매점한 일본 상인들이 정화(正貨)인 제일은행권을 독점하고 일제가 어음 발행을 금지시킴으로써 한성에서는 전황이 나타나게 되었다. 이와 더불어 일제가 조세징수방법을 개정하면서 "각 군현에서 상납해야 할 수세액을 특정 상인이 정부에 먼저 어음이나 현금을 바치고 이후 상인은 해당 지방에 내려가 미곡이나 포목, 특산물 등의 현물로 대신 받는"[40] 외획(外劃)제도를 폐지하자 전황은 지방으로까지 확대되었다.[41] 이렇듯 메가타의 화폐 정리

---

40 오미일, 『한국근대자본가연구』, 한울아카데미, 2002, 38쪽, 각주12.

및 재정 정리로 인해 조선의 금융관행은 무너져버렸고 조선의 경제는 식민지 경제로 급속하게 편입되었다.

단성사, 연흥사, 장안사 등 한성에 상설극장을 세우고 운영하는데 후원자가 되었던 한성상인들도 파산하기 시작했다.[42] 화폐정리사업의 시작 초기인 1905년 10월경에 한성의 거상 23인이 파산했으며 이를 시작으로 조선 상인들의 연쇄파산은 1909년까지 계속되었다.[43]

또한 전황으로 인해 1910년대 초반까지 조선인 중심의 흥행업은 만성적인 불황에 시달렸다. 극장 운영자들은 매 년 큰 손해를 볼 수밖에 없었다. 예를 들어 1909년 6월, 직원들의 봉급을 주지 못한 단성사 총무가 자신의 전답을 담보로 직원들의 밀린 봉급을 준다고 속이고 돌연 일본으로 도망가는 사건이 일어났다.[44] 일제강점 직후인 1911년에는 연흥사에서 공연하여 그 수익을 나누기로 했던 사람들이 공연 후 손해가 막심하자 사기죄로 고소하는 사건이 일어나기도 했다.[45] 당시 광무대를 경영했던 박승필은 훗날

---

41 위의 책, 37~38쪽.

42 단성사는 한성상인인 지명근(池明根), 박태일(朴太一), 주수영(朱壽榮) 등이 주도하여 세웠고, 연흥사도 송지만(宋芝萬), 이준동(李俊東), 이종진(李鍾振) 등 한성상인들로 추정되는 인물들이 중심이 되어 설립되었다. 이처럼 초기 사설극장의 설립은 한성상인들이 후원자(패트런)가 되어 자금을 지원했다.

43 객주업계의 대표로 경성상업회의소 의장을 맡았던 광신사(廣信社) 곽태현(郭泰鉉), 창희조합장(彰熙組合長)이자 한성재목시탄회사(漢城材木柴炭會社) 감독이었던 조창한(趙彰漢) 등도 1909년 파산했었다. 위의 책, 41쪽.

44 "任實居 韓某난 團成社 總務로 社員의 俸給을 支給치 못ᄒᆞ야 自己의 田畓을 典執得債ᄒᆞᆫ다더니 再昨日에 藝妓 玉花를 帶同ᄒᆞ고 日本으로 逃去ᄒᆞ얏다더라."《大韓日報》, 1909.6.25.

45 "北部 東谷 居ᄒᆞᄂᆞᆫ 申泰善 爲 名人이 昨年 冬에 水一館 料理店 主人 黃轍周氏를 對ᄒᆞ야 發言ᄒᆞ되 中部 寺洞 演興社의 演劇을 設始ᄒᆞ면 多大ᄒᆞᆫ 利益을 得ᄒᆞᆯ 터이니 金貨 幾百圓만 支給ᄒᆞ면 利益을 半分ᄒᆞ깃다 ᄒᆞᄂᆞᆫ 故로 黃氏ᄂᆞᆫ 信聽ᄒᆞ고 金貨 數百圓과 各種 所入을 擔當ᄒᆞ야 總額 六百六十圓 假量을 支出ᄒᆞ얏더니 演劇 後 十餘日에 利益은 毫無ᄒᆞ고 損害가 不少ᄒᆞᆫ 故로 申氏가 因爲 隱避不現ᄒᆞᆫ다더니 近日에ᄂᆞᆫ 在家ᄒᆞ얏다 ᄒᆞ야 黃氏가 昨日 京城地方裁判所에 起訴ᄒᆞ얏다더라."《每日申報》, 1911.7.6.

《中外日報》와의 인터뷰에서 1912년과 그 이듬해에는 가뭄이 들어 흉년인데다가 백동전이 없어지던 해라 돈이 귀해서 도저히 극장을 운영할 수 없어 보통 5월~7월까지는 휴연하는 것이 보통이었다고 회고했다.[46]

전황을 타개하고 근대적 금융기관을 정비, 신설한다는 이유로 일제는 각종 특수은행을 설치했다. 일제에 의해 신설된 농공은행(조선식산은행의 후신)과 조선은행 등 특수은행들은 보통은행의 영역을 침범하며 식민지 금융을 주도했다. 이들 식민지 금융기관들은 조선인의 신용여부와 상관없이 조선인에게 자금 대출을 하지 않았다. 이로 인해 거대 자본이 필수적인 활동사진업에서 조선인의 진출은 요원해 졌다.

1900년대 흥행 산업의 맹아를 보여주었던 조선인 극장들은 1910년대 들어 대부분 사라졌다. 경성에 조선인이 운영하는 극장은 박승필이 운영하던 광무대와 단성사만 남았다. 이들 극장의 건물주는 일본인 다무라 기지로(田村義次郎)였다. 이에 반해 각종 금융기관을 통해 자금 지원을 받을 수 있었던 일본인들은 월등한 자금력으로 모든 활동사진 상설관을 소유하며 경성의 흥행업을 주도했다.

1910년부터 1920년대 초반 사이 경성의 북촌에는 단성사(團成社, 1918년 활동사진관으로 재개관), 우미관(優美館, 1912년), 조선극장(朝鮮劇場, 1922년)이 들어섰고, 남촌에는 경성고등연예관(1910년), 대정관(大正館, 1912년), 황금관(黃金館, 1913년), 유락관(有樂館, 1915), 경룡관(京龍館, 1921), 중앙관(中央館, 1922년)이 차례로 만들어졌다.

이들 상설관은 변사의 언어에 따라 조선인상설관, 일본인상설관으로 구분되었으며, 황금관, 유락관, 대정관이 서로 경쟁하던 1917년에는 사진의 선택, 무대원의 정돈에 있어서 교토, 오사카, 코베의 일류관과 비교해 손색

---

46 "대정이년 가튼 해는 감을이 드러서 흉년인데다가 백동전(白銅錢)이 업서지든 해라 돈이 귀해서 도저히 계속하기가 불가능하엿다"〈[各方面의成功苦心談 八] 興行界의 老將 朴承弼氏(2)〉,《中外日報》, 1929.11.2.

이 없다는 평을 들었다. 이즈음 경성의 활동사진관은 도쿄, 오사카의 일류 활동사진관과 동시에 활동사진을 개봉하였다.[47]

조선거주 일본인들 주도로 흥행업이 이루어지면서 조선의 연희들도 큰 타격을 입었다. 연흥사를 중심으로 신파연극을 꽃피우던 임성구(林聖九)의 혁신단(革新團)이나 김도산(金陶山)의 신극좌(新劇座)와 같은 대표적 신 파극단은 공연장이 없어서 지방순회를 하는 처지로 전락했다. 우미관, 단성 사, 광무대가 조선인을 대상으로 한 연희공간으로 운영되었으나 한계가 있 었다. 광무대는 전통연희를 위주로 프로그램을 구성했고 우미관은 활동사 진 전용관이었으며 단성사 역시 다무라에게 매각된 이후에는 활동사진 전 용관으로 탈바꿈하기 위해 극장 문을 닫았기 때문이다.

조선인이 활동사진관을 설립하기 위해서는 자본의 문제 외에 또 다른 문 제가 있었다. 일제의 허가를 받아야만 활동사진관을 설립할 수 있다는 점이 바로 그것이다. 일제는 1913년 이후 공안과 위생을 이유로 경성에서 활동사 진관 신설 허가를 내주지 않았다. 그렇기 때문에 자본을 많이 가지고 있어 도 특별한 경우가 아닌 한, 조선인이 활동사진 전용관을 세우는 것은 불가 능했다. 그럼에도 불구하고 조선인이 만든 활동사진 상설관이 있었다. 조선 극장(朝鮮劇場)이 바로 그것이다.

조선극장은 대동권번(大同券番) 이사로 있던 황원균(黃元均)이 1920년 건축허가를 받고, 공사를 시작하여 1922년 신축 개관했다. 황원균은 경기 도 경찰부장 지바 료(千葉了)의 후의로 건축허가와 거액의 대출 편의를 받 았다.[48] 지바 경찰부장의 후의가 가능했던 것은 1919년 3.1운동 직후 고종 의 아들인 의친왕(義親王)이 독립운동을 위해 국외 탈출을 도모하다 안동 현(安東縣)에서 체포되었는데, 일제경찰의 밀정이었던 황원균이 의친왕의

---

47 愛活生, 앞의 글, 91쪽.
48 한국예술연구소 편, 『이영일의 한국영화사를 위한 증언록—성동호, 이규환, 최금 동 편』, 도서출판 소도, 2003, 33쪽.

[자료] 조선극장 낙성 기사(《매일신보》, 1922.11.3.)

탈주계획을 밀고하여 의친왕의 국외탈출을 막을 수 있었던 데 그 이유가 있었다.[49] 이 사건으로 지바는 경기도 경찰부장으로 영전할 수 있었고,[50] 지바의 신임을 얻은 황원균은 극장 설립이라는 특혜와 동양생명보험(東洋生命保險) 경성지점을 통해 자금을 지원 받을 수 있었다.[51] 그러나 뒤를 봐주던 지바 경찰부장이 1921년 10월 7일 조선을 떠나고,[52] 개관 직후 미숙한 극장 운영으로 대출금을 갚지 못하게 되자 건물은 채권자인 동양생명보험 회사에 의해 부동산 회사인 동경건물주식회사(東京建物株式會社)에 매각되었다.[53] 흥행권 또한 몰수되었는데 동경건물주식회사에서는 하야가와연

---

49 朝鮮行政編輯總局 編, 『朝鮮統治秘話』, 京城 : 帝國地方行政學會, 昭和12, 233쪽.
50 《東亞日報》, 1920.6.22.
51 한국예술연구소 편, 앞의 책, 33~34쪽.
52 《東亞日報》, 1921.10.6.
53 당시 극장은 소유권과 흥행권이 분리되어있었는데 조선극장의 경우 흥행권과 소유권 모두가 동경건축주식회사에 있었다. 그래서 극장 경영주들은 흥행을 위해 동경건물주식회사 경성지점장인 니시무라 후쿠마츠(西村福松)에게 일일이 결재를 맡

예부(早川演藝部)를 운영한 바 있던 하야가와 마쓰타로(早川增太郎)에게 대관 형식으로 극장을 빌려주었다. 하야가와는 영화제작소인 동아문화협회(東亞文化協會)의 직영 상설관으로 이를 운영했고 황원균은 더 이상 조선극장과 관련이 없어졌다.

이렇듯 조선인이 활동사진 전용관의 건축허가를 받기위해서는 반민족적 행위를 통해 일제식민정책에 적극적인 지원을 하거나 권력을 등에 업지 않으면 불가능 했다. 그렇기 때문에 경성의 흥행 산업은 더욱 일본인 위주로 재편될 수밖에 없었다.

아야했다.

경성고등연예관

제1절 경성고등연예관의 설립주체

조선이 일본에 강점되는 1910년을 전후하여 전 세계적으로 호화로운 시설과 최신의 설비를 갖춘 영화관이 등장하기 시작했다.[1] 일본에서는 러일전쟁 직후의 호황을 바탕으로 활동사진 상설관이 다투어 등장하여 기존의 순업대를 대체했다.[2] 이는 일제의 식민지로 전락하고 있던 조선에도 영향을 끼쳤다. 경성에 세워진 최초의 활동사진 상설관은 1910년에 세워진 경성고등연예관(京城高等演藝館)이었다.

---

[1] 1910~1913년 미국에서는 상영시간이 긴 영화들이 흥행에 성공한다. 기존의 니켈로데온(Nickelodeon)에서는 이러한 영화를 상영할 수 없었기 때문에 오페라 홀이나, 전통적인 극장에서 영화를 상영하기 시작했다. 1913년부터는 영화궁전(Movie Palace)이라 불린 호화로운 영화관이 등장했다. Peter Kobel, Library of Congress, *Silent movies : the birth of film and the triumph of movie culture*, New York : Little, Brown and Co., c2007, pp.43~44. 일반적으로 미국에서 1913년을 기점으로 영화궁전이 만들어지기 시작했다고 한다. 그러나 그 기점을 1909~1910년으로 잡는 경우도 있다. Eileen Bowser, *The Transformation of Cinema, 1907-1915*, (Vol.2 in History of the American Cinema), New York : Charles Scribner's Sons, 1990, p.121.

[2] 田中純一郎, 『日本映畵發達史 1』, 126쪽.

[자료] 경성고등연예관 광고 (《國民新報》, 1909.10.5.)

　1909년 10월《국민신보》에는 경성고등연예관이 연중무휴로 매일 밤 7시에 개장한다는 신문광고가 사진과 함께 실렸다.[3] 하지만 경성고등연예관의 개관은 1910년 2월 18일에 이루어진다. 신문에 건물의 외관 사진이 실려 있는 것으로 보아 건축이 마무리되지 못한 것은 아니었다. 아마도 1909년 10월 26일 안중근 의사가 이토 히로부미를 암살한 사건으로 인해 개관이 4개월 가까이나 늦어진 것으로 보인다.

　경성고등연예관이 처음 들어선 곳은 황금정 제63통 7호였다. 이곳은 남부(南部) 조동(棗洞)이라 불리던 곳으로 농상공부 건너편, 지금의 기업은

3　〈[廣告]〉,《國民新報》, 1909.10.5.

행 본점 부근이었다.[4] 1911년 9월경 현재의 을지로 동양종합금융빌딩이 자리한 황금정 3번지로 이전한 경성고등연예관은 1912년 6월,[5] 황금정 도로 확장으로 건물의 일부가 헐리자 개축 후 1912년 9월 16일 영업을 재개했다.[6]

경성고등연예관이 사라진 지 불과 15년 밖에 안 된 시점에 심훈이 쓴 글에 묘사된 경성고등연예관은 다음과 같다.

高等演藝館時代

그 後에(거금 二十年 前 隆熙四年 庚戌) 活動寫眞 專門의 常設館이 생겻다. 지금 東拓에서 黃金館으로 가는 中間쯤 되는 位置에 섯든 高等演藝館이 그것이다.

數十年 前부터 暹羅國에 가서 寫眞業을 하든 渡邊이란 日人의 밋에서 雇傭살이를 하던 金原金藏이란 사람이 朝鮮에 건너와서 渡邊이가 보내는 歐洲의 寫眞이나 日本 神戶의 잇던 橫田商會라는 外國活動寫眞 直輸入商會에서 資金을 내어 試驗的으로 製作한(이 當時에 日本에서는 尾上松之助 等 舊派 俳優들이 カラテ를 쓰고 タチマワリ를 하는 舞臺劍劇을 한참 박히고 잇슬찍엿다.) 日本寫眞을 輸入하야 上映하얏든 것인데 電氣裝置로 映寫를 하기도 처음이엿다 한다. 그래서 圓覺社에 잇든 禹正植 君이 옴겨가고 朝鮮 解說界에서는 가장 큰 人氣를 끌고 잇섯든 徐相昊군을 爲始하야 李炳祚, 崔鍾大, 金惠經, 崔炳龍 等 지금은 一流 解說者인 諸君이 이 高等演藝館 속에서 자라난 것이다. 그리고 映寫되는 中의 寫眞의 『템포』를 낫처가면서 字幕을 飜譯하고 漢文 文字를 써가면서 雄辯體로 說明을 하기는 徐相昊 君이 쏘한 처음이엿섯다는데 그째에 이른바 寫眞演說이란 憂國志士의 政治演說만큼이나 人氣를 썰엇고, 館主는 辯士와 樂士들에게 給料 外에 舍宅費와 수당을 주고 하여 대우가 훌륭하였엇다고 하니 해설자들에

---

4 〈[廣告]京城高等演藝館〉, 《大韓民報》, 1910.5.1.

5 〈[廣告]京城高等演藝館〉, 《每日申報》, 1912.6.16.

6 〈[廣告]京城高等演藝館〉, 《朝鮮新聞》, 1912.9.17 ; 〈[廣告]京城高等演藝館〉, 《每日申報》, 1912.9.17.

게는 이때가 아마 황금시대였을 것이다.[7]

이 기사는 경성고등연예관의 설립이 누구에 의해서 이루어졌는지를 설명한 후, 변사들이 급료 외에 사택비와 수당을 지원받았다는 내용으로 이어진다. 이로 미루어 이곳에서 근무했던 변사들의 증언을 토대로 한 글로 추정된다. 실제 경성고등연예관에서 근무했던 변사들의 증언이라면 비록 경성고등연예관이 없어진 지 15년이나 지난 시점일지라도 "영화의 초수입 시대"나, "원각사 시대"처럼 변사들조차 직접 경험하지 못하고 전언을 통해 이야기를 전할 수밖에 없었던 시대와는 비교할 수 없을 정도로 정확한 기억이라고 말할 수 있다.

개관 이후 두 번이나 신축되었던 경성고등연예관은 누가 설립했으며 설립을 주도한 이는 어떤 인물이었나? 조희문은 《대한민보》의 기사를 인용하여 심훈의 글 속에 등장하는 와타나베 토모요리(渡邊智賴)[8]가 1910년 2월 18일[9] 경성고등연예관을 설립했으나 그 다음해인 1911년 8월, 가네하라 긴조(金原金藏)가 운영하던 가네하라상회(金原商會)가 이를 인수했다고 주장했다.[10] 반면 필자는 《경성일보》의 광고를 근거로 가네하라가 개관 당시부터 경성고등연예관의 관주였고 와타나베는 가네하라의 고용인일 가능성이 있다는 다른 주장을 펼쳤다.[11] 그러나 이 문제는 여전히 논란거리로 남았

---

7 沈熏, 〈朝鮮映畵總觀 (二)〉, 《朝鮮日報》, 1929.1.4.

8 브라이언 이시스(Brian Yecies)와 심애경(Ae-Gyung Shim)은 경성고등연예관을 소유, 운영한 인물을 와타나베 타츠조(Watanabe Tatsuzo)로 표기하고 있다. (Brian Yecies, Ae-Gyung Shim, *Korea's Occupied Cinemas, 1893-1948*, Routledge, 2011, p.46.) 출처가 표기되어 있지는 않지만, 이들의 책에 언급된 경성고등연예관에 관한 사항은 조희문의 논문을 토대로 한 것으로 보인다.

9 조희문은 경성고등연예관의 개관일을 2월 28일로 기록했다. 그러나 그가 인용한 기사에는 18일로 기록되어 있다. 오기로 보인다. 趙熙文, 앞의 논문, 104쪽.

10 위의 논문, 107쪽.

11 한상언, 「1910년대 경성의 일본영화인 연구」, 『영화연구』 40호, 2009, 244~245쪽.

는데 경성고등연예관의 관주로 지칭되는 다른 인물들이 발견되기 때문이다. 추가된 자료와 보다 자세한 설명을 통해 정확한 사실을 파악할 필요가 있다. 우선 조희문이 근거로 든 《대한민보》 기사 내용을 살펴보자.

● 演藝開場
既報와 如히 新築호 京城高等演藝館에서 本日 午後 六時에 重要
官民 數百名을 招待호고 活動寫眞을 開場호다더라 [12]

조희문이 인용하고 있는 《대한민보》에는 1910년 2월 18일 오후 6시에 관민 수백명을 초대하여 활동사진 상영을 시작한다는 내용만 있을 뿐, 기사 어디에도 관주가 와타나베라는 내용은 없다. 와타나베라는 이름은 《대한민보》가 아닌 같은 날짜에 발행된 《황성신문》에 등장한다. 그 기사를 인용하면 다음과 같다.

● 演藝館請牒
京城高等演藝館 主人 渡邊智賴氏가 本日 下午 六時에 開館式을
設行 혼다는되 各 新聞記者와 各 府部 奏任官 以上에게 請牒을 發送
하얏더라[13]

위 기사에 따르면 2월 18일 경성고등연예관 개관식을 거행하기 위해 관주 와타나베 토모요리가 신문기자와 주임관 이상의 관리들에게 청첩을 보냈다고 한다. 조희문이 언급한대로 와타나베가 경성고등연예관의 관주가 분명해 보인다. 그런데 문제는 이 보다 조금 앞서 보도된 《대한민보》 1910년 2월 13일자 기사에는 관주의 이름이 사에키 히로시(佐伯凞)로 기재되어 있다는 점이다.

---

12 〈演藝開場〉, 《大韓民報》, 1910.2.18.
13 〈演藝館請牒〉, 《皇城新聞》, 1910.2.18.

● 演藝館主披露

農商工部 隣에 建築ᄒ던 京城高等演藝館은 旣히 落成되얏ᄂ데 該
館主 佐伯凞氏가 昨日 午後 六時에 各 新聞社員 及 其他有志 諸氏를
請邀ᄒ야 披露宴을 開催ᄒ얏다더라[14]

신축 낙성한 경성고등연예관에서는 활동사진 상영에 앞서 2월 12일과 15
일 두 차례의 피로연이 개최되었다.[15] 위 기사는 1910년 2월 12일 관주 사
에키 히로시가 경성고등연예관의 낙성을 맞아 경성의 각 신문사원과 유지
들을 초청하여 피로연을 개최하였다는 내용이다. 인용한 기사의 내용이 정
확하다면 12일 신축낙성 기념 피로연의 주최자는 사에키였고, 18일에 있었
던 활동사진관 개관식은 와타나베의 이름으로 청첩이 발송된 것이다.

이 밖에 미야타 이스케(宮田伊助)와 가네하라 긴조가 관주로 기록된 기
사가 더 발견된다.

● 銀瓶下賜

大皇帝陛下게ᄋ셔 去七日에 高等演藝館에 活動寫眞을 招入 御覽ᄒ
ᄋ심은 已報어니와 該 館主 日本人 宮田伊助에게 銀製花瓶 一個를
下賜ᄒᄋ셧다더라[16]

위 기사는 경성고등연예관 개관 직후인 1910년 4월 7일 덕수궁에서 고종
과 순종을 비롯해 황족들이 경성고등연예관의 활동사진을 관람하고 고종이
관주 미야타 이스케에게 은병을 하사했다는 내용이다. 반면 1910년 3월 10
일부로 사에키 히로시가 해고되었음을 알리는 광고에는 가네하라가 경성고

---

14 〈演藝館主披露〉,《大韓民報》, 1910.2.13.
15 2월 15일 개최된 만찬회에 관한 기사는 다음과 같다. 〈演藝館主晚餐會〉,《大韓
民報》, 1910.2.15.
16 〈銀瓶下賜〉,《皇城新聞》, 1910.4.10.

등연예관의 관주로 기록되어 있다.

佐伯凞
右の者都合に依り解雇致候間此段廣告候也
三月十日
京城高等演藝館
館主　金原金藏[17]

　1910년 2월~4월 사이에 경성고등연예관의 관주로 언급되는 인물이 네 명이나 등장한 가운데 조희문은 한글신문에 등장하는 서로 다른 세 명의 인물 모두를 와타나베로 간주하고 서술했다.[18] 하지만 위의 알림광고를 토대로 한다면 개관 기념 피로연 기사에서 관주로 표기된 사에키는 누구에겐가 고용된 사람임이 분명하다. 만약 와타나베가 사에키를 고용했다면 광고는 와타나베의 이름으로 게재되었을 것이다. 그러나 가네하라의 이름으로 알림 광고가 게재되었다는 것은 경성고등연예관을 가네하라가 소유하고 있다는 점을 증명한다.

　그렇다면 왜 개관을 전후한 시기에 한글신문에는 경성고등연예관의 관주로 가네하라 대신 다른 이들의 이름이 사용되었을까? 《매일신보》 1911년 8월 11일 기사에는 "向者에 館主 金原氏가 來鮮ᄒ야 營業의 方針을 變更"했다는 구절이 발견된다.[19] 가네하라가 조선에 주재하지 않고 대리인을 내세워 경성고등연예관을 운영하고 있다는 것이다. 그렇다면 개관 당시에 가네하라의 대리인은 사에키였고, 1910년 3월 사에키를 해고한 후 미야타를 대리인으로 세웠음을 알 수 있다. 그래서 황실어람에는 조선에 거주하지 않는 관주 가네하라 대신 미야타가 관주 노릇을 했던 것이다.

17　〈廣告〉, 《京城日報》, 1910.3.12.
18　趙熙文, 앞의 논문, 104~106쪽.
19　〈金原商會의 新設〉, 《每日申報》, 1911.8.11.

[자료] 경성고등연예관 개관 광고

그럼 개관식 청첩을 보낸 와타나베는 누구이며 관주인 가네하라와는 어떤 관계인가?《대한민보》1910년 6월 2일 기사에는 이들에 관한 실마리가 있다.

● 高等演藝의 名譽
棗洞 高等演藝館은 同支部가 쏘흔 暹羅國 盤谷部에 在흔 터인데 本年 四月 二十四日 暹羅國 皇帝陛下게셔 푸린스, 산바싸一殿下의 手를 統하야 下賜ᄒ신 구라 高貴勳章이 昨日 來着ᄒ얏다더라.[20]

위 기사는 경성고등연예관의 지부가 태국(暹羅國) 방콕(盤谷)에 있으며 1910년 4월 24일 태국 왕자를 통해 태국 국왕의 훈장을 받았다는 내용이다. 경성고등연예관을 세운 인물들이 태국에서도 활동하고 있다는 것이다.

---

20 〈高等演藝의 名譽〉,《大韓民報》, 1910.6.2.

경성고등연예관이 태국의 일본인들과 관련되어 있다는 내용은 앞서 인용한 심훈(沈熏)의 글에서도 발견된다.

심훈은 태국에서 활동사진업을 하던 일본인 와타나베에게 고용되었던 가네하라가 조선에 건너와 (극장을 세우고) 와타나베가 배급하는 서양영화와 일본영화들을 상영했다는 것이다. 한마디로 말해 극장 주인은 가네하라이고 상영된 영화들은 와타나베가 배급한 영화라는 것이다.

와타나베 토모요리는 초기 태국영화사에서 중요한 인물로 손꼽힌다. 1904년 10월 일본에서 가져온 러일전쟁 실사영화를 태국 방콕에서 상영하여 큰 성공을 거두었고 1905년 11월에는 태국 최초의 활동사진 상설관을 세워 프랑스 파테 회사의 영화와 일본에서 제작한 영화, 자체 제작한 실사영화들로 구성된 프로그램을 상영하여 태국에 일본식 흥행문화가 자리 잡는데 큰 영향을 끼쳤다. 와타나베를 비롯해 이들 태국에서 활동하던 일본인들이 조선으로 눈을 돌린 것은 조선이 일본의 식민지로 전락해 가는 상황에서 태국에서의 활동사진 흥행 성공의 경험이 조선에서 활동사진 흥행업을 하는데 도움을 줄 것이라는 판단에서였을 것이다.

제2절 필름의 배급과 프로그램의 교체 주기

앞서 인용한 글에서 심훈은 와타나베가 배급한 영화를 경성고등연예관에서 상영했다고 기록했다. 당시 경성고등연예관 광고에 "Kダイアモンド商會 第0回 0月 0日로부터 番組"[21]라는 문구를 발견할 수 있다. 수좌(壽座)나 인천가부키좌(仁川歌舞伎座) 등지에서 상영됐던 활동사진 순회영사의 경우 M파테,[22] 후쿠호도(福寶堂)[23] 등 배급회사의 상호를 전면에 드러냈던

21　서울역사박물관 편, 『근대대중예술―소리와 영상』, 서울역사박물관, 2003, 272쪽.

것으로 미루어 경성고등연예관에서 상영한 활동사진은 K다이아몬드상회에서 배급한 것이고, K다이아몬드상회는 와타나베와 관련된 회사임을 알 수 있다.

그러나 이러한 추정과는 다른 주장도 있다. 이순진은 1920년대 중반 단성사 선전부에서 근무했던 이구영의 글을 인용하여 경성고등연예관의 프로그램을 후쿠자키흥행부(福崎興行部)에서 배급한 것으로 설명했다.[24] 후쿠자키흥행부에서 공급한 영화가 경성고등연예관에서 상영되었다면 K다이아몬드상회는 후쿠자키흥행부의 다른 이름이거나 전혀 다른 별개의 배급회사이거나 이구영의 착각일 수 있다. 다음은 이구영의 글이다.

> 양화관인 고등연예관은 주로 후구사기(日本福崎興行部)에서 푸로 공급을 받았다. 福崎系興行部는 일본군소업자(群小業者)들이 개별로 수입한 이태리 지내스社, 이다라社, 佛파데社, 後期에 美國系 바이다그럽 막세녤키스톤社, 푸에마스푸레아 등의 작품들을 한국대리점 형식으로 커미션을 떼고 서울, 부산 追後 평양, 대구 등에 제공해 왔다.[25]

이구영의 글에는 "후구사기흥행부", "지내스사", "이다라사", "파데사" 등 구체적인 상호명이 표기되어 보다 신빙성을 더하고 있다. 이태리의 치네스(Cines), 이타라(Itala), 프랑스의 파테(Pathé) 등은 경성고등연예관이 존속하던 시기 대표적인 필름제작 및 배급회사였다. 실제 경성고등연예관의 필름 중 많은 수는 유럽에서 온 필름들로 채워졌다. 그러나 이구영이 언급한 후쿠자키흥행부는 경성고등연예관이 존속하던 시기의 어떤 문헌에도 발

---

22 "▲仁川歌舞伎座 今八日夜よりエムパテー婦人隊の活動寫眞にて開演す今回の實物活動寫眞と稱する新案の舞踊其他珍らしき映畵多數ある由〈演藝界〉,《朝鮮新聞》, 1912.11.7.
23 "▲ 壽座 福宝堂活動寫眞にて毎夜正六時より〈演藝界〉,《朝鮮新聞》, 1913.1.11.
24 이순진, 『조선인극장 단성사 1907~1939』, 한국영상자료원, 2011, 40쪽.
25 李龜永, 〈事件으로 본 映畵裏面史(3)〉,《映畵藝術》, 1971년 1월호, 74쪽.

견되지 않는다. 이 당시 가네하라상회(金原商會), 닛다연예부(新田演藝部), 하야가와연예부(早川演藝部)처럼 흥행업자가 자신의 이름을 걸고 흥행에 나섰던 상황에 비추어 본다면 후쿠자키(福崎)라는 상호 역시 흥행사의 이름일 가능성이 크다. 그럼 후쿠자키라는 이름이 조선의 흥행계에 등장한 시점은 언제부터인가? 다음의 글에 후쿠자키의 이름이 등장한다.

> 대정관은 닛다 슈키치 군의 뒤를 이어 후쿠자키 하마노스케(福崎濱之助)군이 이를 이어받아 경영하게 되었다. 요코야마 도미오(橫山富美雄), 나카미즈 도모노스케(中水友之助) 군이 경영의 실제를 맡게 되면서, 우선 다가올 봄철 관객 쟁탈전의 새로운 진용으로 되었다. 여기에서 가장 흥미로운 것은 마쓰다 희락관과 요코야마 대정관의 대립이다. 쌍방 모두 용호상박의 수완을 가지고 있어서, 금후 양자의 경쟁이 그야말로 큰 볼거리이다.[26]

1920년대 들어 일본의 거대 영화자본이 조선에 직접 진출하자 대정관을 중심으로 조선의 흥행계를 장악했던 닛다 형제는 새로운 경쟁자의 출현으로 고전하다가 1925년 1월 대정관 운영에서 손을 뗐다. 닛다 형제가 운영하던 대정관을 후쿠자키 하마노스케(福崎濱之助)가 이어 받았다. 그는 극장 운영 경험이 없었는지 오랫동안 대정관에서 근무하던 요코야마 도미오(橫山富美雄), 나카미즈 도모노스케(中水友之助)에게 경영을 맡겼다. 이구영이 언급한 후쿠자키흥행부가 이와 관련된 배급회사라면 닛다 형제로부터 대정관을 인수한 후쿠자키는 배급만 신경 쓰고 극장의 운영은 활동사진관에서 오랫동안 근무하던 인물들에게 맡겼다는 말이 된다. 그런데 다음의 인용문은 후쿠자키가 흥행계와 관련없는 인물이었다고 언급하고 있다.

---

26 〈キネマ樂屋噺〉, 《朝鮮公論》第13卷 3號, 通卷144號, 1925年 3月, 54쪽, 김계자 편역, 『일본어잡지로 보는 식민지영화 2』, 도서출판 문, 2012, 168쪽.

1925년부터 같은 사쿠라이초(櫻井町)의 양복상 후쿠자키(福崎)씨가 동관을 임차해서 쇼치쿠영화를 내걸고, 나카미즈 도모노스케(中水友之助)군이 지배하면서 쇼치쿠 특별작품과 쇼치쿠의 별동대로 봐야 할 반쓰마(阪妻)프로덕션의 영화도 아울러 상영하게 되었다.[27]

위의 인용문은 대정관의 경영은 대정관이 자리하고 있던 앵정정(櫻井町)에서 양복점을 경영하던 후쿠자키가 대정관을 임차하여 쇼치쿠 영화를 상영했다는 내용이다. 만약 그가 영화배급업을 하고 있었다면 양복상이라고 소개하는 대신 필름배급업자라고 소개했을 것이다. 이러한 정황을 통해 생각해 보면 후쿠자키가 경성고등연예관이 존재하던 무렵부터 영화배급을 했을 가능성은 희박하다. 아마도 이구영은 경성고등연예관에 필름을 배급했던 K다이아몬드상회나 경성고등연예관을 운영했던 가네하라상회와 혼동했던 것 같다. 그것이 아니라면 1920년대 중반 대정관을 운영하던 후쿠자키가 유럽의 군소영화회사의 필름을 수입, 배급했던 것을 경성고등연예관이 존재하던 1910년대에도 그러했을 것이라 단정하여 설명했을 수 있다. 결국 무엇이든 간에 경성고등연예관의 활동사진 상영광고에 등장하는 K다이아몬드상회와 이구영의 회고에 등장하는 후쿠자키흥행부 사이에는 어떠한 연결점도 찾을 수 없다.

경성고등연예관에 필름을 공급했던 와타나베가 태국에서 상영한 활동사진 필름은 파테 등 유럽에서 제작한 서양필름들과 일본에서 제작한 필름들, 자체적으로 제작한 실사영화들이었다. 특히 1912년 5월 경성고등연예관의 상영목록에는 K다이아몬드상회에서 제작한 일본 마쓰시마(松島)의 풍경을 담은 실사영화가 포함되어 있었다.[28] 이는 경성고등연예관의 상영필름이

---

27 白銀幕夫, 〈映畵街漫步〉, 《朝鮮公論》第16卷 4號, 通卷181號, 1928年 4月, 3の 7~10쪽, 위의 책, 299쪽.

28 〈高等演藝館 喝采聲〉, 《每日申報》, 1912.5.2.

후쿠자키흥행부가 아닌 K다이아몬드상회에서 배급한 영화임을 증명한다.

다음은 경성고등연예관의 프로그램 교체 주기에 관한 문제이다. 경성고등연예관에서는 얼마의 간격을 두고 프로그램을 교체했나? 조희문은 경성고등연예관에서는 평균 2주일 간격으로 프로그램이 교체되었다고 주장했다.[29] 반면 이구영은 "4일마다 프로그램이 교환되었다"[30]고 서술했고, 김려실은 "매주 프로그램을 갱신했다"[31]고 했다. 이러한 주장 역시 실증적으로 파악해 볼 필요가 있다.

현재 경성고등연예관의 프로그램을 확인 할 수 있는 기간은 1910년 4월 15일부터 9월 1일까지,[32] 1912년 3월 1일부터 6월 15일까지,[33] 1912년 10월 15일부터 1913년 8월 23일까지이다.[34] 경성고등연예관의 광고를 통해 프로그램의 교환 주기를 살펴보면, 1910년 5월까지는 매월 1일, 15일 월 2회 프로그램을 교체한 반면 6월부터는 매월 1일, 11일, 21일 월 3회 새로운 프로그램이 선보였다. 1912년 3월 1일부터 도로확장으로 인한 개축으로 휴관하게 되는 6월 15일까지, 9월 15일 재개관 이후부터 1913년 3월 말까지는 다시 매월 1일, 15일 월 2회 프로그램이 교환되었으나 극장운영의 대혁신을 광고한 4월부터 폐관되는 9월 말까지는 일주일마다 프로그램을 교환했다. 이렇듯 기존의 연구에서 경성고등연예관의 프로그램이 평균 2주 간격 혹은 그보다 짧은 7일이나 4일마다 교체되었다는 주장 역시 특정시기에 한하거나 잘못된 주장임을 확인할 수 있다.

---

29 趙熙文, 앞의 논문, 106쪽.
30 李龜永, 〈事件으로 본 映畵裏面史(2)〉, 《映畵藝術》, 1970년 12월호, 80쪽.
31 김려실, 앞의 책, 41쪽.
32 《大韓民報》, 1910.4.16.~8.26. ; 《朝鮮新聞》, 1910.9.1.
33 《每日申報》, 1912.3.1.~6.1.
34 《每日申報》, 1913.1.17.~3.15. ; 《朝鮮新聞》, 1912.10.15~1913.8.23.

제3절 활동사진 및 환등제작

한국영화사를 보면 통상 19세기말 조선에 영화가 처음 소개되었고, 1919년에 연쇄극의 형태로 영화제작이 시작되었다고 서술되어있다.[35] 이에 따르면 영화 상영과 제작 사이, 소위 '감상만의 시대'라 부를 수 있는 시기가 무려 20년에 이른다. 일본이나 중국과 같은 인접국가의 예를 보아도, 영화가 상품이기에 그 어떤 예술장르보다도 전달속도가 빠르다는 점을 고려해 보아도, 조선에서 '감상만의 시대'는 너무 길다. 조선인이 아니더라도 조선인을 대상으로 활동사진 흥행을 도모했다면 활동사진 제작 또한 생각해 보았을 가능성이 있다.

태국에서 활동사진 흥행과 제작을 했으며 그 경험을 토대로 조선에서 활동사진 흥행업에 도전한 경성고등연예관의 일본인들이라면 조선인을 상대로 활동사진을 제작했을 가능성이 크다. 경성고등연예관에 필름을 배급했던 와타나베는 1908년 태국왕실에서 활동사진을 상영한 후 태국 왕실의 비호를 받으며 사업을 발전시켰다.[36] 1910년에는 출라롱콘 국왕의 장례식을 기록한 실사영화를 제작하는 등 태국 왕실행사를 기록한 실사영화를 여러 편 제작했다.[37] 와타나베와 함께 활동하던 가네하라 역시 경성고등연예관을 운영하며 황실의 권위를 빌어 사업을 확장하는 전략을 활용했다. 앞서 언급한 덕수궁 돈덕전에서 고종, 순종, 의친왕 등 황족들을 대상으로 활동사진을 상영하여 고종으로부터 상금과 은병을 하사받은 것은 황실과의 유대를 보여주는 하나의 예라고 할 수 있다.[38] 이들이 태국에서와 같은 방식을 채

---

35 김미현 책임편집, 『한국영화사 開化期에서 開花其까지』, 커뮤니케이션북스, 2006, 19~21쪽.

36 Scot Barmé(1999), "Early Thai Cinema and Filmmaking: 1897~1922", *Film History*, 11.3 : 310.

37 Stephen Bottomore, "Thailand(Siam)", Richard Abel(2005), Encyclopedia of Early Cinema, Routledge, p.625

택했다면 대한제국 황실의 중요행사를 기록물을 제작하여 일반에 상영할 것을 계획했을 것이다. 황실행사의 촬영과 상영은 왕실과의 유대를 강화하는 한편 조선인 관객들에게 소구 할 수 있는 소재로써 매력적이기 때문이다.

경성고등연예관에서는 환등 및 활동사진을 제작한다는 계획을 발표한 바 있다. 1911년 8월 경성고등연예관의 신축 이전을 앞두고 조선에 건너온 가네하라는 가네하라상회를 신설하고 활동사진 제작과 상영을 위한 조직을 정비하겠다는 내용을 발표했다.

> ● 金原商會의 新設
> 目下 黃金町 三番地에 新築 落成홈은 九月頃인 故로 卽時 開業ᄒ다ᄂᆞ디 向者에 館主 金原氏가 來鮮ᄒ야 營業의 方針을 變更ᄒ고 京城高等演藝館은 소會의 演藝部가 되야 今後에 大改良을 加ᄒ고 昔年 東京에셔 郵便局長으로 勤務ᄒ던 成淸氏를 招ᄒ야 演藝部로 敎育的 活動寫眞으로써 全道에 巡業케ᄒ며 又 寫眞部長에ᄂᆞ 工山氏를 招聘ᄒ며 又 東京 三越吳服店의 寫眞部에 在ᄒ며 技術이 卓越ᄒ 大庭氏를 超ᄒ야 一般寫眞의 撮形은 勿論ᄒ고 活動畵 及 幻灯도 製作케ᄒ며 販賣部ᄂᆞ 活動寫眞畵 及 幻燈器械 外에 日鮮人의 實用品도 薄利로써 販賣혼다더라[39]

위 기사의 내용은 1.경성고등연예관의 신축 이전을 계기로 가네하라상회를 신설하여 그 산하에 연예부, 사진부, 판매부를 두고 2.연예부에서는 경성고등연예관과 활동사진순업대를 운영하고 이를 위해 도쿄의 우편국장출신인 나리키요(成淸)를 초빙했으며, 3.제작기능을 확충하기 위해 설치한 사진부에서는 환등과 활동사진 제작을 위해 사진부장 코우야마(工山)와 도

---

38 〈演藝御覽〉,《皇城新聞》, 1910.4.9. ; 〈活畵劇御覽〉,《大韓每日申報》, 1910.4.9. ; 〈一劇千金〉,《大韓每日申報》, 1910.4.10.

39 〈金原商會의 新設〉,《每日申報》, 1911.8.11.

쿄 미쓰코시오복점 사진부의 오오바(大庭)를 초빙했고, 4.판매부에서는 활동사진필름 및 환등기계를 비롯해 다양한 물품들을 판매하겠다는 것이다.

1911년 6월 이미 인천 죽원관(竹園館)에서 경성고등연예관의 지방순업부가 순회상영을 시작한 상황에서,[40] 가네하라상회 설립을 알리는 기사의 핵심은 활동사진과 환등의 제작의 토대를 구축하겠다는 것이었다. 기사가 실린 시점은 엄비(嚴妃)로 알려진 고종의 후궁 순헌황귀비(純獻皇貴妃) 엄씨의 장례 직후로 가네하라상회에서는 그 장례를 실사영화로 제작한 듯 하다.

1911년 10월 한시적으로 언문판을 발간한 적이 있는《조선신문》에서는 경성고등연예관에서 상영한 〈엄비국장〉의 실사와 원각사에서 개연한 〈금강산환등〉 대회를 소개하는 기사를 게재한 바 있다.[41] 강점 후 서울에서 발간되던 유일한 조선어 신문이던《매일신보》조차 〈엄비국장〉에 대해서는 어떠한 보도도 없었기에《조선신문》의 기록이 〈엄비국장〉에 관한 유일한 기록이다. 다음은 관련 기사이다.

> △ 일전에 엄비국장이라는 활동광고를 돌이기에 본긔자가 일추 구경흔 즉 쳐량흔 감상도 나고 조션 고속된 졀ᄎ도 젼흐야 구경치 못흔 ᄉ름의 안목에 가히 흥감홀만흔 즉 연극즁 활동ᄉ진은 더욱 진젹흔 거동을 구경홀만흐다고 탄식흐얏더니..[42]

《조선신문》 기자의 처량한 감상은 망국의 장의(葬儀)가 불러온 것이었다. 그는 오래된 조선의 장례절차를 기록한 것이 흥미를 불러일으킨다는 소감과 더불어 활동사진이 연극보다 더 사실적인 묘사가 가능하기에 구경할만하다고 평했다. 그리고 바로 이어지는 글은 〈엄비국장〉과 같은 시기에 원

---

40 〈演藝〉,《朝鮮新聞》, 1911.6.14.
41 신축 이전된 경성고등연예관의 재개장은 1911년 9월로 추정될 뿐 정확한 날짜는 알 수 없다.
42 〈演劇의 月朝〉,《朝鮮新聞》, 1911.10.1. 부록1.

각사에서 흥행하고 있는 〈금강산환등〉에 대한 자세한 설명이었다.

△ 원각ᄉ에셔 금강산환등을 ᄒᄂᄃᄃᆡ 갈치가 ᄃᆡ단ᄒ다ᄒ기에 또 슈삼
지긔를 잇글고 완상ᄒ즉 금강산 일만이쳔봉이 완연이 안즁에 나렬ᄒ지
라 (중략) 일뵉사십여쳐를 완상ᄒ니

△ 본 긔ᄌ가 니의 금강을 구경ᄒ지 우금 삼십이년이라 영슉ᄒ 산쳔과
긔이ᄒ 고젹이 반가온 마음이 졀로 나고 ᄯᅩᄒ 조션에도 여차ᄒ 셰계에
ᄌ랑ᄒᆯ만ᄒ 명산 ᄃᆡ쳔이 잇슴을 감탄ᄒ엿슴으로 연극장 쥬무ᄌ를 방문
ᄒ야 그 환등의 력사를 무르니 리희직(李熙直) 김진우(金振宇) 량씨ᄂ
본래 지사인ᄃᆡ 사진사 신장균(寫眞師 申章均)씨와 동행ᄒ야 금년 오월
에 금강산 탐험ᄎ로 쳔신만고를 불구ᄒ고 ᄂᆡ외산 명승고젹을 촬영ᄒ야
환등에 삽입ᄒ야 구경치 못ᄒ 동포의 안공에 구경케ᄒ니 삼군의 지긔도
흠탄ᄒ거니와 구경ᄒ시ᄂ 동포도 응당 감상이 게시깃고 신션ᄒ 졍신도
환셩ᄒᆯ지로다[43]

140여장의 금강산 사진을 관람한 기자는 극장주무자를 만나 환등을 제
작, 상연한 내역을 듣고 감탄과 소감을 늘어놓았다. 이는 〈엄비국장〉 보다
도 〈금강산환등〉 대회가 조선관객들의 더 많은 흥미를 불러일으켰음을 의
미한다. 실제 〈금강산환등〉은 조선인 관객들의 환영을 받아 원각사에서 장
안사로 극장을 옮겨가며 흥행을 이어 갔다.[44]

왜 당시 조선관객들은 활동사진보다 환등에 더 흥미를 느꼈을까? 당시
활동사진설명은 전설(前說)만 존재했다. 변사의 간단한 설명 후 10분내외
의 활동사진을 보는 것이 전부였다. 필름은 대게 몇 개의 쇼트들이 배열되
어 일정한 속도로 상영된다. 그 속도에 맞춰 변사가 설명을 부가하는 중설
(中說)은 일본인과 조선인이 함께 관람하는 경성고등연예관에서는 구사하

---

43 위의 기사.
44 〈讀者의 聲〉,《朝鮮新聞》, 1911.10.8.

기 힘들었다. 반면 환등은 하나의 사진을 변사(설명자)가 자세히 설명 할
수 있기에 관객들은 사진을 보면서 활동사진보다 더 자세한 정보를 취할 수
있었다.

〈엄비국장〉을 활동사진으로 제작했던 가네하라상회에서는 이러한 관객
의 반응을 고려하여 활동사진뿐만 아니라 환등까지도 제작하여 프로그램의
하나로 상영했다. 일예로 1912년 4월, 《경성일보》와 《매일신보》에서 개최
한 대운동회를 환등으로 제작, 경성고등연예관에서 상영한바 있다.

> 남부 구리기(南部銅峴)에 잇는, 고등연예관에셔, 작일브터, 샤진 젼부
> 를, 기차ᄒ고, 다이몬도 샹회에셔, 촬영ᄒᆫ 일본삼경(日本三景)의, 한
> 가지 되는, 숑도(松嶋)의 실디 졍황은, 진실로, 탄복ᄒᆯ만ᄒ고, ᄯᅩ 향일,
> 본샤에셔 쥬최ᄒᆫ, 대운동회의 실디 졍황을, 샤진박어셔, 밤마다 환등을
> ᄒ다ᄂᆫ딕, 관람쟈의 대갈칙를 엇어셔, 셩황을 일운다더라[45]

위의 기사에서처럼 경성고등연예관에서는 활동사진과 환등이 상영되어
밤마다 관람자의 갈채를 받았다. 그러던 중 황금정 도로 확장으로 신축한지
1년이 되지 않아 건물 일부가 헐리게 되자 경성고등연예관은 개축을 하게
되었다. 1912년 9월 16일 경성고등연예관의 재개관을 맞아 가네하라상회에
서는 다음과 같이 촬영부 개업을 알리는 광고를 실었다.

> 今般 撮影部를 開館ᄒ야 商業廣告 外에 朝鮮의 人情, 風俗, 地理,
> 産業의 狀態 等을 撮影ᄒ야 京城高等演藝館에서 映寫ᄒᆯ ᄲᅮᆫ더러 一般
> 僉位의 貴需에도 應코ᄌ ᄒ오니 陸續 注文ᄒ심을 希望ᄒᆞᆷ 敬白
> 大正元年 九月 卄八日 朝鮮 京城 黃金町 金原商店 (電話 一四三
> 四番)[46]

---

45 〈高等演藝館 喝采聲〉, 《每日申報》, 1912.5.2.
46 〈[廣告]金原商店〉, 《每日申報》, 1912.9.28.

今般撮影部開業致し商業廣告の外朝鮮に於ける人情, 風俗, 地理,
産業の狀態の外撮影演藝館に於て映寫する等を一般の需にら應じ
候に付陸續御注文の程奉希望候敬白
大正元年九月廿八日 金原商會 電話 一四三四番[47]

촬영부를 개설한 가네하라상회에서는 본격적인 활동사진과 환등을 제작
했다. 구체적으로 어떠한 활동사진이 만들어졌는지 알 수는 없지만 경성고
등연예관의 프로그램에는 가네하라상회에서 제작했을 것으로 추정되는 〈메
이지천황장례〉(御大葬儀御光景) 환등과[48] 〈장충단에서 경룡연합 소방대
연습 실황〉(奬忠壇に於ける京龍聯合消防隊演習實況),[49] 〈경성일보주최
국화대회성황〉(京城日報主催 菊花大會盛況)과[50] 같은 실사 필름이 상영
되었다.

제4절 경성고등연예관의 폐관

경성고등연예관은 언제, 왜 폐관되었을까? 조희문은 1914년 대정관이 경
성고등연예관을 매입하였고 이후 제2대정관이라는 이름의 조선인극장으로
운영하다가 대정관과 우미관의 협정에 의해 제2대정관이라는 이름을 세계
관으로 바꾸고 일본인극장으로 전환했다고 주장했다.[51] 조희문의 설명은 불
충분할 뿐만 아니라 오류까지 발견된다. 조희문이 경성고등연예관이 1914
년까지 운영되었다는 주장의 근거로 든《매일신보》1914년 6월 4일의 기사

---

47 〈[廣告]金原商會〉,《朝鮮新聞》, 1912.9.28.
48 〈[廣告]京城高等演藝館〉,《朝鮮新聞》, 1912.10.17.
49 〈[廣告]京城高等演藝館〉,《朝鮮新聞》, 1912.11.5.
50 〈[廣告]京城高等演藝館〉,《朝鮮新聞》, 1912.11.21.
51 趙熙文, 위의 논문, 107쪽.

를 살펴보자.

第二大正館 新面目
▲구리기 데이대정관에셔ᄂ▲
▲슌젼ᄒ 죠션인을 위히 활동▲

이왕, 구리개 고등연예관을, 데일대정관에셔 사드린 후, 일홈을 데이대
정관(第二大正館)으로 곳치고, 활동사진을 영샤ᄒᄂ 즁이더니, 시셰
의 요구를 응ᄒ여 오늘날ᄭᅵ지, 니디인의 경영으로 니디인 변ᄉ(辯士)ᄭᅵ
지 두고, 면업ᄒ던 것을, 일톄 폐지ᄒ고, 죠션사름으로 ᄒ야곰, 사진셜
명을 ᄒ게 ᄒ야, 죠션인 젼문(專門)으로 뎡ᄒ고, 참신 긔발ᄒ, 세계
인졍 풍속 등, 여러 가지 사진을 가져다가, 오늘밤부터, 시작ᄒ다니
오늘밤부터 ᄉ흘동안은, 입장료(入場料)를 특별히 감ᄒ야 웃층은 평균
십젼으로, 아리층은, 평균 오젼으로 흔다ᄒ며, 젼덕경(全德經) 최병룡
(崔炳龍) 두 변ᄉ의 류챵 쾌활ᄒ 셜명이, 잇슬터이라더라.[52]

위의 기사에는 경성고등연예관이 대정관측에 매입된 시점을 막연히 "이
왕"(이전에)으로 표기했을 뿐 1914년이라 적시하지 않았다. 《조선신문》의
기록에 의하면 경성고등연예관이 사정(都合)에 의해 폐업한 것은 1913년 9
월 1일이었다.[53] 경성고등연예관은 대정관을 운영하던 닛다 고이치(新田耕
市)가 매입했는데, 그는 경성고등연예관의 설비를 개량하여 1913년 10월
31일을 기해 경성고등연예관을 제2대정관이라 개칭하여 운영했다.[54]

제2대정관이 우미관과의 협정으로 세계관으로 이름을 바꾸기 전까지 조
선인극장으로 운영되었다는 주장 역시 신빙성이 떨어진다. "내지인경영에
내지인변사까지 두고" 일본인극장으로 운영했다는 신문기사의 내용은 1914
년 6월까지 제2대정관이 일본인상설관으로 운영되었음을 증명하는 것이다.

---

52 〈第二大正館新面目〉, 《每日申報》, 1914.6.3.
53 〈演藝〉, 《朝鮮新聞》, 1913.9.5.
54 〈[廣告]開館披露〉, 《朝鮮新聞》, 1913.10.30.

[자료] 제2대정관 개관피로 광고 (《朝鮮新聞》, 1913.10.30.)

실제 제2대정관 개관 광고에는 주임변사 이마이 요시카(今井芳香), 차석변사 와타나베 마츠카제(渡邊松風)가 소개되어 있다.[55] 이처럼 경성고등연예관을 인수한 닛다는 제2대정관을 대정관과 마찬가지로 일본인 극장으로 운영했다.

최초의 활동사진 상설관으로 개관하여 조선인과 일본인관객으로 큰 성공을 거둔 바 있던 경성고등연예관이 문을 닫을 수밖에 없었던 이유는 무엇일까?

1912년 11월 7일 대정관[56] 개관 후, 12월 11일 우미관,[57] 12월 26일 수관

---

55 위의 기사.
56 〈[廣告]模範的常設活動寫眞館開館〉, 《朝鮮新聞》, 1912.11.8.

(壽館), 1913년 1월 1일 황금관이 차례로 개관했다. 수관을 제외한 나머지는 활동사진 상설관이었다. 이전에도 내지에서 온 순회영사대가 극장을 빌려 활동사진을 상영했지만 한정된 기간과 한정된 프로그램은 위협요소가 되지 못했다. 그러나 연중무휴로 프로그램을 바꿔가며 상영하는 상설관의 등장은 상설관 경영에 큰 위협이 될 수밖에 없었다.

우선 극장상영인력이 유출되었다. 신생 상설관이 다투어 만들어지자 활동사진 상영에 필요한 인력은 이합집산을 할 수밖에 없었다. 내지에서 스카우트해올 수 있는 일본인 인력은 큰 문제가 아니었지만 짧은 기간 안에 인력을 양성할 수 없었던 조선인 인력의 급작스런 유출은 상영의 질을 떨어트릴 수밖에 없었다. 대표적인 예로 유명 변사 서상호(徐相昊)와 영사기사 박정현(朴晶鉉)은 우미관이 생기면서 경성고등연예관에서 우미관으로 자리를 옮겼다. 이들을 따라 조선인 관객들도 경성고등연예관이 아닌 우미관으로 향했다.

또한 상영방식의 변화로 인해 언어에 따라 관객이 분리되었다. 조선인과 일본인 모두를 대상으로 했던 경성고등연예관에서는 상영 전 조선인변사와 일본인변사가 차례로 등장하여 상영될 영화의 내용을 간략히 소개하는 전설(前說)만 있었다. 이와 달리 대정관은 일본인변사, 우미관은 조선인변사를 두어 한 가지 언어로만 영화를 설명했다. 이에 따라 서양극의 경우 변사가 화면을 보면서 설명을 하는 중설(中說)이 가능했으며 일본극의 경우에는 내지에서처럼 성색변사(聲色辯士)가 지금의 성우처럼 화면 속 배우의 대사를 연기할 수 있었다. 자연스럽게 변사의 언어에 따라 관객이 분리되었고 일본인 관객은 일본인극장, 조선인 관객은 조선인극장을 더 선호했음은 물론이다.

프로그램의 수급 역시 경성고등연예관이 신생 활동사진관에 미치지 못했

---

57 〈[廣告]新築落成愈々開館〉,《朝鮮新聞》, 1912.11.8.

다. 대정관은 개관 이후 일주일마다 프로그램을 교체한 반면 경성고등연예관은 1912년 9월 재개관한 후 1913년 3월말까지 한 달에 두 번씩 프로그램을 교체했다.[58] 경성의 관객들은 보다 짧은 프로그램 교환 주기로 필름들을 상영하는 신생 활동사진관에 몰릴 수밖에 없었다.

경성고등연예관의 위기는 경영의 변화에서 확인 할 수 있다. 우선 1913년 2월, 여흥을 강화하기 위해 기존의 전기응용 방식을 대신할 키네오라마(キネオラマ)를 설치했다.[59] 키네오라마는 1911년 8월 26일 경성가부키좌에 처음 설치되어 "日出(해가 뜨고), 夕立(소나기가 내리고), 夕燒(저녁 노을이 지고), 明月(밤하늘에 달이 뜨는)" 등의 효과를 내어 큰 호평을 받은 바 있다.[60] 키네오라마의 설치로 단순한 배경에서 이루어지던 여흥이 "일본 삼경의 하나인 아키(安藝)의 미야지마(宮島)"와 같은 명승지를 배경으로 이루어지게 되었다. 이 밖에 경성고등연예관 개관 3주년을 맞아 야구장갑, 연필 등 각종 경품을 제공하는 대대적인 행사를 개최하는 등 관객유치를 위한 다양한 전략을 구사했다.[61] 그럼에도 경영은 날로 악화되어 결국 그간의 운영방식을 바꾸는 대혁신을 신문에 광고하기에 이른다.

大革新
從來の營業方法を改の新舊日本劇數種を每回差加一週間每に寫
眞全部差替へ
新內 義太夫 聲色 鳴物入
入場料も今回改正仕候
四月一日以後の京城高等演藝館
電話 一四三四番

---

58 〈演藝界〉,《朝鮮新聞》, 1912.11.9.
59 〈演藝界〉,《朝鮮新聞》, 1913.2.5. ; 〈キネオラマ〉,《朝鮮新聞》, 1913.2.13.
60 〈演藝だより〉,《京城新報》, 1911.8.29.
61 〈[廣告]祝開館三週年〉,《朝鮮新聞》, 1912.2.17.

新に東京より辯士藤本龍光氏を聘し田中旭湯氏と共に說明に當り
可申候　御觀客樣への御待遇も一新仕候へば舊來の御愛願に倍し
續々御來館の榮を賜はらんとを偏に奉願候敬具[62]

1913년 4월 1일을 기해 시작된 경성고등연예관 혁신의 주요 내용은 크게
네 가지로 정리할 수 있다. 1.신구(新舊) 일본극을 더하여 매주 프로그램을
바꾼다. 2.입장료를 개정한다. 3.도쿄에서 변사 후지모토 류코(藤本龍光)
를 초빙하여 다나카 아사히유(田中旭湯)와 함께 활동사진 설명을 맡긴다.
4.관객의 대우를 한층 새롭게 한다.

경성고등연예관 대혁신의 골자는 그동안 조선인과 일본인 모두를 대상으
로 하던 운영방침을 바꿔 일본인 상설관으로 전환하겠다는 것이다. 대혁신
을 시작한 4월 1일부터 조선인 관객을 유치하기 위해《매일신보》에 싣던 광
고를 중지했다. 또한 종래의 월 2회 프로그램을 교체하던 것을 대정관과 마
찬가지로 주1회로 바꾸었다. 4월 15일부터는 입장료도 특등 금50전, 1등
금30전, 2등 금20전, 3등 금10전으로 조정했다.[63] 입장료 조정의 결과 경
성고등연예관은 대정관과 같은 가격이 되었다.[64] 이 밖에도 양장의 여성안
내원을 둔 대정관의 방식을 따라,[65] 연령 15세에서 25세 사이의 여성을 극
장안내원으로 채용하기 위해 신문에 채용 광고를 냈다.[66] 결국 이러한 운영
원칙의 변화는 강력한 경쟁상대인 대정관을 의식한 행동이었다.

---

62 〈[廣告]大革新〉,《朝鮮新聞》, 1913.3.30.

63 개관 당시 경성고등연예관의 입장료는 특등 금1원, 1등 금50전, 2등 금30전, 3등
금20전, 4등 금10전이었다. 〈[廣告]世界第一活動寫眞館開館〉,《皇城新聞》,
1910.2.18.

64 개관 당시 대정관의 입장료는 특등 60전, 1등 40전, 이등 20전, 삼등 10전이었으
나 1912년 11월 23일부터 입장료를 조정하였다. 〈[廣告]大正館〉,《朝鮮新聞》,
1912.12.3.

65 〈[廣告]模範常設活動寫眞館開館〉,《朝鮮新聞》, 1912.11.8.

66 〈[廣告]客案內婦人入用〉,《朝鮮新聞》, 1913.3.31.

대혁신으로 인해 일본극이 경성고등연예관의 주요 프로그램으로 자리 잡았다. 대혁신 이전에도 〈일본남아〉(日本男兒)와 같은 일본극이 상영되었는데 《매일신보》에 관람을 권유하는 글이 실린 것으로 보아 조선인 관객을 위한 배려가 있었던 것으로 보인다.[67] 하지만 도쿄에서 변사 후지모토 류코를 초빙해 오고 성색변사들이 본격적으로 활약하기 시작한 후에는 조선인 관객에 대한 배려 없이 오직 일본인 관객에 맞추어 영화가 상영되었다. 다수의 조선인 관객을 포기하는 대신 소수의 일본인 관객에 집중하는 전략을 채택한 것이다. 그 결과 경성고등연예관은 대정관, 황금관과의 출혈경쟁으로 경영이 날로 악화되었을 것이다. 대정관과 황금관도 마찬가지였을 것이다. 이러한 문제는 결국 대정관의 닛다 고이치가 경성고등연예관을 인수하면서 해결된 것으로 보인다.

---

67 〈演藝界〉, 《每日申報》, 1913.2.15.

제7장   대정관과 닛다연예부

제1절 대정관의 설립

1912년 11월 7일 개관한 대정관은 최초의 일본인 전용극장으로 1910년 조선으로 건너온 닛다 고이치(新田耕市)가 앵정정(櫻井町)에 세웠다. 현재 주소로는 서울특별시 중구 인현동 1가 26번지이다. 대정관 설립 직후 닛다 고이치는 닛카츠 조선총대리점인 닛다연예부를 운영했기 때문에 대정관에서는 닛카츠에서 배급한 일본영화와 서양영화가 주로 상영되었다.

대정관을 설립한 닛다 고이치는 시모노세키(下關)에서 고급여관인 천진루(天眞樓)를 운영하던 닛다 마타베(新田又兵衛)의 세 번째 아들로 1882년 태어났다. 형제로는 천진루를 이어받은 닛다 신기치(新田新吉)[1]가 첫째였고, 닛다 고이치와 영화관 경영을 함께 한 닛다 슈키치(新田秀吉)가 둘째, 인천의 표관(瓢館)을 운영했던 닛다 마타헤이(新田又平)가 넷째였다. 1899년 상업학교를 졸업한 닛다는 미쓰이물산(三井物産) 시모노세키점

---

1   닛다 신기치(1875~?)는 천진루를 이어 받고 이름을 닛다 리헤이(新田利兵衛)로 바꾸었다.

에 입사하여 사회생활을 시작했다. 모지(門司)와 와카마쓰(若松)지점에서 근무 후 도쿄의 본점에서도 일했던 그는 1910년 조선이 일본의 식민지로 전락하자 직장을 그만 두고 자신이 가진 4천여원의 돈을 가지고 경성으로 건너왔다. 총독부의 고급정보를 알고 있던 형 닛다 신기치와 신기치의 의동생인 도야마 키(遠山凞)[2]의 조언을 들은 그는 동경건물회사(東京建物會社)에서 돈을 빌려 앵정정(櫻井町) 부근에 5천평의 땅을 매입한다. 매입을 마칠 무렵 총독부에서는 시구개정의 실시를 공포, 닛다 고이치가 산 땅을 관통하여 지금의 을지로가 뚫리게 된다.

新田耕市君の家庭

[자료] 닛다 고이치의 가족사진

---

2 도야마 키(1876~?)는 도쿄제국대학을 졸업한 후 금융계에서 활동하던 중 1904년 조선으로 건너와 조선상업은행(朝鮮商業銀行)의 지배인을 역임했으며 1917년 현재 한호농공은행(漢湖農銀) 지배인으로 근무하고 있었다.

땅 값이 폭등하여 닛다의 토지 1천평은 평당 80전이던 밭이 5원에, 10원이던 택지가 4~50원에 매수되었다. 닛다는 순식간에 5~6배 정도의 시세 차익을 얻은 것이다. 닛다는 도로와 도로에 면한 토지 1천수백평을 팔아 동경건물회사의 대출금 전액을 갚고도 2만원이 넘는 자금을 마련할 수 있었다.[3] 그는 남은 돈으로 무엇을 할까 고민하다가 오사카의 센니치마에(千日前) 흥행가에서 활동사진관이 번창하는 것을 보고 경성에서 활동사진업을 시작하기로 한다.[4]

닛다가 조선에서 빠른 시간 안에 큰 부를 획득할 수 있었던 것은 아버지 닛다 마타베와 초대 조선통감이던 이토 히로부미(伊藤博文)가 막역한 사이였던 점이 절대적인 이유였다. 20세 무렵 이토는 시모노세키에서 숨어 지내며 이웃인 닛다 마타베에게 신세를 지고 있었다. 훗날 일본 수상이 된 이토는 닛다 마타베가 천진루(天眞樓)를 세워 운영할 수 있도록 도왔고 이토가 초대 조선통감으로 경성에 부임하자 닛다 마타베는 시모노세키의 천진루를 경성의 남산정(南山町)으로 옮겨 짓고 이토의 술친구가 되었다.[5]

식민지 권력과 유착관계를 가지고 있었던 닛다 고이치는 손쉽게 유락관(遊樂館)이라는 이름으로 당국에 건축허가를 얻고 1만 2천원의 예산으로 영화관 건축을 시작했다. 때마침 부근에 다무라 기지로의 황금유원(黃金遊園)이 들어서면서 일대가 상업지구로 활기를 띠자 닛다는 남은 토지 2,000평에 상점들을 지어 세를 놓았다. 활동사진 수입 외에 부동산 임대업에도 뛰어들자 일약 경성의 청년 사업가로 주목받게 된다.[6]

1912년 7월 시작된 활동사진관 신축 공사는 8월 마무리되었다. 그 사이 메이지(明治)시대가 끝나고 다이쇼(大正)시대가 시작되었다. 닛다는 이를

---

3 〈京城の實業家 (其二) 新田耕市君〉, 《朝鮮公論》, 1916年 3月號, 76쪽.
4 위의 글, 76쪽.
5 임종국, 『밤의 일제침략사』, 한빛문화사, 2004, 87~88쪽.
6 위의 글.

기념하여 영화관의 이름을 대정관(大正館)이라 고치고 1912년 11월 7일 개관한다.[7] 아래는 대정관 개관을 알리는 《매일신보》의 기사이다.

> ▲ 大正館 남부 큰 삼림 우ㅅ골에 식로 건축ᄒ던, 대정관(大正館)이라
> ᄂ 활동사진관은, 임의 건축 공ᄉ가 락성되야, 소관관청에 인허를 엇어,
> 작일 오후 륙시에, 키관식을 거힝ᄒ고, 계속ᄒ야, 홍힝ᄒ다ᄂ듸, 활동ᄒ
> ᄂ 사진은 미쥬일에, 한 ᄎ례식, 다른 것으로 밧고아 홀 터이라더라[8]

위의 기사에 따르면 대정관은 1912년 11월 7일 오후 6시에 개관식을 거행했으며 프로그램은 매주 한 차례씩 다른 것을 바꾼다는 설명이다. 위 기사에 언급되지 않은 내용들은 일간지에 실린 개관광고를 통해 살펴 볼 수 있다. 이중 《매일신보》에 실린 광고에는 사진이 포함되어 개관 당시 대정관의 외관을 확인 할 수 있다.

模範常設活動大寫眞館 開館
前日브터 新築 中이던 本館이 今回에 落成흔 故로 來 十一月 七日로
써 開館ᄒ고 午後 六時브터 年中無休로 一般의 觀客에게 觀覽을
供흠

　◉ 本館의 設備
● 建築의 壯麗, 內部의 完全, 裝飾의 美麗, 衛生設備의 整然흔 事項
이 斯界에 對흔 元祖라
● 館內에ᄂ 喫茶室, 賣品部, 喫煙室, 化粧室 及 運動場을 設ᄒ고
寒暖은 暖爐와 扇風機를 備ᄒ야 調和케 ᄒ야 觀客을 迎흠
　● 館內ᄂ 一定흔 洋裝흔 婦人案內者를 使用ᄒ야 觀客의 御用을
便케 ᄒ고 案內人 監督者로 ᄒ야곰 不絕히 巡視케 흠

7　〈京城の實業家(其二)新田耕市君〉, 77쪽.
8　〈演藝界〉, 《每日申報》, 1912.11.8.

⊙ 本館의 特色

● 觀客을 遇흠에 진실노 敬意를 是尙ᄒᆞ야 專히 親切叮迎을 爲主흠

● 映畵ᄂᆞᆫ 常히 最新 優秀ᄒᆞᆫ 逸品을 撰ᄒᆞ야 十日에 全部를 差換ᄒᆞ야 諧謔笑談中에 高尙深遠ᄒᆞᆫ 智識을 得ᄒᆞ야 實로 家族的 隨一의 娛樂場

● 入場料ᄂᆞᆫ 左와 如히 特減ᄒᆞ오니 開館 後은 陸續 御來觀ᄒᆞ심을 偏히 希望不已ᄒᆞ옵ᄂᆞ이다

特等 六拾錢 一等 四十錢 二等 二十錢 三等 拾錢

軍人 小供 半額

土曜, 日曜, 祭日은 晝夜 二回 開館ᄒᆞᆷ

京城 櫻井町 模範活動寫眞館의 大王

大正館

電話 八百七十三번[9]

[자료] 대정관 개관 광고(《每日申報》, 1912.11.8.)

---

9 〈廣告〉, 《每日申報》, 1912.11.8.

위의 광고를 토대로 추정해 보면 개관 당시 대정관은 경성에서 영화 상영을 주도하고 있던 경성고등연예관을 기준으로 삼아 경성고등연예관보다 우수한 시설과 저렴한 가격과 같은 대정관의 장점들을 강조했다.

우선 극장의 설비부분에 있어서 대정관은 위생설비에 대한 강조, 각종 편의시설의 설치, 난로와 선풍기의 구비, 양장의 여성 안내원 배치 등을 강조했다. 이는 경성고등연예관이나 기타 연극용 극장들이 갖추지 못하고 있던 것들이거나 부족하여 관객들의 원성을 듣던 부분들이었다.

본관의 특색을 보면 10일마다 프로그램을 교환한다고 강조하고 있다. 앞서 살펴본 신문기사에는 프로그램을 일주일 간격으로 교환한다고 보도한 바 있었다. 실제 개관 이후 대정관에서는 일주일 간격으로 프로그램을 교환했다. 당시 경성고등연예관은 월2회 프로그램을 교환하고 있었다. 또한 대정관은 경성고등연예관 보다 적은 입장료를 받고자 했다. 경성고등연예관의 개관 당시 입장료는 특등 1원, 1등 50전, 2등 30전, 3등 20전, 4등 10전이었다. 경성고등연예관의 입장료가 대정관과 같은 가격(특등 50전, 1등 30전, 2등 20전, 3등 10전[10])으로 조정된 것은 1913년 4월 15일부터였다.

대정관은 개관 직후인 1913년 신년 광고에 "아사쿠사식(淺草式)"[11]이라는 문구를 넣어 광고를 했다. 이는 두 가지 의미로 해석될 수 있다. 앞서 살펴본 것 처럼 아사쿠사의 활동사진관처럼 쾌적한 환경에서 관객을 맞이하겠다는 것이고, 또 하나는 아사쿠사의 활동사진관과 마찬가지의 방식으로 일본영화를 상영하겠다는 의미이다. 1912년까지 경성고등연예관은 조선인과 일본인 관객 모두를 위해 조선인 변사, 일본인 변사를 함께 두고 운영했다. 대정관이 본격적으로 일본인 전용관으로 운영되면서 대정관의 주요 프로그램은 일본의 신파, 구파영화가 되었다.

---

10 대정관은 개관 1개월 후부터 입장료를 특등 50전, 1등 30전, 2등 20전, 3등 10전으로 조절하였다. 위의 논문, 421쪽.

11 《朝鮮新聞》, 1913.1.1.

제2절 제2대정관과 세계관

대정관은 개관 이후부터 조선의 영화 흥행업을 주도했다. 닛다 고이치는 극장 운영을 위해 닛다연예부(新田演藝部)를 만들고 이를 통해 전국적인 상영망을 조직했다. 1913년에는 최초의 영화관인 경성고등연예관을 매수하여 제2대정관으로 삼기도 했다.

닛다 고이치는 제2대정관 역시 일본인 상설관으로 운영했다. 그러자 경성에만 대정관, 황금관, 제2대정관의 3개관이 일본인 관객을 분점하는 상황이 벌어지게 되었다. 닛다연예부에서는 대정관과 제2대정관이 서로 6~7만 명에 불과한 경성의 일본인 관객들을 황금관과 나누기 보다는, 하야가와 연예부의 필름을 제공받아 20만명의 조선인 관객을 독점하고 있던 우미관을 견제하는 편이 유리하다고 판단했다. 이에 따라 1914년 6월 제2대정관을 조선인 전용 활동사진관으로 전환하게 된다.[12]

조선인 전용관으로 바뀐 제2대정관은 변사장으로 제2대정관의 유일한 조선인 변사였던 김덕경(金悳經)[13]을 임명하고, 설명주임 이병조(李丙祚), 차석 최병룡(崔炳龍) 등으로 변사진을 꾸렸다.

---

12 이왕, 구리개 고등연예관을, 데일대정관에셔 사드린 후, 일흠을 데이대정관(第二大正舘)으로 곳치고, 활동사진을 영사ㅎ눈 즁이더니, 시셰의 요구를 응ㅎ야, 오늘날ㅅ지, 닉디인의 경영으로, 닉디인 변ㅅ(辯士)ㅅ지 두고, 젼업ㅎ던 것을, 일톄 폐지ㅎ고, 죠션 사름으로ㅎ야곰, 사진 설명을 ㅎ게 ㅎ야, 죠션인 젼문(專門)으로 뎡ㅎ고, 참신 긔발흔, 세계 인정풍속 등, 여러 가지 사진을 가져다가, 오늘밤부터, 시작흔다눈듸 오늘밤부터 ᄉ흘 동안은, 입쟝료를 특별히 감ㅎ야, 위층은 평균 십 젼으로, 아래층은, 평균 오젼으로 흔다ㅎ며, 젼덕경(全德經) 최병룡(崔炳龍), 두 변ᄉ의, 류챵쾌활흔 설명이, 잇슬터이라더라. 《每日申報》, 1914.6.3.

13 〈京城活辯の裏表〉,《朝鮮公論》, 1913년 12월호, 102쪽.

〈그림 1〉 1914년 제2대정관 전단지

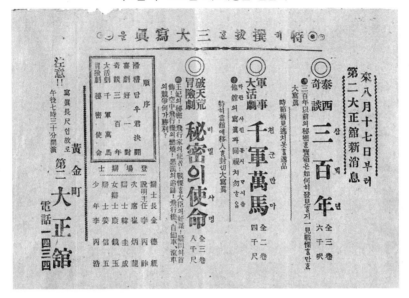

〈그림 1〉 1914년 제2대정관 전단지

　1914년 8월 17~23일 제2대정관의 프로그램을 담은 전단지[14]를 보면 5편의 상영 프로그램의 중심은 태서기담 〈삼백년〉(三百年), 군사영화 〈천군만마〉(千軍萬馬), 모험극 〈비밀사명〉(秘密使命)이었다. 프로그램의 간단한 내용과 출연 변사들의 이름이 실린 전단지에서 변사를 소개한 내용을 보면, 강경옥(康鏡玉)이라는 여변사와 소년 이병호(李丙浩)의 존재를 발견할 수 있다. 이는 제2대정관이 우미관과 같은 보통의 조선인 활동사진관과는 달리 일본인 상설관에서의 상영방식대로 활동사진을 상영했음을 의미한다.

　일본영화를 상영할 시에는 여러 명의 변사들이 출연하여 지금의 성우와 같이 각자 주어진 배역을 맡아 스크린 속 배우의 목소리를 연기했다. 그렇기 때문에 여성역할에는 여변사가 필요했고, 소년 역에는 소년의 목소리가

14　서울역사박물관 편, 앞의 책, 272쪽. 같은 내용의 광고를 《每日申報》(1914.8.18.)에서도 찾아볼 수 있다.

필요했다. 연극변사라고 불린 변사들이 바로 목소리 연기를 담당한 변사들이었다.

반면 서양 활동사진이나 실사 활동사진을 상영할 때는 활동사진의 배경을 설명해주거나 타이틀을 읽어주는 식의 역할을 담당하는 설명변사가 독연을 했다. 연행 방식도 초창기에는 웅변식이었다가, 점차 배역에 맞추어 목소리를 바꿔가면서 하는 식으로 변화되었다. 이들 설명변사는 일정한 지식을 필요로 했기 때문에 지식인으로 인정받아 상대적으로 좋은 대우를 받았다. 일본인 변사들은 설명변사와 연극변사로 나뉘었지만 조선인 변사들은 모두 설명변사였다.

우미관과 같은 조선인 상설관에서 일본영화들이 상영되지 않았다. 조선인 변사들이 스크린 속 배우의 입모양에 맞춰 연기하는 것이 불가능했기 때문이다. 일본인 연극변사들처럼 연행하기 위해서는 일본어 대본을 조선어로 번역 한 후, 스크린 속 배우와 변사들이 입을 맞추는 훈련이 필요했다. 그래서 일본인 상설관에서는 연극부를 두고 이들을 훈련시켰다.[15] 극장 운영의 번거로움도 있었지만 일본의 신파, 구파 레퍼토리에 대해 사전 지식이 없었던 조선인 관객들의 기호에 이러한 연행 방식은 맞지 않았다.

위 전단지의 내용을 통해 제2대정관이 일본인 상설관에서 조선인 상설관으로 바뀌었을 당시 잠시나마 일본인 상설관의 연극변사들처럼 조선인 변사들이 배역에 맞춰 대사를 주고받는 식으로 연행이 이루어졌음을 알 수 있다.

닛다연예부가 제2대정관을 조선인 상설관으로 전환 사용했던 시도는 성공하지 못했다. 대신 닛다연예부는 하야가와연예부의 필름을 제공받아 상영하던 우미관과 특약점 계약을 맺게 된다.[16] 1915년 4월 닛다연예부는 우

---

15 1919년 희락관의 연극부 고문으로 板本謙次郎이 있었다. 岡村紫峰, 『活動寫眞名鑑 前編』, 活動新聞社, 大正12年(1923), 363쪽.

16 〈朝鮮人 觀客을 獨占흔 優美館과 衆口〉, 《每日申報》, 1915.4.24.

미관과 특약을 맺으면서 닛다연예부 직영의 조선인 상설관이던 제2대정관을 일본인 전용관으로 전환하며 이름을 세계관으로 개칭하기로 한다. 대신에 우미관에서 매달 보상금으로 2백원을 받기로 하고 우미관이 세계관과 같은 필름을 사용하는 대신 매월 5백원의 싼 가격으로 필름을 공급받을 수 있도록 했다. 이로써 우미관은 다시 한 번 경성의 20만 조선인을 대상으로 한 유일한 조선인 상설관의 지위를 갖게 된 것이다. 하지만 일본인 전용관으로 바뀐 세계관은 1915년 9월 20일 유락관(有樂館)이 개관하면서 활동사진 흥행 권리를 유락관에 넘기며 폐관하게 된다.

제3절 닛다연예부

대정관은 개관 직후 일본의 영화회사인 닛카츠를 통해 필름을 공급받았다. 닛카츠는 1912년 일본의 4대 메이저 영화회사인 요시자와상점(吉澤商店), 요코다상회(橫濱商會), M파테, 후쿠호도(福寶堂)가 통합하여 탄생한 거대 영화회사로 일시 일본의 영화산업을 독점한바 있었다. 대정관은 일본의 영화산업을 장악한 닛카츠를 통해 필름을 공급받았기에 경성의 다른 영화회사들 보다 훨씬 다양한 필름을 보유할 수 있었다. 때문에 더 짧은 주기로 필름을 교환하는 것이 가능했다.

닛카츠 만선지방부(滿鮮地方部)가 된 닛다연예부는 사업을 확장하여 1916년 당시 하야가와연예부에서 운영하던 인천의 표관(瓢館)을 인수하여 직영관으로 삼고, 경성의 우미관(優美館), 평양의 앵좌(櫻座), 원산의 수관(壽館), 부산의 보래관(寶來館), 대구의 금좌(錦座)를 특약관으로 두고 영화배급망을 구축했다.[17]

---

17 〈[廣告]〉, 《京城日報》, 1916.1.1.

館 正 大

[자료] 대정관 개관 1주년 기념식 장면(『京城繁昌記』)

　전국에 영화 배급망을 형성한 닛다연예부는 설립 초기에는 영업주임과
지방부장을 두고 특약관을 관리했다. 1914년 1월 닛다연예부의 영업주임은
아라키 다이스케(荒木大助), 지방부장은 스즈키 도라타로(鈴木虎太郎)였
다.[18] 이를 통해 추정해 보면 대정관의 운영과 영업의 전반은 영업주임이
맡고, 지방의 특약관은 지방부장이 맡아 운영했던 것으로 보인다. 그러던
것이 닛다연예부에서 관리하는 특약관이 늘어나면서 지방의 특약 영화관에
출장원을 파견하여 관리를 강화하게 된다. 1917년 1월 현재, 닛다연예부가
관리하던 극장과 출장원은 경성 대정관(감독원:野村新), 인천 표관(鈴木虎
太郎), 부산 상생관(三好又郎), 용산 용광관(高橋立太郎), 대구 칠성관(桐

18　〈[廣告]〉, 《朝鮮新聞》, 1914.1.1.

谷德之助), 평양 가부키좌(吉住新吾), 원산 가부키좌(東浦得圓)이었다.[19]

이렇듯 닛다연예부에서 전국적인 필름 유통망을 구축할 수 있었던 것은 닛다연예부가 조선에서 닛카츠영화에 대해 독점적 지위를 가지고 있었기 때문에 가능했다. 신문광고에서 대정관을 닛카츠만선지방부(日活滿鮮地方部)라 표기한 것이 1916년 1월 처음 등장했고,[20] 1917년에는 닛카츠 조선총대리점으로 기록되었다.[21]

조선에서 닛카츠 영화에 대한 대정관의 독점적 지위는 1921년 막을 내린다. 닛카츠의 부사장인 요코다 에이노스케(橫田永之助)가 희락관(喜樂館)의 대주주가 되자 닛카츠 영화에 대한 조선에서의 독점적 권리는 희락관으로 넘어갔기 때문이다.

닛카츠영화에 대한 독점적 지위를 통해 지방의 영화관에 영향력을 행사하던 닛다연예부는 더 이상 큰 영향력을 행사할 수 없었다. 지방 회원 영화관에 대한 지배력이 사라지게 되자 닛다연예부는 성장 동력을 상실하게 된다.

대정관과 닛다연예부를 이끌던 닛다 고이치는 영화흥행업에 관한 사항을 자신의 형제들에게 넘기고 영화업에서 손을 뗀다. 이미 1910년대 후반부터 주식중매업으로 전환을 꾀했던 그는 1918년 오사카의 다케하라 유자부로(竹原友三郞)상점과 조선총대리점 계약을 체결 후 주식매매를 사업의 중요한 부분으로 삼았다. 1920년 5월 경성주식현물취인소가 설립되자 이후에는 영화업 보다는 주로 주식중매인으로 활동하였다.[22]

---

19 〈[廣告]〉, 《京城日報》, 1917.1.1.
20 〈[廣告]〉, 《京城日報》, 1916.1.1.
21 위의 광고.
22 岡村紫峰, 앞의 책, 58쪽.

제4절 운영주체의 변화

　1921년 닛카츠영화의 조선대리점인 대정관과 새롭게 닛카츠영화를 상영하게 된 희락관 사이에는 닛카츠영화의 상영을 두고 갈등이 발생했다. 닛카츠에서는 이 문제를 해결하기 위해 고지마 사다시치(兒島定七)[23]를 닛카츠 경성파출소 주임으로 임명하여 두 영화관 사이의 갈등을 중재한다.[24]

活動常設大正館　　　　　活動常設喜樂館

[자료] 닛카츠 영화의 권리를 가지고 경쟁하던 대정관(좌)과 희락관(우)

23　고지마 사다시치는 1852년(嘉永5年) 생으로 교토부회의원 등을 역임한 명망가로 이미 70세 가까운 나이였다. 닛카츠에서 그를 경성으로 보낸 이유는 조선총독부 잠업 고문을 역임한 경력으로 대정관과 희락관 사이의 문제를 원만하게 해결 할 수 있다고 생각했던 것 같다. 위의 책, 303쪽.

24　고지마 사다시치를 兒島定七이 아닌 小島定七로 기록하기도 한다. 曉太郞, 〈演藝界通信〉, 《朝鮮公論》, 第9卷 第10號, 1921.10, 100쪽.

고지마의 중재를 바탕으로 희락관은 오노에 마쓰노쓰케(尾上松之助)의 닛카츠 1부 영화를, 대정관에서는 이치카와 아네조(市川姉藏)가 출연하는 닛카츠 2부 영화를 상영하기로 합의한다.[25] 그러던 상황에서 1921년 4월 이치카와 아네조가 급서하고 10월 8일 희락관이 닛카츠 조선대리점이 되자 조선에서의 닛카츠영화의 권리는 희락관으로 완전히 넘어가게 된다. 이를 계기로 대정관은 닛카츠와 결별한다.[26]

이즈음 대정관의 운영은 둘째 닛다 슈키치가 맡고 있었다. 대정관을 맡아 운영하던 닛다 슈키치는 꼼꼼하고 고객을 소중히 여기며 프로파간다에 재능이 있지만 무뚝뚝하고 애교가 없다는 평을 듣던 인물이었다.[27] 그는 닛카츠를 대신하여 쇼치쿠와 특약을 맺고 원활한 프로그램 수급을 통해 경영의 위기를 벗어나게 된다. 대정관에서 쇼치쿠영화의 상영은 1921년 12월 15일부터 시작되었는데,[28] 이후 대정관은 쇼치쿠영화의 상영관으로 경성 키네마계에 주목 받는 영화관이라는 세간의 평을 얻는다.[29]

그러나 대정관의 쇼치쿠 영화 상영 역시 쇼치쿠가 경성의 영화관에 적극적인 영업을 시작하면서 위기를 맞는다. 1922년 9월, 쇼치쿠는 황금관(黃金館)에 파견원을 두어 직영하기 시작했고, 다음해인 1923년에는 중앙관(中央館)을 특약관으로 두게 된다. 대정관 외에도 쇼치쿠 영화를 상영하는 영화관이 늘자 대정관은 쇼치쿠와 결별하고 코우카츠(國活)와 계약하지만 쇼치쿠와 같은 거대 영화회사에 비하면 코우카츠는 영화제작도 별로 이루

---

25 竹本國夫, 〈京城映畵界の今昔〉, 《朝鮮公論》, 第13卷 第2號, 1925. 2, 84쪽.
26 경성일보 영화관 광고에서 닛카츠 조선대리점의 타이틀이 대정관에서 희락관으로 바뀌게 된 시점은 1921년 10월 8일부터이다.
27 本誌記者, 〈鮮滿映畵界人物總卷り〉, 《朝鮮公論》, 第10卷 第11號, 1922. 11, 145쪽.
28 대정관에서 쇼치쿠 영화 상영은 대정관이 아닌 경성극장에서 처음 이루어졌다. 대정관에서는 영화관 내외부의 정비를 이유로 경성극장을 빌려 쇼치쿠 영화의 상영을 시작한 것이다. 〈松竹キネマ映畵試演大會〉, 《京城日報》, 1921. 12. 15.
29 〈映畵界通信〉, 《朝鮮公論》, 第10卷 第10號, 1922. 10, 117쪽.

어지지 않는 소규모 영화회사였기에 대정관은 고전할 수밖에 없었다. 특히 인접한 황금관이 쇼치쿠영화를 상영했기에 어려움은 더 클 수밖에 없었다.

1923년 봄, 대정관은 닛다 슈키치가 물러나고 동생인 닛다 마타헤이가 전면에 나섰다. 닛다 마타헤이는 한때 변사생활을 한적 있던 인물로 1917년 대정관에 입사하여 형의 일을 돕다가 대정관이 직영하던 인천의 표관을 경영하고 있었다.[30] 대정관을 운영하게 된 닛다 마타헤이는 부족한 필름 스톡을 채우기 위해 이필우(李弼雨)가 이끌던 문예영화양행에서 서양영화를 가져와 상영하기도 했다.[31]

좋은 필름을 공급받지 못하여 고전을 면치 못하던 대정관은 1923년 11월 다시 닛다 슈키치가 경영을 맡으면서 쇼치쿠영화를 상영하기 시작한다. 쇼치쿠영화를 상영하여 운영이 정상화 된 대정관은 경쟁 영화관인 황금관을 견제하고 조선에서 쇼치쿠 영화 상영을 독점하기 위해 쇼치쿠와 특별 계약을 맺었다. 그 내용은 쇼치쿠가 대정관에 쇼치쿠 영화 상영의 독점권을 주는 대신 일본인 상권의 중심에 있는 희락관에 쇼치쿠 영화를 상영하겠다는 것이었다. 그러나 희락관의 대주주가 닛카츠 부사장인 요코다 에이노스케였기에 희락관에서는 쇼치쿠영화를 상영하는 것을 거부하고 계속 닛카츠영화만을 상영하기로 하면서 쇼치쿠영화를 희락관[32]에서 상영할 계획은 실패하게 된다.[33]

대정관이 쇼치쿠영화를 다시 상영하기 시작하자 그간의 부진을 하루 아침에 만회했다는 평을 들을 정도로 호황을 이루었지만 쇼치쿠의 정책상 대

---

30 岡村紫峰, 앞의 책, 54쪽.

31 〈樂屋裏から〉,《朝鮮公論》, 第11卷 第5號, 1923.5, 120쪽.

32 희락관의 운영권을 획득한 닛다 슈키치는 희락관 운영을 지배인 마쓰다 마사오(松田正雄)에게 맡겼다. 마쓰다는 쾌도난마와 같이 얽힌 일을 명쾌히 처리하는 경영 수완과 선전능력이 뛰어나다는 평을 받는 인물이었다. 本誌記者, 〈興味津々全朝鮮映畫界人物總卷り〉,《朝鮮公論》, 第12卷 第10號, 1924.10, 107쪽.

33 〈キネマ界往來〉,《朝鮮公論》, 第12卷 第2號, 1925.3, 115쪽.

정관은 장기계약을 맺지 못했다.[34] 필름의 수급에 따라 경영의 어려움이 계속 되자 닛다 형제들은 1925년 1월 대정관을 매각한다. 새롭게 대정관을 소유하게 된 후쿠이(福井)는 앵정정에서 오복점을 경영하던 후쿠자키 하마노스케(福崎濱之助)에게 대정관의 운영권을 넘겼다.

---

34 迷々亭主人,〈京城キネマ界漫步〉,《朝鮮及滿洲》, 通卷 197號, 1924.4, 169~170쪽.

제8장

<h1>황금관과 키네마칼라</h1>

제1절 황금관의 설립

황금관은 1913년 1월 1일, 황금유원(黃金遊園) 내 활동사진관으로 개관했다. 소유자는 다무라 기지로(田村義次郎)였으며, 개관 후 얼마 지나지 않아 하야가와 마쓰타로(早川增太郎)가 운영을 맡았다. 하야가와는 변사의 인기에 의존하는 전략을 취해 개관 초기 황금관에는 일본인 변사 중에 가장 인기 있는 유모토 교하(湯本狂波)를 비롯해 여자변사 아시자와 하쓰에(蘆澤初江)[1]를 고용하여 경쟁 활동사진관인 대정관과 차별화를 꾀하며 두각을 나타냈다.[2]

---

1 유모토 교하와 아시자와 하쓰에는 당대 가장 인기를 끌었던 변사였다. 그들에 관한 평가를 인용하면 다음과 같다. "그들의 설명은 연기하는 느낌도 있고 목소리에 색기도 있고 관객의 기분을 장악하는 대사로 많은 매력을 발산한다. 실제로 이러한 점 때문에 조선에서도 가장 인기 있는 활동사진 변사로 이 두 사람을 강하게 추천한다."(〈刺戟に狂へる京城の女〉,《朝鮮公論》, 1915.8., 114쪽.) 인용문의 한국어 번역은 다음에서 직접 인용했음. 김태현 편역,『일본어잡지로 보는 식민지 영화』, 도서출판문, 2012, 114쪽.

2 〈京城活辯の裏表〉,《朝鮮公論》, 1913년 12월호, 103쪽.

황금관은 1916년 6월 10일 기존 건물 근처에 건물을 새롭게 지은 후 확장
이전된다. 새로운 건물은 1915년 시정5년기념조선물산공진회(始政五年記
念朝鮮物産共進會)를 위해 경복궁에 만들어진 연예관(演藝館)으로 공진
회가 끝난 후, 예기연(藝妓連)과 경합 끝에 황금관이 낙찰 받아 옮겨지은
것이다.[3]

황금관 소유주인 다무라 기지로는 일본의 경제관료 출신으로 일제의 침
략정책에 맞추어 조선으로 건너 온 인물이었다. 대장성에서 근무하던 그는
청일전쟁 당시 만주 각지로 파견되어 만주 영유 이후의 경제, 재정문제에
대한 조사를 수행했다. 이후 대만이 일본의 식민지가 되자 식민지 특수은행
인 대만은행 설립에 참여했다. 러일전쟁으로 조선이 일제의 식민지로 되어
가던 1904년 10월 조선으로 건너온 그는 메가타의 화폐 정리 사업으로 조
선의 금융관행이 무너지고, 은행들이 영업을 정지당하여 돈의 흐름이 막히

[자료] 황금관 소유주 다무라 기지로와 그의 저택

3   片山二施毛,〈京城の近況〉,《活動之世界》, 1916年 8月號, 158~159쪽.

[자료] 황금정 4정목에 들어선 황금유원

자 고리대금업에 뛰어 들어 큰 부를 획득했다. 1910년대 경성에 다무라가 소유하고 있던 극장으로는 자신이 소유한 황금유원 내의 활동사진관인 황금관과, 연극장인 연기관 외에도 1917년 김연영에게 인수한 단성사가 있었다.

1917년까지 황금관을 직접 운영한 인물인 하야가와 마쓰타로는 하야가와 고슈(早川孤舟)라는 예명으로 잘 알려져 있다. 러일전쟁 직후인 1905년 함흥 주둔군으로 조선에 들어온 후, 1906년 한국정부 재정고문부에 들어가 1909년까지 일했다.[4] 이후 용달업과 대서업 등에 종사했으며 대정관이 개관하자 매점을 운영했으며 1913년 황금관이 설립된 이후 경영권을 인수하였다. 하야가와는 닛카츠의 대항마로 떠오른 텐카츠(天然色活動寫眞株式會社, 天活)의 선만일수(鮮滿一手) 대리점을 운영하며 자신이 세운 하야가와연예부(早川演藝部)를 중심으로 조선과 만주, 중국, 대만 일대까지 사업

---

4 朝鮮公論社 編, 위의 책, 60쪽.

을 확장했다.[5] 그러나 1917년에는 유락관(有樂館)을 인수 후 황금관 운영에서 손을 떼게 된다.

황금관은 소유주 다무라와 운영주 하야가와 사이의 갈등으로 1917년 그 운영권이 바뀌었다. 임시로 황금관을 운영한 인물은 낭화관(浪花館) 주인인 니시다 카조(西田嘉三)였다. 그는 활동사진관 운영 경험이 없었기에 얼마 지나지 않아 닛다연예부의 영업주임이던 아라키 다이스케(荒木大助)가 황금관을 맡아 운영하였다.

1919년 아라키 다이스케가 운영하던 황금관에서는 6명의 자식을 두고 전쟁터로 나간 부산출정군인 나카후치 센타로(中淵仙太郎)의 비참한 삶을 그린 5권분량의 영화 〈누의 가〉(涙の家)가 제작되었다. 다음은 〈누의 가〉의 상영을 알리는 신문광고이다.

涙の家 全五卷 當館封切
黃金館
京城日報記者指導
黃金館主 荒木大助 脚色
釜山出征軍人
中淵仙太郎氏の家族
▲夫の出征後妻は貧0の身に又一兒を産み産後の患ひより遂に歸らぬ旅0の人となる、頑是なき七人の子は飢に泣き水よ飯よと取0る0他の見ろ目 0實に哀れ悲慘の涙なり
●六人の子は飢に泣き妻は臨月の腹を抱つて病床に臥す出征軍人の大悲慘なる家族、噫々薄命なる勇士
●0の難を見て惻隱の情を勸かすは仁の端と云ふ大方の士御觀覽の上一掬御同情あらん事を[6](0은 판독불가—인용자)

---

5 岡村紫峰, 앞의 책, 17쪽.
6 〈[광고]黃金館〉, 《京城日報》, 1919.2.21.

[광고] 황금관에서 제작, 상연한 〈누의가〉 신문광고(《京城日報》, 1919.2.21.)

　　위 광고를 보면 영화의 제작이 경성일보사 기자의 지도하에 이루어졌으며, 각본은 황금관 운영자인 아라키 다이스케가 썼음을 알 수 있다. 위의 기사에는 경성일보사 기자가 누구이며 경성일보사 기자의 지도라는 것이 구체적으로 어떠한 행위인지 알 수 없다.[7] 또한 기술진, 배우들에 관한 정보도 불분명하다. 하지만 이 영화에 대한 다른 정보들을 담고 있는 다음의 기사는 이 영화의 제작에 황금관측 인물들의 역할이 컸음을 보여준다.

　　初日 二日 滿員
　　黃金館 荒木大助 脚色
　　事實悲劇 涙の家
　　◨ 當館特別撮影

7　경성일보사에서 제작한 극영화 〈생익〉(生ひ翼)(1921), 〈애의 극〉(愛の極み)(1922), 〈사의휘〉(死の輝き)(1922)의 예에서 볼 수 있듯이 〈생익〉의 원작을 맡았던 경성일보 기자 츠지모토 세츠도(辻本雪堂), 〈애의 극〉과 〈사의휘〉의 원작, 촬영, 연출까지 맡았던 야지마 류도(八島柳堂)의 경우처럼 경성일보 기자들이 〈누의가〉 제작에 적극적으로 참여했을 가능성은 생각해 볼 여지가 있다.

大阪樂天地に京都京座に名古屋新守座に於て連日大盛況の本〇は

劇以上に出色せしめたる實に現在釜山にある大悲慘事

此哀れなる寫眞を見られて誰れか泣かれぬ方ありや

本日 晝夜 開演 黃金館[8](〇는 판독불가―인용자)

위 광고에 표기된 "당관특별촬영"이라는 문구는 이 영화가 황금관에서 직접 제작되었다는 점을 확인시킨다.[9] 이뿐 아니라 오사카 낙천지(樂天地), 교토의 경좌(京座), 나고야의 신수좌(新守座)에서 이 영화가 동시에 상영되고 있음을 알 수 있다.

1919년 텐카츠가 해산되어 국제활영주식회사(國際活映株式會社, 코우카츠[國活])로 바뀌게 되자 황금관은 코우카츠(國活)의 경부일수특약대리점(京釜一手特約代理店)이 되어 코우카츠(國活) 영화를 상영했다. 1922년에는 황금관의 운영이 삼우구락부(三友俱樂部)로 넘어갔다. 이 당시 황금관은 유니버설사와 제휴하여 서양영화 전문관으로 바뀌었다.[10]

제2절 하야가와연예부

조선과 만주를 오가며 용달업을 하던 하야가와는 1913년 황금유원 안에 위치한 활동사진 상설관인 황금관의 운영권을 획득하고, 이어 인천의 표관(瓢館) 역시 운영하게 되면서 용달업에서 활동사진 상영으로 업무를 확장했다.

---

8   〈[광고]黃金館〉, 《京城日報》, 1919.2.23.(석간3면)

9   촬영을 비롯한 기술적 문제와 출연배우에 관한 소개 등은 다른 자료들의 발견을 통해 보충될 필요가 있다.

10 本紙記者, 〈鮮滿映畵界人物總卷 經營者評論=說明者評論〉, 《朝鮮公論》, 1922年 11月號, 144~145쪽.

이때 일본에서는 닛카츠가 창립 초기 내분으로 고전하고 있었다. 1914년 닛카츠에서 탈퇴한 인물들을 중심으로 텐카츠가 만들어지자 하야가와는 텐카츠의 선만일수대리점의 권리를 획득하여 하야가와연예부를 만들었다.[11] 하야가와연예부에서는 순업대를 조직하여 조선과 만주 일대에 활동사진을 상영했다. 하야가와와 인척관계에 있던 이노우에 쓰네다로(井上常太郎)는 이 시기 조선으로 건너와 하야가와연예부 순업대의 영사기사로 있으며 원산, 인천, 부산 등지와 만주, 대만, 중국에까지 활동사진을 상영했다.[12]

하야가와연예부에서는 순업대와는 별도로 조선과 만주의 주요 도시에 있는 활동사진 상설관에 활동사진 필름을 배급했다. 1915년 4월, 하야가와연예부는 경성의 황금관, 인천의 표관을 직영했으며, 평양의 평안극장(平安劇場), 부산의 보래관(寶來館)에 필름을 공급했다. 또한 교토에서 변사 사쿠라다(櫻田春曉)와 오사카에서 비파사(琵琶師) 고지마(兒島旭州)를 초빙해 연예부 전속으로 두는 등 사업을 확장했다.[13]

세력을 확대하던 하야가와연예부는 닛다연예부와 치열한 경쟁을 했다. 하야가와연예부가 1914년부터 필름을 공급해주었던 우미관이 1915년 계약을 해지하고 닛다연예부에서 필름을 공급받기 시작했다. 곧이어 하야가와연예부의 직영관인 인천의 표관까지 닛다연예부가 매수하면서 타격을 입게 된다. 하지만 1917년부터 적극적인 활동을 전개하여 닛다연예부의 필름을 받아 상영하던 유락관을 인수한 후 외관과 내부를 새로 정비한 후 하야가와연예부 직영 상설관으로 1917년 3월 22일 재개관했다. 하지만 유락관을 매수하면서 황금관 소유주 다무라와의 갈등을 빚게 되면서 황금관 운영에서

---

11 텐카츠 선만대리점인 하야가와연예부는 1915년 신년광고에 처음 등장한다. 1914년 텐카츠가 설립되면서 조선과 만주에서의 대리점 권리를 하야가와가 획득한 것으로 여겨진다. 《朝鮮新聞》, 1915.1.1.

12 岡村紫峰, 앞의 책, 17쪽.

13 京城の人, 〈[內地活動寫眞界近況] 朝鮮(Korea.)〉, 《キネマ・レコード》, 1915年 4月號, 21쪽.

손을 뗀다. 하야가와연예부에서 운영하던 유락관은 일본 고바야시상회(小林商會)와 미국 유니버설 영화사와 특약을 맺고 그 회사 영화들을 주로 상영했다.

1919년 하야가와연예부에서는 유락관을 만카츠(萬活)에 매각 후 활동사진관 운영을 포기했다. 만카츠가 인수한 유락관은 이름을 희락관(喜樂館)으로 개칭했으며 곧 닛카츠에 인수되어 닛카츠 직영관으로 바뀌었다.

1923년 하야가와연예부의 후신이라 할 수 있는 동아문화협회(東亞文化協會)에서는 부업공진회 개최에 맞춰 〈춘향전〉을 제작해 성공한다. 이를 기회로 1924년 조선극장(朝鮮劇場)의 운영권을 획득하고, 황금관의 운영권도 다시 사들였다. 그러나 몇 편의 영화를 제작한 후 동아문화협회는 문을 닫고 하야가와도 1926년경 조선에서의 극장업을 포기하고 사업을 정리했다.

제3절 키네마칼라의 상영

키네마칼라는 1906년 영국의 조지 앨버트 스미스(George Albert Smith)가 발명한 것으로 통상 1초에 16프레임으로 촬영되고 상영되는 것을 그것의 두 배인 32프레임으로 촬영, 상영하면서 적색과 녹색의 필터를 반복적으로 비추어 우리 눈이 색을 인지할 수 있도록 한 것이다. 이 기술은 1908년 찰스 어반(Charles Urban)의 어반 트레이딩 회사(Urban Trading Co.)에 의해 실용화되어 1909년 2월 런던의 팰리스 극장(Palace Theatre)에서 키네마칼라 단편영화들이 일반에 공개되면서 세상에 알려졌다.[14]

찰스 어반은 키네마칼라의 성공을 확인하고 1909년 3월, 천연색칼라회사(The Natural Color Kinematograph Company Ltd. 약칭 N.C.K)를 세

---

14 Rachael Low, *The History of British Film Volume Ⅱ*, Routledge, 1997, p.100.

워 본격적인 키네마칼라 필름을 제작했다. 1913년 일본에서는 닛카츠에 대항하기 위해 키네마칼라의 특허권을 바탕으로 천연색활동사진주식회사(약칭 텐카츠)가 조직된다.

1913년 말, 일본에서 키네마칼라영화가 상영되어 큰 호응을 얻자 조선의 흥행업자들 역시 천연색영화에 주목했다.[15] 닛다연예부에서는 텐카츠가 설립될 무렵인 1914년 3월 이미 텐카츠의 순회영사대를 초빙해 일본인 극장인 수좌(壽座)에서 〈더 블랙 13〉(The Black 13, Vitas.)을 포함한 영화들을 상영했다.[16]

닛다의 발 빠른 대처에도 불구하고 조선에서의 키네마칼라 상영에 대한 독점적 지위는 하야가와연예부가 가지게 된다. 텐카츠는 창립 당시 도요상회(東洋商會)의 제작, 배급, 상영권을 인수하였는데 텐카츠에서 배급하는 영화는 닛카츠에 비해 그 수도 적을뿐더러 배급하는 영화의 대부분이 도요상회, 야마토음영(彌滿登音影), 시키시마상회(敷島商會) 등 소규모영화회사에서 제작한 영화였다.

조선에서 닛카츠 영화를 상영하던 대정관에서 키네마칼라의 상영을 이유로 새로 산업에 진출한 텐카츠의 영화만을 상영하는 것은 부담스러운 결정이었다. 반면 황금관은 닛카츠 영화로 무장한 대정관과 경쟁하고 있던 상황에서 보다 적극적인 대응을 해야 했다. 이때 등장한 키네마칼라는 흥행범위를 확장할 수 있는 좋은 기회였다. 이로써 하야가와연예부는 닛다연예부를 제치고 키네마칼라를 공급하는 텐카츠 조선대리점이 된다.

---

15 1914년 2월에는 오사카 발 기사로 오사카의 연극장인 중좌(中座)에서 천연색영화가 상영된다는 기사가 《每日申報》를 통해 소개되었다. (〈天然色의活動寫眞〉, 《每日申報》, 1914.2.13.) 이 영화들은 프랑스에서 발명된 칼라영화로 키네마칼라가 유행하자 이와는 다른 형식의 칼라영화가 일본 내에 소개된 것으로 추정된다. 近代歌舞伎年表編纂室, 『近代歌舞伎年表 京都篇 第六卷』, 八木書店, 2015, 142쪽.

16 〈天然色活動寫眞〉, 《朝鮮新聞》, 1914.3.8.

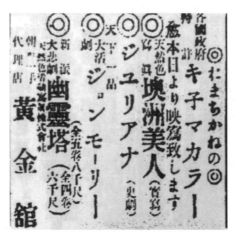

[자료] 황금관의 키네마칼라 상영 광고

조선에서 키네마칼라는 1914년 4월 1일 황금관에서 처음 상영되었다. 이 날 상영된 키네마칼라는 실사 영화인 〈오주미녀〉(墺洲美人, Austrian Beauties)와 사극 〈줄리아나〉(ジュリアナ, Juliana)였다.[17] 하야가와연예부에서는 고가의 키네마칼라 필름을 다양하게 구비하지 못했기에 필름의 수급이 원활하지 못했다. 때문에 상영 초기에는 키네마칼라 필름은 매월 1일, 11일, 21일에 맞춰 교체하였다. 반면 일반 프로그램은 5일 혹은 7일 간격으로 필름이 교체되었기에 키네마칼라와 일반영화가 엇박자 식으로 상영될 수밖에 없었다. 새로운 프로그램이 시작되었을 때 활동사진관을 찾은 관객은 이미 관람한 필름을 또 관람해야 했다. 이러한 규칙적이지 못한 프로그램 주기는 관객들의 불만을 사기 쉬워 흥행에 도움이 되지 못했다. 곧 키네마칼라와 일반 영화는 같은 주기로 상영된다.

키네마칼라의 상영은 당시 관객들에게 시각적 즐거움을 선사했다. 1914년 4월 23일부터 황금관에서 상영되기 시작한 〈봄의 노래〉(春の歌, The

---

17 함께 상영된 필름은 대활극 〈존 모리 〉(ジョン・モーリー, 전5권 8천척), 신파대비극 〈유령탑〉(幽靈塔, 전4권 6천척)이었다.

Mighty Dollars, 2권)라는 영화에 대해 《朝鮮新聞》 기자는 영화 속 주인 공이 깊은 골짜기로 추락하는 도중 운 좋게 나뭇가지에 걸려 목숨을 구하는 장면에서 바위에 얼굴을 부닥쳐 흐르는 선명한 붉은 피를 예를 들어 이것이 키네마칼라의 특징을 잘 보여주고 있으며 채색이 아니라 천연색으로 만들 어진 장면이라는 내용을 부가했다.[18]

키네마칼라의 인기가 높아지자 한정된 일본인 관객을 대상으로 2개의 활 동사진관을 운영하던 닛다연예부에서는 제2대정관을 조선인 활동사진관으 로 변경한다. 경성고등연예관이 사라진 후 조선인 관객을 독점하고 있던 우 미관은 제2대정관이 조선인활동사진관으로 변경되자 하야가와연예부에서 프로그램을 공급받는 식으로 닛다연예부에 대항하게 된다. 하야가와연예부 에서는 황금관과 우미관이 상영순서에 차이를 두어 황금관에서 상영한 필 름을 바로 우미관으로 전달하는 방식으로 같은 프로그램을 운용하도록 했 다. 이로써 하야가와연예부에서는 경성의 조선인극장과 일본인극장에 필름 을 공급하며 닛다연예부와 어깨를 나란히 하게 된다.

일반적인 필름보다 가격이 훨씬 비싼 키네마칼라를 상영하게 된 황금관 은 입장료의 가격을 올리거나 더 많은 수의 관객을 유치해야했다. 하지만 황금관이 일본인 변사가 일본어로 설명하는, 일본인들만을 대상으로 운용 되던 상설관이었기에 20만이 넘는 조선인들은 관객이 될 수 없었다.[19] 하야 가와연예부에서는 조선인 관객을 위해 우미관에 필름을 공급하는 것이 최 선이었던 것이다.

하야가와연예부에서는 황금관에서 키네마칼라의 상영을 앞두고 인천의 일본인들을 유치하기 위해 1914년 3월 29일부터 인천에서 발간되던 일본

---

18 〈黃金舘覗き〉, 《朝鮮新聞》, 1914.4.25.
19 당시 관객은 변사의 언어에 따라 달랐다. 일본어로 설명해주는 극장은 일본인 관객이, 조선어로 설명해주는 관객은 조선인관객이 들어왔다. 우미관을 제외하고 대정관, 제2대정관, 황금관 모두 일본인 극장이었다.

어 신문인《朝鮮新聞》에 키네마칼라 상영을 알리는 극장광고를 재개했다. 황금관이《朝鮮新聞》에 광고를 내보낸 적은 개관 하던 1913년 1월에 한시적으로 있었을 뿐이었다.

황금관에서 인천의 관객을 유치하기 위해 시행했던《朝鮮新聞》광고는 1914년 5월까지 지속된 후 1914년 6월~7월 사이에는 광고를 하지 않았다. 야간에 상영하는 영화를 인천의 관객이 경성까지 와서 보고 다시 인천으로 돌아가기에는 거리가 꽤 있었기에 인천에서 온 관객이 그리 많지 않았던 것으로 보인다.[20] 그러나 황금관의 적극적인 영업확장과 관객유치에 경쟁관인 대정관이 적극적인 대응을 펼치고자《朝鮮新聞》에 광고를 게재하자, 황금관 역시 8월부터 다시《朝鮮新聞》에 극장광고를 재개했다.[21] 키네마칼라 상영을 계기로 시작된 황금관의《朝鮮新聞》광고는 인천의 일본인들에게 키네마칼라 뿐만 아니라 키네마칼라 영화를 배급하는 하야가와연예부까지도 알리는 효과를 가져왔다.

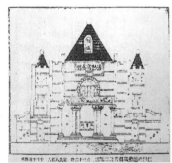

[자료] 인천 표관 건설 계획도 와 건축후 사진

---

20 황금관이 위치한 황금정4정목에서 인천역까지는 직선거리 약 35km, 전차와 기차를 이용한 주행거리는 40km가 넘는다.

21 〈의경천본앵〉(義經千本櫻(吉野山道行))의 황금관 상영은 7월 28일에 시작되었다. 그러나 조선신문의 황금관 광고는 8월 1일부터 시작되었다.

1914년 9월, 하야가와연예부에서는 인천가부키좌(仁川歌舞伎座)에서 키네마칼라 상영을 시작한다. 이때 상영된 작품은 키네마칼라인 구극 〈선대추〉(先代萩)와 일반영화인 〈천마〉(天馬), 〈설중의죽〉(雪中の竹) 등이었다.[22] 이것의 영향인지는 모르지만 1914년 10월 인천여관(仁川旅館)을 운영하던 시미즈 슈조(淸水周藏)가 활동사진 상설관인 표관(瓢館)을 신축했는데, 그 운영을 하야가와연예부에 맡겼다.[23] 하야가와연예부에서는 극장 운영을 위해 30여명의 직원을 표관으로 보냈다.[24] 10월 31일 천장절을 맞아 개관한 표관은 개관 초기 "밤마다 만원의 대성황"[25]을 이루었다. 이로써 하야가와연예부는 경성의 황금관과 인천의 표관이라는 두개의 직영관을 둘 수 있게 되었다.

　　더욱이 하야가와연예부에서는 키네마칼라 외에도 오사카(大阪)의 유명 비파사 고지마(兒島旭州)의 연주를 곁들인 비파활동사진(琵琶活動寫眞)을 상영하여 큰 호응을 얻었다. 비파활동사진은 2주 간격으로 배치되었는데, 고지마는 경성의 황금관과 인천의 표관을 매주 번가라 가면서 연주했다. 이렇듯 극을 설명해주는 변사만 다를 뿐 경성과 인천에서 똑같은 활동사진을 보는 것과 같아짐으로써 하나의 프로그램을 두 번 상영하는 것과 같은 효과를 낼 수 있었는데 이는 필름을 효율적으로 활용할 수 있는 방법이었다.[26]

22　〈活動寫眞(仁川)〉, 《朝鮮新聞》, 1914.9.18.
23　〈瓢館開館式〉, 《朝鮮新聞》, 1914.10.31.
24　〈朝鮮一の活動寫眞館〉, 《朝鮮新聞》, 1914.10.29.
25　〈인천활동샤진관의 대성황〉, 《每日申報》, 1914.11.3.
26　예컨대 1914년 11월 12일 황금관의 프로그램은 다음과 같다. 1. 實寫 〈スイッチの 풍경〉 2. 滑稽 〈톰군의 陷氣〉 3. 舊劇 〈佐野次郎左衛門〉 4. 泰西大活劇 〈蠻勇〉 全2卷 5천척 5. 天然色寫眞 키네마칼라 實寫 〈자동 보트 레-스〉 6. 新派大悲劇 〈迷ひ〉 全4卷 8천척. 이 프로그램은 5일 후인 11월 17일 표관에서 그대로 상영되었다. 반면 하야가와연예부의 경쟁상대였던 닛다연예부는 경성의 대정관과 제2대정관을 운영했는데 두 극장이 그리 멀리 떨어져 있지 않았기에 같은 프로그램을

인천 표관의 직영을 시작으로 하야가와연예부에서는 평양의 평안극장(平安劇場)에 필름을 공급했으며 1915년 3월에는 부산의 보래관(寶來館)에 대한 양수 상담과 함께 일본이 독일에게서 점령한 칭따오(靑島)에 표관의 분관을 설치하기 위해 표관 소유주 시미즈가 칭따오를 방문하기도 했다.[27] 이렇듯 하야가와연예부는 키네마칼라를 앞세워 조선의 주요 도시에 배급망을 형성했다.[28]

제4절 필름가격의 폭등과 키네마칼라의 쇠퇴

시각적 즐거움을 제공해 주던 키네마칼라 외에도 전쟁의 실황을 담은 기록영화들이 관객의 큰 호응을 얻었다. 제1차 세계대전이 발발하여 일본이 참전을 결정하자 순회영사대를 운영했던 하야가와연예부에서는 출정군인후원회(出征軍人後援會) 위문을 명목으로 순회영사회를 열었다. 처음 호남선 각 지역에서 개최한 순회활동사진대회가 호응을 얻자 경부선 각 지역에서 활동사진대회를 열 계획을 알렸다.[29]

전쟁이 불러온 전쟁기록영화에 대한 관심은 폭발적이었다. 1914년 11월 22일 황금관에서는 일본군과 영국군 연합군이 독일군을 공격하기 위해 칭따오를 공격하는 실황을 담은 필름이 상영되자 관객들은 큰 호응을 보냈다. 이를 계기로 황금관에서는 〈구주전란대화보〉(歐洲戰亂大畵報)라는 전쟁 실황을 담은 실사영화들을 주요 프로그램으로 배치했다. 대정관 역시 전쟁

운용할 수 없었다. 두 가지 프로그램을 함께 운용하기 위해서는 보다 많은 필름이 필요했다.

27 〈活動寫眞の活動話〉,《朝鮮新聞》, 1915.3.10.

28 京城の人,〈[內地活動寫眞界近況]朝鮮(Korea)〉,《Kinema-Record》, 1915.4.10., 21쪽.

29 〈[廣告]大戰亂活動寫眞大會〉,《朝鮮新聞》, 1914.10.10.

실사영화를 주요 프로그램으로 상영했다.

전쟁이 장기화되자 유럽에서 수입해 오는 필름은 줄고 미국영화의 수입이 증가하게 된다. 1915년부터는 미국 유니버설에서 제작한 연속영화들이 수입되었는데 이중 〈명금〉(名金)은 엄청난 흥행 성공을 거두어 연속영화가 주요한 프로그램으로 자리 잡게 되는 결정적인 사건이었다. 이렇듯 연속영화의 흥행성공은 칼라영화가 보여줄 수 있는 색채의 화려함보다는 연속영화가 보여주는 스릴과 액션에 관객들이 더 크게 열광하고 있음을 보여주는 것이었다.

전쟁은 키네마칼라의 제작에도 큰 변화를 가져왔다. 1914년 9월 1일부터 대정관과 황금관이 공동으로 입장료를 좌석 당 5전식 인상했다.[30] 제1차 세계대전으로 유럽에서 조선과 일본으로 유입되는 필름의 수가 줄어들면서 판매되는 필름의 가격이 폭등한 것이 주된 이유였다. 필름가격의 폭등은 키네마칼라의 제작과 유통을 위축시켰다. 키네마칼라는 일반 영화 보다 2배의 필름이 더 소요되었기에 필름 가격이 상승하면서 영화 제작 비용과 상영 비용 역시 상승하게 된다. 키네마칼라를 제작하던 텐카츠의 고바야시 키사부로(小林喜三郎)는 1915년 10월 영화잡지사인 《Kinema Record》를 방문한 자리에서 텐카츠에서는 당분간 키네마칼라를 제작하지 않겠다는 생각을 피력한다.[31]

수입되는 키네마칼라 영화도 줄고 제작되는 영화도 없으니 자연스럽게 유통되는 키네마칼라 필름의 수도 줄었다. 대중의 기억에서 키네마칼라는 금방 사라졌다. 키네마칼라를 대신해 필름을 적게 사용하는 형태의 다양한 영화들이 출현했다. 나니와부시와 결합하거나, 비파연주와 결합하거나 신파, 혹은 구파연극과 결합한 연쇄활동사진이 바로 그것이다.

---

30 〈入場料直上〉, 《朝鮮新聞》, 1914.9.4.
31 〈當業家訪問錄〉, 《Kinema-Record》, 1915.10.10., 24쪽.

새롭게 등장한 연쇄활동사진의 상영을 시작한 하야가와연예부에서는 변사와 연주자들을 새롭게 고용하였다. 먼저 연예부 고문으로 교토에서 활약하던 변사 사쿠라다(櫻田春曉)를 고용했다. 또한 앞서 살펴 본 것과 마찬가지로 비파사 고지마를 오사카로부터 초빙해 와 비파 반주로 상영하는 비파활동사진이란 것을 도입했다.[32] 비파활동사진이 큰 인기를 끌자 다음에는 나니와부시(浪花節)와 활동사진을 결합한 나니와부시활동사진(浪花節活動寫眞)도 상영했다. 이 영화의 상영을 위해 나니와 인기변사(浪花人氣辯士) 시키시마 타케오(敷島武夫)와 여우(女優) 하나이 치요주(花井千代十)를 고빙하여 영화 상영에 출연시켰다.[33]

이러한 새로운 형태의 활동사진 중 가장 큰 인기를 끈 것은 신파 혹은 구파극과 결합한 연쇄극이었다. 앞선 비파활동사진이나 나니와부시활동사진이 소규모 영화사에서 제작되었던 것에 비해 텐카츠에서는 연쇄극 필름을 본격적으로 제작하기 시작했다. 곧 전국의 텐카츠 계통의 활동사진관에서는 연쇄극이 주요 프로그램으로 자리 잡게 된다. 텐카츠 영화를 공급받던 조선의 황금관 역시 마찬가지였다. 황금관에서는 1916년 8월 구극 〈매천충병위〉(梅川忠兵衛)를 시작으로 프로그램의 주력이 연쇄극으로 바뀌었다. 연쇄극의 상연은 1920년대 초까지 이어졌다.

키네마칼라의 상영을 계기로 시작된 하야가와연예부의 적극적인 사업 확장에 주춤하던 닛다연예부도 키네마칼라의 인기가 한풀 꺾인 틈을 타 적극적인 대응을 시작했다. 먼저 하야가와연예부를 통해 필름을 공급받아 온 우미관과 교섭하여 1915년 4월 15일부터 하야가와연예부를 대신하여 닛다연예부에서 필름을 공급하기로 하고 닛다연예부에서 직영하던 제2대정관을 조선인극장에서 일본인극장으로 전환시킨다는 내용의 합의를 한다.[34] 또한

32 京城の人, 앞의 글.
33 〈[廣告]〉, 《朝鮮新聞》, 1915. 3. 12.
34 〈붓방아〉, 《每日申報》, 1915. 4. 13.

닛다연예부에서는 풍부한 자금력을 이용하여 하야가와연예부가 직영하던 인천의 표관을 인수하여 닛다 고이치의 동생인 닛다 마타헤이(新田又平)에게 운영을 맡겼다.

이렇듯 제1차 세계대전의 영향으로 인해 조선의 흥행업은 크게 요동쳤다. 특히 세계대전 이전까지 흥행업의 변화를 이끌었던 키네마칼라가 급속도로 쇠퇴하고 이를 새로운 흥행물이 대신했다. 그 결과 키네마칼라를 무기로 세력을 확장하던 하야가와연예부는 심각한 타격을 입었다. 시급히 재정비를 해야 되는 상황에 직면한 하야가와연예부는 연쇄극과 미국영화를 중심으로 반전을 꾀하게 된다.

제9장 　　　　　　　　　조선인 상설관 우미관

제1절 우미관의 설립

우미관은 1912년 12월 11일 석탄판매업, 잡화판매, 화폐교환업 등으로 큰 부를 쌓은 하야시다 긴지로(林田金次郎)와 모전교 인근 무교동에 목욕탕을 운영하던 시마다 미요지(紫田三代治)가 관철동 89번지에 공동으로 설립했다.

하야시다 긴지로는 청일전쟁과 러일전쟁 당시 군수품 수송의 임무를 맡아 일제의 조선침략을 도왔다. 특히 메가타의 화폐 정리 사업이 실시되자 화폐교환업에 뛰어들어 막대한 부를 축적했다. 이후 하야시다상점(林田商店)을 중심으로 잡화수입, 판매, 전당업, 부동산업, 석탄판매업, 극장업 등 다방면의 사업 확장을 통해 1910년대 이미 대표적인 재조일본인 거상 중 한명으로 군림했다.

[자료] 우미관 개관 광고

　개관 당시 우미관의 활동사진 필름들은 요코하마(橫濱)에서 직수입 형태로 들여온 것이었다.[1] 일본과 조선을 오가며 무역을 했던 하야시다상회에서 요코하마의 필름 판매상을 통해 구입한 것이었다. 이렇게 구매한 필름을 가지고 우미관에서는 순회영사대를 조직하여 운영했다.

　우미관 순회영사대가 평양에서 숙박비로 인해 벌인 난투극을 보도한 신문 기사를 보면 순회영사대의 규모를 대략적으로 가늠할 수 있다. 기사의 내용은 다음과 같다. 평양에 온 우미관 순업대원 중 정운창(鄭雲昌)과 권참봉은 윤봉천(尹奉千)의 집에 묵고, 이병조(李丙祚), 고상인(高相仁), 야마

1　〈內地通信 朝鮮〉,《キネマ・レコード》, 大正3年[1914] 11月號, 14쪽.

[자료] 하야시다 긴지로와 하야시다상점

네 다케오(山根武夫)는 양정집(楊挺集)의 집에 묵었는데 숙박비를 내기로 한 정운창이 권참봉과 함께 기생집에 다니느라 돈을 다 써버리는 바람에 1914년 5월 23일 양정집에게 숙박비를 지불하지 못해 말다툼 중 폭력사태가 일어났다는 것이다.[2]

당시 일본의 활동사진 순업대는 경리, 변사, 영사기사, 악사 총 10명 정도로 구성되었다. 하지만 우미관 순업대는 일본의 활동사진 순업대 보다는 규모가 작았다. 신문기사에서 이름이 언급된 순업대원은 경리를 보았을 것으로 추측되는 주임 정운창과 변사 이병조, 권참봉 그 외 고상인, 야마네 다케오 등 총 5명이었다.

우미관은 1915년을 전후하여 황금관을 중심으로 조선에서의 활동사진 배급 사업을 펼치고 있던 하야가와연예부(早川演藝部)와 특약점 계약을 맺었다. 얼마 지나지 않아 우미관은 닛다 고이치의 공격적인 제안을 받아들여

---

2   〈優美館巡業隊의 自相踐踏ᄒᆞᄂᆞᆫ 活劇〉,《每日申報》, 1914.5.28.

1915년 4월부터 하야가와연예부와 계약을 해지하고 하야가와연예부와 함께 조선의 흥행산업을 양분하고 있던 닛다연예부에서 공급하는 영화들을 상영했다.[3]

1916년까지 닛다연예부와 특약관계에 있던 우미관은 그 해 12월 유니버설 영화사와 독점계약을 맺고 유니버설 영화를 상영하기 시작한다.[4]

1918년 단성사가 활동사진 전용관으로 전용되기 전까지는 우미관은 경성 유일의 조선인 극장이었다. 그래서 이름 있는 조선인 변사 대부분은 우미관 출신이거나 우미관을 거쳐 갔다.

제2절 유니버설의 연속영화

1916년 6월 유니버설에서 공급하는 연속영화 〈명금〉(The Broken Coin)이 상영되기 시작하면서 우미관은 조선에서 할리우드 영화를 볼 수 있는 대표적 장소로 인식되었다. 연속영화라는 것은 2권(약20분 분량)이 하나의 에피소드로 총 15편의 에피소드로 구성된 시리즈물을 말한다. 주로 모험영화들이 대부분이었으며 마지막은 꼭 아슬아슬하게 끝나 관객들이 일주일마다 바뀌는 에피소드를 보러 극장을 찾게 만드는, 이 당시 활동사진 흥행에 가장 중요한 프로그램이었다. 특히 단성사가 활동사진관으로 전환되기 전까지 조선인 관객들을 독점하고 있었던 우미관은 할리우드 영화가 조선인 관객들에게 소개되는 창구와 같았다.

유니버설의 연속영화 〈명금〉이 소개된 과정은 다음과 같다. 1916년 6월 10일 황금관의 신축 개장을 기념하기 위해 일본에서 큰 인기를 얻었던 연속

---

3 《每日申報》, 1915.4.24.
4 《每日申報》, 1916.12.19.

영화 〈명금〉을 상영하기 시작했다. 당시 〈명금〉은 히라오상회(平尾商會)가 수입한 후 텐카츠가 그 흥행권을 인수한 상태였기에 텐카츠의 조선대리점인 황금관 뿐만 아니라 우미관에서도 동시에 〈명금〉이 상영되었다.

일본에서 큰 인기를 끌었던 〈명금〉을 황금관이 상영하자 닛카츠 영화를 상영하던 대정관에서도 이에 뒤질세라 유니버설의 연속영화 〈하도의 3〉(ハート の3, The Trey o' Hearts)의 상영을 시작한다. 〈하도의 3〉은 유니버설의 자회사인 골드실(Gold Seal)에서 제작했는데 〈명금〉을 수입한 히라오상회를 통해 닛카츠의 배급망을 타고 일본 전역에서 상영되었던 것이다. 이 영화 역시 우미관에서도 상영되었다.

1912년 창립한 유니버설은 할리우드 영화회사 중 가장 적극적으로 해외 진출을 꾀한 회사였다. 제1차 세계대전이 발발하자 유럽의 영화회사들이 일시 활동을 멈춘 가운데 유니버설은 1915년 3월 15일 로스엔젤레스 외곽에 세계최대규모의 영화촬영소인 유니버설시티를 건설 했다. 창립 초기부터 2권 미만의 단편들을 제작하는 여러 개의 영화제작회사(101 · Bison, Gold Seal, IMP, Joker, L-KO, Nestor, Powers, Rex, Sterling, Victor)를 자회사로 두고 있었던 유니버설은 전통적으로 유럽영화의 영역이던 5권 이상의 장편을 제작하기 시작했다. 이를 위해 유니버설은 1916년 블루버드(Blue Bird), 레드페더(Red Feather)와 같은 새로운 브랜드를 출범시켰다. 당시 각각의 제작회사에서는 같은 장르의 영화들을 제작했기에 당시의 관객들은 브랜드만으로도 영화의 성격을 파악할 수 있었다.

유니버설영화들이 극동에서 큰 인기를 끌게 되자 일본인 흥행업자 하리마 카츠타로(播間勝太郞)는 유니버설의 전동양법정대표자(全東洋法定代理者)로 싱가포르에 파견되어 있던 톰 커크레인(Tom D. Cochrane)과 극동지역에서 유니버설 영화에 대한 독점적 권리를 가진 하리마유니버설(播磨ユニヴァーサル)을 설립하게 된다.[5] 그 결과 1916년 7월 이후 미국에서 발매된 유니버설 영화에 관한 극동지역에서의 모든 권리는 하리마유니버설

Mr. K. Harima.
播間勝太郎氏

[자료] 하리마유니버설을 설립한 하리마 카츠타로

로 귀속되었고 하리마유니버설에서는 필름을 판매가 아닌 임대방식으로 배급하였다.[6]

조선에서 최신의 유니버설영화를 상영하기 위해서는 하리마유니버설과 계약을 체결해야 했다. 서양영화를 주로 상영하던 우미관에서는 유니버설의 연속영화를 안정적으로 공급받기 위해 1916년 12월 하리마유니버설과 특약관 계약을 체결한다.

> 今也 歐洲戰乱의 結果 日本에서 輸入ㅎ는 「후이룸」은 米國이 獨有ㅎ 뿐이라. 此時름 當ㅎ야 本舘은 米國에 在ㅎ 活動寫眞의 有一無二ㅎ 大會社인 「유니바사루」社 (資本金 五億萬圓으로 米國의 活動寫眞 「후이룸」 製造會社 十七社를 合倂ㅎ고 彼 名寶와 黑箱 等을 製造ㅎ 會社) 東洋總代理店 된 東京 「유니바─사루, 하리마」商會와 早速히 特約을 締結ㅎ고 本日로 爲始ㅎ야 全部 同社의 封切寫眞을 上場ㅎ

---

5 「廣告」, 『キネマ・レコード』 no.39, 1916.9. 399면.
6 「フイルム界の新事」, 『キネマ・レコード』 no.38, 1916.8. 338면.

[자료] 하리마유니버설과 계약했음을 알리는 우미관 광고

은 他館에 類例가 無ㅎ고 本館이 獨有홀쑨이오니 此가 全혀 觀客
諸賢의 平素 愛願ㅎ야주신 結果로셔 其 感謝홈을 一筆難記로소이다.
仰乞伏望ㅎ노니 倍舊 愛護ㅎ샤 續々 來觀之榮을 賜ㅎ심을 伏望々々
ㅎ나이다. 謹白[7]

하리마유니버설과 특약 계약을 맺은 우미관은 1916년 12월 17일부터 유
니버설 영화만을 전문적으로 상영하기로 결정한다. 1917년 1월 1일부터는
〈수혼〉(獸魂, The Adventures of Peg o' the Ring)을 상영했으며 이후
〈로로〉(快漢ローロー, Liberty)와 같은 연속영화도 상영했다.[8]

연속영화와 더불어 블루버드나 레드페더와 같은 유니버설의 자회사에서
제작한 5권 분량의 장편영화들도 소개되었다. 일본에서 유니버설의 장편영

---

7 「廣告」, 『每日申報』, 1916.12.17.
8 우미관은 1917년 1월부터 9개월 간 신문에 영화광고를 싣지 않았다. 아쉽게도
  이 시기에 어떤 연속영화가 상영되었는지는 자세히 알 수 없다.

화는 1916년 7월, 레드페더 영화인 〈우리 군이 온다〉(我軍來る, The Campbells are coming)를 시작으로 본격적인 상영이 시작되었다.[9] 또한 1916년 9월 〈한의 금화〉(恨みの金貨, The Gilded Spider)를 시작으로 블루버드 영화도 상영되었다.[10]

조선에서 처음 상영된 유니버설 장편영화 역시 1916년 12월 21일부터 상영된 블루버드 영화인 〈한의 금화〉였으며,[11] 27일부터는 레드페더 영화인 〈쾌한 란돈〉(快漢ランドン, Landon's Legacy)이 상영되었다.[12]

훗날 이구영(李龜永)은 "靑鳥映畵로 말매암아 映畵劇의 眞價를 알게 되었다"[13]라고 언급한 바 유니버설의 장편영화는 우미관을 중심으로 꾸준히 상영되면서 조선인 관객들에게 큰 영향을 끼쳤던 것으로 보인다.

제3절 조선의 인기 변사 서상호

영화가 만들어지지 않던 시기 영화관의 스타는 변사였다. 우미관이 조선인 관객을 독점하던 시기 가장 큰 인기를 끌던 변사는 서상호(徐相昊)였다. 그의 뜨거운 인기와 급격한 추락은 한 편의 잘 짜여진 영화처럼 굴곡져 있다. 서상호 사후 그의 일대기를 담은 유흥태(柳興台)[14]의 글을 토대로 서상

---

9 「フィルム・レコード」, 『キネマ・レコード』 no.38, 1916.8, 365면.

10 「フィルム・レコード」, 『キネマ・レコード』 no.40, 1916.10, 455면.

11 「廣告」, 『每日申報』, 1916.12.21.~26.

12 아쉽게도 우미관이 『매일신보』에 광고를 싣지 않음으로써 유니버설의 어떠한 장편영화가 조선인 상설관에서 상영되었는지는 자세히 알 수 없지만 한때 유니버설 영화를 전문적으로 상영했던 유락관에서 상영된 유니버설 영화들은 우미관에서도 상영되었을 것으로 추정된다.

13 李龜永, 「朝鮮映畵界의 過去-現在-將來」 3회, 『朝鮮日報』, 1925.11.26.

14 柳興台, 〈銀幕 暗影 속에 喜悲를 左右하든 當代 人氣 辯士 徐相昊 一代記〉, 《朝光》, 4卷 10號, 1938.10.

호의 곡절 있는 삶을 정리해 보도록 하자.

1889년 부산에서 태어난 서상호는 동학혁명이 들불처럼 퍼지고 조선이 청일전쟁의 소용돌이 속에 빠져들던 1894년, 정변과 관련 있던 아버지를 따라 일본으로 건너갔다. 일본에서 중학교를 마친 그는 고향 부산으로 건너와 잠시 머물다가, 경성으로 올라와 종로경찰서의 전신인 수문동(水門洞) 경찰서의 조선인 통역으로 일했다.

일본 경찰의 통역으로 활동하던 서상호의 구변은 사람들의 혼을 쏙 빼놓을 정도였다. 주변 동료들은 서상호의 구변이 활동사진관 변사들보다 훨씬 낫다며, 활동사진 변사로 진로를 전환할 것을 권유했다. 주변의 권유로 서상호는 일본경찰의 통역에서 경성고등연예관의 활동변사로 직업을 바꾼다.

경성고등연예관은 조선어와 일본어를 유창하게 사용하는 서상호를 고용함으로써 두 명의 변사를 고용하는 것과 마찬가지의 효과를 얻을 수 있었다. 당시 활동사진 설명은 일본인 변사가 오른쪽 막을 열고 등장해서 상영할 영화를 설명하고 들어가면 왼쪽 막에서 조선인 변사가 등장하여 우리말로 다시 설명을 하고 들어간 후, 10분 내외의 활동사진을 보여주는 형식이었다. 서상호는 혼자 등장해서 조선어와 일본어를 섞어가며 조선인 관객과 일본인 관객 모두를 상대할 수 있었다.

서상호는 경성고등연예관에서 변사로 활동하며 인기를 얻었지만 일본인 위주의 활동사진관에서 주인공이 될 수 없었다. 그는 신파배우 임성구와 같은 진짜 스타가 되고 싶었다. 1912년 조중장이 혁신선미단(革新鮮美團)을 만들자 서상호도 이에 참여했다. 어깨너머로밖에 배울 수 없었던 임성구에 비해 서상호의 혁신선미단은 장점이 많았다. 외국어 학교 출신의 조중장이 단장이었고, 일본에서 교육을 받은 바 있던 당대의 스타변사 서상호와 후지와라상회(藤原商會)를 운영하던 일본인 상인 후지와라 쿠마타로(藤原熊太郎)도 발기인으로 참여했기 때문이다.

일본 신파를 조선식으로 번안해 상연한 임성구의 신파극은 수준이 떨어진다고 본 이들은 일본신파 그대로를 상연하는 것이 옳다고 봤다. 이러한 움직임에 서상호, 우정식 등 유명변사들이 동참했다. 그 이유는 일본 신파 레퍼토리들이 대부분 활동사진으로 만들어져 유명한 신파 레퍼토리들은 변사들이 다 꿰고 있었던 바, 이들이 보기에 임성구의 신파극은 원본과 많이 달랐던 것이다.

그러나 서상호가 참여한 혁신선미단이나 우정식의 이화단(以和團)은 곧 사라진다. 우선 일본 신파극을 그대로 재현한 것이 임성구의 그것보다 세련되었을지는 모르지만, 일본을 배경으로 하기에 조선인 관객들이 공감하기에 어려운 점이 많았던 것이다. 또한 주요 배역을 맡았던 스타변사들의 경우, 배우로 활동하는 것보다 변사로 활동하는 것이 경제적으로 더 많은 이점이 있었다. 활동사진관 경영자들은 관객에 미치는 영향이 큰 변사들에게 사택을 지원해 주고, 파격적인 금액의 월급을 주면서 이들을 붙잡아 두었던 반면 신파극단은 수익도 적었을 뿐더러 이를 단원들이 나눠 가져야 했다. 서상호는 몇 번의 공연을 끝으로 다시 경성고등연예관 변사로 돌아갔다. 혁신선미단도 곧 활동을 멈췄다.

1912년 12월, 종로 관철동에 조선인을 상대로 한 우미관이 만들어졌다. 서상호는 경성고등연예관에서 우미관의 주임 변사로 자리를 옮겼다. 대우도 훨씬 좋아졌다. 조선인 변사만 두고 우리말로만 설명을 할 수 있게 되자 화면과 동시에 설명을 하는 중설(中說)이 가능해졌다. 서상호는 화면의 속도와 설명의 템포를 맞추는 데 있어 그를 따를 사람이 없다는 평을 얻었다. 타이틀에 없는 말도 지어내어 재미를 배가 시켰다. 또한 필름을 갈아 끼우는 사이사이에 등장해서 그 특유의 '뽕뽕이 춤'으로 관객들의 지루함을 달래주었다.

'뽕뽕이 춤'이란 고무로 만들어진 자전거 경적을 다리 가랑이 사이에 끼워 추는 춤인데, 뽕뽕 소리에 맞춰 하와이안 댄스, 탭 댄스 등 각종 춤을 추는 것이다. 이 춤은 코믹하면서 선정적이어서 아이들부터 어른들까지 모두 좋

[자료] 예단 일백인에 선정된 서상호와 리한경(《每日申報》, 1914.6.11.)

아했다. 특히 여성 팬들의 연모의 심정을 담은 팬레터와 선물이 쏟아져 들어왔다. 최홍련, 엄산월 등 당대의 명기들이 서상호의 품 안으로 들어왔다. 서상호의 몸값과 인기는 하늘을 찔렀다. 신파배우 임성구에 못지 않은 스타가 된 서상호는 돈을 물 쓰듯 하며 주색에 빠졌다. 얼마 지나지 않아 아편에도 손을 댔다.

1913년 고전하던 경성고등연예관이 대정관을 운영하던 닛다 고이치에게 매수되어 제2대정관으로 이름을 바꾸었다. 조선인 변사 중 가장 인기 있던 서상호는 우미관에서 제2대정관으로 옮겨 갔다. 졸지에 서상호를 잃게 된 우미관에서는 다시 서상호를 불러들이기 위해 파격적인 대우를 약속한다. 우미관과 제2대정관 사이에서 서상호 쟁탈전이 벌어지면서 그의 몸값은 점점 더 올라갔다.

모든 조선관객들이 서상호에 주목했다. 서상호는 일부 관객들에게 "건방지다"라는 비난을 자주 받았지만 여전히 구변은 좋았고, 다른 변사들이 가지고 있지 않은 '뿡뿡이 춤'이라는 그만의 볼거리도 있었다. 특히 1916년 우미관에서 연속영화(시리얼) 〈명금〉을 설명할 당시가 서상호 인기의 정점이었다.

1917년 황금관 소유주인 다무라 기지로가 단성사를 인수하였다. 1918년 활동사진관으로 재건축된 단성사의 운영은 광무대를 이끌던 박승필이 맡았다. 박승필은 우미관에 있던 서상호를 끌어오려고 계획을 세운다. 박승필의 계획을 눈치챈 우미관에서는 서상호를 빼앗길지 모른다는 생각에 직원들을 동원하여 그를 감시하도록 했다.

그러던 어느날 서상호를 포함해 우미관의 영사기사, 악사, 변사들이 모두 사라져 버렸다. 이들은 여느 날처럼 흥행을 마치고 우미관 직원들의 감시가 소홀한 틈을 타, 지방으로 도망 간 것이다. 단성사 개관 직전이 되어서야 서울로 돌아온 이들은 우미관이 아닌 단성사로 출근했다. 이를 주도한 서상호는 변사주임이자 단성사의 전무취체역이 되었다.

서상호를 위시하여 조선인 유명 변사, 악사, 영사기사를 모두 확보한 단성사는 조선인극장으로 독보적 지위를 얻었다. 단성사에서는 서상호의 설명으로 〈명금〉을 재상영했고, 이어 〈암굴왕〉을 상영했다.

"오, 하느님이시여! 원수의 하나를 이제야 갚았습니다. 20여년의 장구한 세월에 걸쳐, 무변 대해인 차디찬 감옥에서 꽃같은 청춘을 속절없이 다 늙히고, 복수에 불타는 일념은 골수에 사무쳐 저는 언제나 이날만을 기다렸던 것입니다. 오, 하느님이시어!"

서상호의 〈암굴왕〉 설명에 관객은 열광했다. 그러나 얼마 지나지 않아 단성사에서의 활약은 막을 내렸다. 아편중독으로 설명을 빼먹는 일이 허다했고 내용도 부실했기 때문이다. 변사주임은 김덕경으로 바뀌었고 1925년부터는 서상호를 대신해서 단성사의 영사기사로 있던 동생 서상필이 영화 설명에 나섰다.

아편중독자 서상호는 더 이상 활동사진 설명을 할 수 없었다. 모르핀 주사를 맞기 위해 돈이 필요했던 그는 극장을 돌아다니며 돈을 빌렸다. 이것도 여의치 않자 가재도구를 팔아 아편을 샀다. 더 이상 팔 것이 없자 절도를 했다. 1925년 서상호는 절도혐의로 체포되었다. 출소 후에는 다시 아편에 손을 댔다. 같은 해 아내 한세숙과 이혼하여 육년간의 결혼생활도 끝났다. 1926년에는 남의 집에서 외투를 훔쳐 달아났다가 양평에서 체포되었다. 근신을 위해 다시 변사 생활을 하려했으나 여의치 않았다. 주변에서도 그에게 더 이상의 도움을 주지 않았다. 종로통을 돌아다니며 아는 얼굴을 찾아 구걸을 했으며 탑골공원에 사람들을 모아놓고 〈명금〉, 〈암굴왕〉 같은 과거 변사로 전성기를 보낼 당시의 활동사진 설명을 들려주고 사람들이 던져주는 돈을 받았다.

1937년 8월, 서상호는 우미관 화장실에서 피를 쏟으며 쓰러졌다. 활동사진시기 최초의 인기스타였던 변사 서상호는 아편중독자가 되어 더 이상 그의 목소리가 필요하지 않은 극장에서 초라한 죽음을 맞이했다. 조선 최초의 토오키 영화인 〈춘향전〉이 개봉된 지 2년이 지난 후였다.

| 제10장 | 하야가와연예부의 유락관 경영 |

제1절 유락관의 설립

조선물산공진회(朝鮮物産共進會)가 한창이던 1915년 9월 12일 오후 4시, 활동사진 상설관으로 건설된 유락관의 개관식이 신문기자를 포함하여 관민 수천명이 참석한 가운데 개최되었다. 대정관과 황금관이 양분하고 있던 조선의 영화흥행계에 도전장을 내밀며 화려하게 개관한 유락관은 9월 20일 오후부터 영업을 시작했는데 하루 전인 9월 19일 오후 5시에는 개관과 영업을 축하하는 신축낙성축하회(新築落成祝賀會)가 열렸다.[1] 극장의 운영은 출자자 중 한명인 경성호텔(京城ホテル)의 나카하라 테츠오미(中原鐵臣)가 맡았다.[2]

유락관 개관 직후 유락관의 설립에 참여했던 경성의 일본인 자본가들은 자본금 7만5천원의 연예주식회사 설립을 추진했다.[3] 극장을 세우고 연예주

---

1 〈有樂館落成祝賀會〉, 《京城日報》, 1915.9.19. ; 〈有樂館の開館式〉, 《京城日報》, 1915.9.20.
2 〈有樂館舞臺開〉, 《京城日報》, 1915.9.13.

식회사를 기획한 쪽은 토목청부업으로 재벌이 된 오쿠라구미(大倉組)였다. 오쿠라구미의 설립자 오쿠라 기하치로(大倉喜八郎)는 도쿄의 제국호텔과 제국극장을 세운 인물이었는데, 일본의 식민지로 전락한 조선의 중심도시인 경성에 도쿄에서와 마찬가지로 극장을 건립하여 일본식 흥행업을 조선에 이식하는 것은 물론 식민지 조선의 흥행업에서 누구보다 먼저 주도권을 쥐려 했다.[4]

[자료] 1919년 유락관은 희락관으로 이름이 바뀌었다.

---

3 〈演藝株式會社創立の準備中〉, 《京城日報》, 1917.9.22.

4 실제 당시의 광고에 실린 문구를 보면 유락관을 일컬어 "京城の帝劇"이라 칭했음을 알 수 있다. 〈[廣告]有樂館〉, 《京城日報》, 1917.5.4.

그러나 오쿠라구미의 이러한 시도는 성공하지 못했다. 유락관보다 먼저 활동사진관으로의 전환을 꾀했던 수좌(壽座)가 당국으로부터 월 2주의 흥행만을 허락받은 전례를 검토하여 세계관(世界館)의 활동사진흥행권을 5,000원의 거금에 사들여 활동사진업에 뛰어들었음에도 불구하고 유락관과 인접해 있던 다카키상점(高木商店), 미쓰코시오복점(三越吳服店), 백삼십은행(百三十銀行), 쓰카타니잡화점(塚谷雜貨店) 등이 화재의 위험이 많은 활동사진관을 상점들이 밀집한 지역에 설치하는 것에 항의하면서 유락관 역시 수좌와 마찬가지로 월 2주의 활동사진 흥행만을 허가받았기 때문이다. 그 결과 유락관은 극장운영에 필요한 인건비를 포함 매월 거액의 운영비를 지출함에도 불구하고 월 2주의 제한된 활동사진흥행일수로 인해 1915년 말에 이르면 5,000원에 가까운 적자를 보게 된다. 경영이 심각하게 악화되자 극장운영을 책임진 마쓰이(松井) 지배인이 야반도주했고 1916년부터는 운영자 나카하라 테츠오미가 직접 극장운영에 나설 수밖에 없는 상황에 직면한다.[5]

유락관 경영악화의 문제는 흥행일수의 부족에만 있었던 것이 아니다. 유락관이 대정관, 수좌와 마찬가지로 닛카츠영화를 상영하자 중복된 상영프로그램이 문제로 떠올랐다.[6] 대정관을 소유하고 있던 닛다연예부에서는 전국의 회원관에 필름을 대여 상영했기에 경성에서의 수익악화는 감당할 수 있는 수준이었지만 유락관과 수좌의 경우 한정된 관객을 닛카츠 영화를 상영하는 세 개의 극장이 나눠야 하는 상황이었기에 경영에 심각한 타격을 입을 수밖에 없었다. 활동사진을 상영하는 대신 각종 연예물을 상연하는 것으로 돌아가 위기에서 벗어난 수좌와는 달리 유락관은 개관 이후 장기간의 휴관과 개관을 반복할 수밖에 없었다. 이러한 상황에서 유락관이 매물로 나왔

---

5 江戸ッ子,〈京城活動寫眞界の內幕〉,《朝鮮及滿洲》, 1916年 2月號, 122~124쪽.
6 위의 글, 122~124쪽.

[자료] 조선물산공진회 연예관. 1916년 이후 황금관으로 사용.

고 황금관 운영자 하야가와 마쓰타로가 이를 매수했던 것이다.

1914년 4월부터 조선에서 처음으로 키네마칼라(Kinemacolor) 필름을 상영하기 시작한 하야가와연예부는 경성의 흥행계에서 승승장구한다.[7] 특히 조선물산공진회를 위해 경복궁에 지었던 연예관(演藝館) 건물을 매입 후 이를 기존의 황금관 옆에 새로 짓고 1916년 6월 10일 이전 개관했는데, 이를 계기로 하야가와연예부는 흥행물을 일신하여 서양의 연속영화와 간사이(關西) 지역에서 큰 인기를 끌고 있던 연쇄극을 상연하였다.[8]

흥행의 성공을 바탕으로 확장을 꾀한 하야가와는 일본인 상권의 중심에

7　조선에 상영된 최초의 키네마칼라 필름은 1914년 4월 1일 황금관에서 상영된 실사 〈墺洲美人〉(Austrian Beauties)과 사극 〈ジュリアナ〉(Juliana)였다. 〈[廣告]黃金館〉, 《朝鮮新聞》, 1914.4.9.

8　조선에서 최초로 상영된 연속영화는 황금관과 우미관에서 동시 개봉한 〈명금〉으로 1916년 6월 23일 상영을 시작했으며, 황금관에서 처음 상연한 연쇄극은 같은 해 8월 10일 상영된 구극 〈梅川忠兵衛〉이다.

위치한 유락관을 매수 후, 황금관 소유주인 다무라 기지로(田村義次郎)가 김연영(金然永)에게 매수한 조선인극장 단성사(團成社)까지 인수하여 경성의 3개 극장을 하야가와연예부 직영의 활동사진관으로 운영할 계획을 세웠다. 오사카로 건너간 그는 텐카츠 오사카지점에 경성의 3개 활동사진관을 자신이 운영하고 있다고 선전하였고 경성으로 돌아와서는 유락관을 담보로 다무라에게 극장 운영비 2만원을 빌려줄 것을 부탁했다. 이 돈으로 다무라가 인수한 단성사를 약간의 비용을 더해 자신에게 매각할 것을 제안했다.[9]

하야가와의 일련의 행위에 불쾌감을 느낀 다무라는 상설관을 소유하고 있는 사람에게는 자신이 소유한 상설관을 빌려주지 않겠다는 입장을 밝히고,[10] 황금관을 반환할 것을 하야가와에게 요구했다. 또한 하야가와를 대신할 황금관의 새로운 경영자를 물색하여 낭화관 운영자인 니시다 카조(西田嘉三)에게 그 운영을 맡긴다.[11] 니시다는 1909년부터 경성에서 낭화관이라는 요세(寄席)를 운영한바 있었지만, 활동사진관 운영 경험이 없었고 두 개의 극장을 운영하게 되면 발생하는 어려움을 들어 조건부로 제의를 받아드리고 프로그램의 선택과 변사의 고용 등 활동사진관 개관 준비를 위해 오사카로 사람을 보내 개관을 서두르게 된다.[12]

---

9 〈映し出す紙上のフ井ルム〉,《朝鮮新聞》, 1917.6.7.

10 "…早川君が有樂館を手に入れると同時に黃金館をも引續き經營するつもりであたところ黃金館所有者の田村君から自分の館を有つてる者に貸して置く事はならぬと刎ねつけられ,…"〈蘇生つた芝居寄席〉,《京城日報》, 1917.4.12.

11 "田村義次郎氏の所有にして久しく現有樂館主早川增太郎氏經營し居りし活動寫眞常設館黃金館は早川氏有樂館買收と同時に田村氏に返還し今回新に浪花館主西田嘉三氏の手にて經營する事となり來る十日より天活系の寫眞を以て開館する事となり寫眞の選擇辯士の雇ひ入れ等すべて準備整ひ尙は開館より向ふ一週間に限り一二等入場者に朝鮮煙草の花扇一箇三等入場者に初日一箇を笘なりと."〈黃金館の開館〉,《京城日報》1917.4.5.

12 〈蘇生つた芝居寄席〉,《京城日報》, 1917.4.12.

또한 하야가와가 다무라에게 매각을 요청했던 단성사는 다무라가 소유하고 있는 황금유원(黃金遊園) 안에 위치한 광무대(光武臺)의 운영자 박승필(朴承弼)이 다무라에게서 운영권을 넘겨받아 조선인 관객을 위한 활동사진관으로 전환했다.[13]

제2절 다무라와 하야가와의 소송사태

개관을 앞둔 유락관이 텐카츠영화를 상영하기로 하자 황금관 소유자 다무라는 조선에서 텐카츠 영화에 대한 권리가 자신에게 있다는 주장을 하고 나섰다. 조선에서 텐카츠 영화의 권리를 누가 우선하여 가질 것인지에 관한 하야가와와 다무라 사이의 분쟁은 양측이 아래와 같은 계약을 체결하면서 일단락되는 듯 보였다.

> 계약서
> 협약 중 다무라 기지로(田村義次郎)를 갑, 하야가와 마쓰타로(早川增太郎)를 을로 칭한다.
> (일) 갑은 경성 부산 양지역의 천연색활동사진주식회사 대리점의 권리를 갖는다.
> (이) 대리점명은 무슨(지명) 또는 무슨 무슨(한곳 이상일 때 지명)대리점으로 칭한다. 조선대리점과 같은 포괄적 명칭을 써서는 안된다.
> (삼) 협약 성립과 동시에 텐카츠 오사카 지점으로부터 향후 경성 부산에 사용할 사진을 갑이 송부받고 그 취지를 갑을 양측에 전보한다.
> (사) 황금관 관료 2월분 지불잔금 400원, 3월 분 420원(21일까지의 분)합계금 820원을 갑에게 지불하라.
> (오) 텐카츠주식회사 배당금 500원(대정5년 12월 말까지의 분)은 차제

---

13 〈團成社의 改築〉, 《每日申報》, 1918.6.21.

갑이 을에게 그 수수위임장을 교부해야 한다.

(육) 갑은 을에 대한 위로금 및 갑의 대리로서 을의 내지 여행입체비의 변상으로 2000원을 준다.[14]

계약의 내용은 "첫째, 조선에서 텐카츠 대리점의 권리를 누가 우선하여 가지는가. 둘째, 다무라와 하야가와 사이의 금전적인 문제를 어떻게 정리할 것인가."로 나뉜다. 우선 권리관계를 보면 다무라가 경성과 부산에서 텐카츠 영화의 대리점 권리를 갖고(一), 텐카츠조선대리점이라는 포괄적인 명칭을 사용하는 대신 경성, 부산과 같은 도시명을 사용하기로 하며(二), 텐카츠 오사카지점에서는 경성과 부산에서 사용할 사진을 다무라에게 보내고 다무라와 하야가와 양측에 전보하며(三), 텐카츠영화 대리점으로써의 권리를 잃게된 하야가와에게 다무라가 위로금 및 일본출장 경비로 이천원을 지불한다(六)는 내용이다. 다무라와 하야가와와의 금전관계는 황금관의 관료 중 하야가와가 미지불한 820원을 다무라에게 지불하며(四), 1916년 12월까지 텐카츠에게서 받아야 할 배당금 500원을 하야가와가 받을 수 있도록 다무라가 위임장을 써주는 것(五)으로 정리할 수 있다.

---

14 契約書

協約中田村義次郎を甲とし早川增太郎を乙と稱す

(一) 甲は京城釜山兩地の天然色活動寫眞株式會社代理店たる權利を有す

(二) 代理店名は何(地名)又は何々(一箇所以上の時の地名)代理店と稱すべし、朝鮮代理店と云が如き包括的の名稱を用ゆるとを得ざるものとす

(三) 此協約成立と同時に天活會社大阪支店へ今後京城釜山に使用すべさ寫眞は甲宛送附可相成旨を甲乙兩名にて電報すべし

(四) 黃金館々料二月分支拂殘金四百圓三月分四百二十圓(二十一日迄の分)合計金八百二十圓を甲に支拂ふべし

(五) 天活株式會社配當金五百圓(大正五年十二月末迄の分)は此際甲より乙に其受收委任狀を交附すべし

(六) 甲は乙に對し慰勞金及ひ甲の代理として乙の爲したる內地へ旅行費の立替費辨償として金二千圓を贈與す可.

〈映し出す紙上のフ井ルム〉、《朝鮮新聞》, 1917.6.3.

[자료] 유락관 내부의 모습

위의 계약에도 불구하고 하야가와연예부가 텐카츠만선일수대리점(天活滿鮮一手代理店)의 간판을 달고 텐카츠 오사카지점에서 다무라에게 보낸 영화를 받아 유락관에서 상영하자 양측은 소송사태까지 가는 싸움을 벌이게 된다.

다무라는 텐카츠 오사카 지점에 연락해 자신이 경성, 부산에서의 텐카츠 영화에 대한 독점적인 권리를 가지고 있음을 강조하고 황금관 개관시까지 필름을 보내지 말라고 요청했다. 하지만 텐카츠에서는 오랜 고객이던 하야가와연예부의 사정을 봐서 황금관 개관시까지 유락관에서 텐카츠 영화를

상영할 수 있게 허락한다. 1917년 4월 14일 황금관이 "텐카츠경성부산일수
대리점(天活京城釜山一手代理店)"의 간판으로 개관하자 하야가와는 간판
을 "천연색활동사진주식회사만선(경성, 부산제외)대리점(天然色活動寫眞
株式會社滿鮮(京城釜山を除く)代理店)"[15]이라고 바꾸어 영업을 계속했
다. 그러자 다무라는 유락관이 계약을 위배했다면서 유락관의 간판을 강제
로 내려버렸고 상영 중인 필름까지 차압하고 하야가와를 계약위반으로 고
소했다. 그러자 하야가와는 계약이 무효임을 주장하며 다무라를 상대로 손
해배상과 명예훼손으로 역고소를 하게 된다.[16]

　다무라와 하야가와 사이의 소송사태가 한창이던 이때, 경성에 체재하고
있던 텐카츠의 중역 가타 긴자부로(賀田金三郎)가 당사자들을 파성관(巴
城館)으로 불러 이 문제에 대해 화의를 주선했다. 1917년 5월 30일 체결된
화의의 결과 하야가와연예부는 텐카츠와 결별하고 도쿄의 고바야시상회(小
林商會)와 서양영화를 배급하던 고마츠상회(小松商會)와 손잡기로 한다.
유락관이 고바야시상회 영화와 서양영화를 위주로 프로그램을 구성하기로
결정하면서 소송사태는 일단락되었다. 그러나 다무라와 하야가와 사이의
갈등은 커졌는데 일본어 신문인 《朝鮮新聞》에는 다무라의 입장만을 반영
한 기사가 연재되었다.[17] 그 내용은 1913년 황금관 개관 당시 극장 안에 있
는 식당을 월 18엔에 임대하여 운영하던 하야가와가 극장주 다무라의 배려
로 황금관을 맡아 운영할 수 있게 되어 흥행업자로 성공하는데 큰 도움을
받았음에도 그 의리를 배신한 몰의도(沒義道)한 인물이며 그동안 다양한
방식의 파렴치한 행동을 일삼았음을 폭로하는 것이었다.

15　〈[廣告]有樂館〉, 《京城日報》, 1917.4.15.

16　〈映し出す紙上のフ井ルム〉, 《朝鮮新聞》, 1917.6.3.

17　〈映し出す紙上のフ井ルム〉, 《朝鮮新聞》, 1917.6.3.~8. ; 〈魔? 人?〉, 《朝鮮新
　　聞》, 1917.6.13.~18.

제3절 유락관, 대정관, 황금관의 경쟁

하야가와연예부가 유락관을 직영하고 1917년 7월 27일부로 연중무휴의
활동사진 흥행 허가를 받음으로써 활동사진관 운영의 가장 큰 문제였던 흥
행일수의 제한 문제를 해결하게 되자 경성에서는 유락관, 대정관, 황금관이
일본의 고바야시상회, 닛카츠, 텐카츠를 대신해 치열한 경쟁을 펼치게 된다.

1) 변사들의 실연과 연쇄극

1917년 3월 22일 개관한 유락관의 프로그램은 ① 서양극 〈마술램프〉(魔
法ランプ), ② 변사들의 실연이 가미된 신파사회극 〈백만원〉(百萬圓), ③
서양군사대활극인 〈로즈중위〉(ローズ中尉), ④ 5권 분량의 구극(舊劇) 〈대
사태랑〉(大蛇太郎)이었다.

당시 흥행 관행상 서양물은 설명변사의 독연(獨演)으로 상영되는 것이
일반적이었기에 군사극 〈로즈중위〉의 경우 양극주임 스스키다(薄田半曉)
가 혼자 설명을 했다. 반면 일본물인 텐카츠 제작의 신파사회극 〈백만원〉
과 구극 〈대사태랑〉을 상연할 때에는 연예부 변사들이 출연하여 목소리연
기를 펼쳤다. 이중 1911년 오사카시중앙공회당(大阪市中央公會堂)의 건축
기금으로 백만원의 거금을 희사하여 대부호들의 기부금 출연을 유도했던

[자료] 유락관 개관 광고(《京城日報》, 1917.3.21.)

이와모토 에이노스케(岩本榮之助)의 일대기를 영화로 만든 연쇄극 〈백만원〉을 상영할 때에는 일부 장면에서 연예부 변사들이 출연하여 실연을 펼쳤다.

극의 일부를 활동사진으로 보여주거나 활동사진의 일부를 실연으로 보여주는 연쇄극은 1915년 이후 조선의 일본인 극장에서 유행처럼 상연되었다. 황금관을 운영하던 시절부터 하야가와연예부에서는 활동사진의 일부를 실연으로 보여주는 연쇄극을 상연하여 큰 호응을 얻었다.[18] 유락관이 개관 당시부터 연쇄극을 상연할 수 있었던 것은 실연을 펼칠 수 있는 연예부 소속 변사들을 갖추고 있었기 때문에 가능했다.[19]

연예부 변사들은 연쇄극의 상연에만 참여했던 것이 아니라 실연희극(實演喜劇)과 같은 여흥에도 출연했다. 1917년 3월 29일부터 4월 5일까지 상연된 〈투기 없는 처〉(やかぬ妻)(2막)에는 변사주임 난고 외에 12명의 변사들이 출연했는데 당시 광고에는 유명한 희극배우 소가노야(曾我乃家)를 아연해할 정도로 재미있는 작품이라 표기하고 있다.[20]

---

18 《경성일보》에 게재된 신문 광고를 검토해보면 1916년 8월 10일 구극 〈매천충병위(梅川忠兵衛)〉를 시작으로 하야가와연예부가 운영하던 황금관에서 연예부 변사들이 출연하는 연쇄극이 상연되었는데, 1917년 1월에만 신파연쇄희극 〈술(酒)〉(1.1.~4.), 신파연쇄비활극 〈주의 적(呪の炙)〉(1.5.~11.), 신파대비극 〈유배지의 달(配所の月)〉(1.25~31.)이 상연되었음을 알 수 있다.

19 개관당시 하야가와연예부에는 변사주임 난고 기미토시(南鄕公利)를 위시하여 松井峯聲, 宮城晴美, 水谷重太郎, 櫻狂風, 藤田麗月, 潘麻バンカラ, 木下米子, 立花日出子, 村松八重子, 花田智惠子 등이 소속되어 있었는데 이중 木下米子, 立花日出子, 村松八重子, 花田智惠子는 여성변사였다. 이들 변사들 대부분은 무대 배우출신이었다.

20 可笑みタツプりのクスグり劇
▲ 實演喜劇 やかぬ妻 二幕
當館演藝部主任『南鄕公利外十二名』が各其長所を發揮し『曾我乃家』を啞然たらしむ?
傀儡師首に懸けたる人形箱! そも出るものは? 鬼? 佛? 幽靈?
〈[廣告]有樂館〉,《京城日報》, 1917.3.29.

1918년 6월 이후 유락관이 양화관으로 전환되자 일본영화를 바탕으로 한 연쇄극 상연은 더 이상 이루어지지 않았다. 하지만 변사들의 실연은 계속되었는데 1918년 6월 21에 공연된 〈舊二〇加大津繪〉(2막)에서는 조선인들 사이에 가장 큰 인기를 끌고 있던 조선인 변사 서상호(徐相昊)가 출연했다.[21] 일본인 상설관 중 특별하게 조선어 신문인 《매일신보》에까지 서상호가 출연한다는 내용의 광고를 실은 것으로 보아 유락관에서는 양화관으로의 전환을 계기로 조선인 관객을 적극적으로 유치하려 했던 것으로 보인다.

하야가와연예부가 텐카츠와 결별한 후 경성에서 텐카츠의 연쇄극은 새로 개장한 황금관에서 상영되었다.[22] 유락관과 황금관은 실연이 포함된 활동사진 연쇄극을 상영하는 식으로 경쟁을 이어갔으나 유락관이 양화관으로 전환된 후 연쇄극은 주로 황금관에서만 상영되었다. 그러나 그 수는 많지 않았다. 그 이유로는 황금관 소속 변사들이 실연을 펼치는데 서툴렀기에 많은 활동사진들이 실연부분을 제외하고 상영되었거나 텐카츠에서 연쇄극용 활동사진의 제작을 줄였을 가능성도 생각해 볼 수 있다.

2) 장편극영화의 상영

1910년대 경성의 일본인 활동사진관의 프로그램은 일반적으로 실사(1권), 골계(희극)(1~2권), 일본신파(3~5권), 일본구극(3~5권), 연속영화(4권) 혹은 서양영화(4권)로 구성되었다. 지금의 영화관에서처럼 영화 1편을 여러 번 상영하는 것이 아닌 텔레비전 편성표와 비슷하게 다양한 장르의 영화를 지정된 시간동안 상영하는 형식이었다.[23]

---

21 〈[廣告]有樂館〉, 《每日申報》, 1918.6.25.
22 예컨대 1917년 7월 27일 납량특별대흥행으로 황금관에서 상영된 연쇄극 〈대판성호의 비극〉(大阪城お濠の悲劇)은 비파연주와 함께 2장의 실연이 있었다. 〈[廣告]黃金館〉, 《京城日報》, 1917.7.27.
23 1916년 10월 31일 황금관의 영화상영 순서는 다음과 같다.

유락관 개관 직후인 1917년 3월 23일 대정관의 프로그램은 희극 〈흑인하녀의 꿈〉(黑人下女の夢), 실사 〈파리의 아름다움〉(巴里の華美), 골계 〈애와결〉(愛と缺), 혁신사극 〈태전도관〉(太田道灌, 3권), 군사대활극 〈제4쾌한로로〉(第四快漢 ロロー, 4권), 신파대비극 〈여무학〉(女舞鶴, 4권)으로 구성되었다. 이러한 일반적인 프로그램 구성 대신 10권 분량의 장편극영화를 상영하는 경우가 있었는데 유락관은 개관 직후 〈카비리아〉(カビリア、Cabiria)(1917.4.6.~9.), 〈실록충신장〉(實錄忠臣藏)(1917.5.10.~15.), 〈맥베스〉(マクベス、Macbeth)(1917.7.13.~15.)와 같은 장편극영화를 상영하여 큰 성과를 얻었다.

이태리의 사극 영화 〈카비리아〉는 1914년 지오반니 파스트로네(Giovanni Pastrone)가 연출을 맡아 제작된 12권 분량의 영화로 이태리의 문호 단눈치오(Gabriele d'Annunzio)가 참여했다고 크게 선전된 작품이었다. 12권 분량의 〈실록충신장〉은 고마츠상회에서 제작한 영화로 "2만엔의 촬영비를 투자한 미증유의 대사극"으로 선전되었고,[24] 셰익스피어 원작을 영화로 만든 9권 분량의 〈맥베스〉는 흥미롭게도 관객의 관심을 유도하기 위해 영화 상영 전부터 현상공모를 통한 경품행사를 거행했다.[25]

장편영화 상영에 대한 언론의 관심 역시 높았다. 〈카비리아〉 개봉에 앞서 《경성일보》에서는 이태리의 문호 단눈치오에 대한 소개[26]와 더불어 이틀

6시 10분 : 滑稽 タム君の素人探偵
6시 15분 : 東京毎夕新聞連載 天保義賦屋小僧 舊派實錄 〈和泉屋治郎吉〉(전4권)
8시 30분 : 米國 ユニバーサル會社 連續映畵 〈第二黑い箱〉4編、5編、6編(총6권)
10시 40분 : キネオラマ應用 連鎖琵琶劇 〈甲武信ケ嶽帝大生の慘死〉
〈[廣告]黃金館〉, 《京城日報》, 1916.10.31.
24 〈[廣告]有樂館〉, 《京城日報》, 1917.5.10.
25 당시 현상공모 문제는 1. 영화의 제작사 2. 원작자의 이름과 국적 3. 제국극장 개봉일 4. 주요배우 및 배역 5. 동양영사권리획득자는 누구인지 맞추는 것이었다. 〈[廣告]有樂館〉, 《京城日報》, 1917.6.29.
26 〈ダヌンチオの舞臺撮影監督〉, 《京城日報》, 1917.4.1.

[자료] 장편영화 〈실록충신장〉의 광고

에 걸쳐 내용을 소개하는 기사를 실었으며,[27] 개봉 이후에도 〈카비리아〉에
대한 영화평을 게재했다.[28] 이는 〈맥베스〉의 경우도 비슷했다.

장편영화의 상영은 변사의 연행에 변화를 줄 수 밖에 없었다. 장편영화의
특성상 한명의 변사가 두 시간이 넘는 시간동안 혼자 설명하기에는 무리가
있었다. 〈카비리아〉의 흥행시에는 텐카츠 변사장 미야하라(宮原保), 하야
가와연예부 양극주임 스스키다, 유락관주임변사 난고, 하야가와연예부 부
산지점 양극주임(早川演藝部釜山支店洋劇主任) 이와시타(岩下進波)가 나
누어 설명했다.[29] 텐카츠와의 관계가 단절된 이후에 상영된 〈맥베스〉의 경
우 도쿄 고바야시상회 변사장 구로자와(黑澤松聲), 유락관 주임변사 난고,
하야가와연예부 객원변사 구제(久世春濤)가 영화를 설명했다.

극장에 있어서 장편영화 상영은 관람료를 올려받을 수 있는 기회이기도
했다. "실가 100만원의 대사진"이라 선전된 〈카비리아〉와 "200만원의 문
예대사진"이라 선전된 〈맥베스〉의 경우 보통요금보다 비싼 관람료를 받았
다. 개관 당시 유락관의 관람료는 일등석 30전, 이등석 20전, 삼등석 10전
이었으나 〈카비리아〉와 〈맥베스〉를 상영했을 때는 일등석 2원 이등석 1원,
삼등석 50전의 특별요금을 받았다. 2,3등석 기준 5배의 비싼 입장료이었음

---

27 〈カビリアの梗概〉, 《京城日報》, 1917.4.1.~2.

28 〈雄麗な畵, 平面な筋〉, 《京城日報》, 1917.4.8.

29 〈[廣告]有樂館〉, 《京城日報》, 1917.3.29.

에도 불구하고 장편영화를 보려는 관객들로 인해 큰 상업적 성공을 거두었다.

유락관의 장편영화 상영은 다른 극장들에도 영향을 주었다. 황금관에서는 〈카비리아〉가 상영된 직후인 1917년 5월 5일부터 8일까지 이태리 암브로시오(Ambrosio Film)에서 제작한 1만 5천척 분량의 사극 〈베니스의 선혈〉(ヴェニスの鮮血)을 상영했으며,[30] 대정관에서는 1917년 6월 20일부터 24일까지 토마스 인스(Thomas H. Ince)가 연출한 10권 분량의 〈문명〉(Civilization)을 상영했다.[31]

3) 양화관(洋畵館)으로의 전환

1917년 7월 무리한 확장으로 인해 고바야시상회가 도산함에 따라 고바야시상회에서 필름을 받아 상영하던 유락관은 일본물 프로그램의 수급에 어려움을 겪게 되었다. 1918년 5월까지 유락관의 프로그램은 유니버설회사의 미국영화와 유니버설로 권리가 넘어간 고바야시상회 제작 작품들과, 일본 유니버설회사에서 제작한 일본영화들이 확인된다.[32]

1918년 5월 31일부터 6월 6일까지 유락관에서는 삿포로맥주의 후원으로 제1회 블루버드(Blue Bird)영화대회를 개최했다. 조선어 신문인 《每日申

---

30 〈[廣告]黃金館〉, 《京城日報》, 1917.5.5.

31 〈[廣告]大正館〉, 《京城日報》, 1917.6.20.

32 고바야시상회는 도산 후 채권자들에 의해 회사 분할이 이루어졌는데 고바야시상회가 운영하던 일부 연쇄극장은 본향좌(本鄕座) 좌장인 사카다 쇼타(坂田庄太)가 사카다흥행부의 이름으로 운영했으며, 아사쿠사의 제국관(帝國館)은 독립하여 루나파크주식회사(ルナ·パーク株式會社)에 임대되었다. 고바야시상회가 제작한 영화의 경우 채권자의 하나인 일본 유니버설사에서 관리하여 유니버설사의 영화와 함께 舊고바야시계통의 상설관에 제공했다. 그러나 그 수가 닛카츠나 텐카츠에 비해 현저히 부족하게 되어 고바야시 키사부로에게 유니버설회사의 하청업체인 고바야시합자회사(小林合資會社)를 세워 운영토록 했다. 〈商業月報〉, 《キネマレコード》, 1917년 11~12월호, 5쪽.

報》에까지 초대권을 배부하여 흥행했던 블루버드영화대회는 1918년 6월 7일부터 10일까지 제2회 대회가 열렸을 정도로 큰 성공을 거두었다. 이후 유락관은 수급에 어려움이 있었던 일본영화를 상영하는 대신 서양영화만을 상영하기 시작했는데, 프로그램의 대부분을 유니버설에서 제작하거나 배급한 블루버드영화 혹은 버터플라이영화로 채웠다.

당시 유락관의 변사로 있던 다케모토 쿠니오(竹本國夫)는 훗날 양화 전문관으로 전환하던 시기를 다음과 같이 회고 했다.

> 대정관은 닛카츠영화, 유락관은 고바야시상회와 유니버설사의 영화, 황금관은 텐카츠의 영화였습니다. 그리고 얼마 지나지 않아 유락관은 많은 어려움을 극복하고 양극전문관이 되었고, 블루버드, 버터플라이 영화를 상영했습니다. 당시 주임은 난고 기미토시, 객원 변사로는 후지노 스이코(藤野睡虎), 그리고 치요다 쎄츠레이(千代田雪嶺), 이시다 교카(石田旭花). 나도 말석에 앉아 있었습니다.[33]

유락관의 변사로 활동했던 다케모토의 회고처럼 1918년 6월 이후 유락관은 일본물을 없애고 서양극으로 프로그램 전부를 채웠다. 《朝鮮及滿洲》에 게재된 경성의 활동사진계에 관한 글을 실은 사카이 마사오(酒居正雄)는 서양극 전문관으로 탈바꿈한 유락관이 바쁜 나날을 보냈다고 회고했다.[34] 하지만 양화관으로 전환한 이후 호황을 구가하던 유락관은 얼마 가지 못해 관객의 외면을 받는다. 경성의 일본인 관객들은 비슷한 분위기의 서양영화를 연속으로 보는 것보단 일본영화를 함께 관람하는 쪽을 택한듯하다. 이를 반영하듯 《朝鮮公論》에는 "유락관도 희락관이 되고 나서는 손님이 제법 많아졌다. 매일 밤 텅텅 비었던 관객석도 관객으로 가득 차게 되었다. 대단한

33 竹本國夫, 〈京城映畵界の昔今〉, 《朝鮮公論》, 1925년 2월호, 84쪽, 김계자 편역, 『일본어잡지로보는 식민지영화 2』, 도서출판문, 2012, 154쪽.
34 酒居正雄, 〈京城の活動寫眞界〉, 《朝鮮及滿洲》, 1922년 1월호, 118~120쪽.

성황이다."[35]라고 기록했다. 닛카츠에서 제작한 일본영화를 상영한 희락관에 관객이 몰렸다는 점은 경성의 일본인 관객들이 서양영화만을 관람하길 원하기 보다는 일본극을 포함한 다양한 프로그램을 기대했던 것은 아닌가 생각된다.

제4절 조선배경의 영화 제작과 유락관의 매각

하야가와연예부가 유락관을 경영하던 시기는 연쇄극이 유행하던 시기였다. 조선으로 건너온 지방순회극단 중에는 신파극의 몇 장면을 조선의 명승지를 배경삼아 활동사진으로 찍어 보여주는 연쇄극을 상연하기도 했다. 대표적인 경우가 기시노야남녀합동일좌(義士廼家男女合同一座)의 연쇄극 〈노도의 달〉(怒濤の月)이다. 고바야시 슈게츠(小林蹴月)가 쓴 〈노도의 달〉은 1916~1917년 경성일보에 연재되었던 소설로 기시노야남녀합동일좌는 경성공연에 맞춰 경성의 일본인들 사이에 잘 알려진 이 작품을 경성을 배경으로 한 연쇄극으로 제작했다.[36] 장충단, 파고다공원, 마포 등을 배경으로 한 연쇄극이 경성에서 공연되었다는 사실은 조선에서 활동사진 촬영이 본격적으로 시작되었음을 보여주는 것이라 할 수 있다.

하야가와연예부가 유락관으로 이전하기 직전, 황금관에서의 마지막 공연이 울산을 배경으로 한 연쇄극 〈문명의 복수〉(文明の復讐)였다. 이 작품이 텐카츠에서 제작한 활동사진에 하야가와연예부가 실연 장면을 넣은 것인지 아니면 하야가와연예부가 직접 제작에 참여했는지는 정확히 알 수 없다. 하지만 연예부 변사들의 연쇄극 공연이 〈문명의 복수〉 상연 2달 전부터 실행

---

35 〈京城演藝風聞錄〉, 《朝鮮公論》, 1919년 8월호, 124쪽.

36 호시노 유우코, 「'경성인'의 형성과 근대 영화산업 전개의 상호 연관성 연구」, 서울대석사논문, 2011, 84~85쪽.

되지 않았다는 점은 연예부 변사들이 문명의 복수 촬영에 동원되었을 가능
성도 내포한다.

1919년이 되자 조선에서 이루어지던 연쇄극 촬영은 활동사진 제작으로
확대된다. 황금관에서 제작하여 1919년 2월 21일 상영한 부산의 출정군인
나카후치 센타로(中淵仙太郎) 일가의 비참한 삶을 그린 〈누의 가〉(涙の家)
가 그 첫 번째 경우이다.

〈누의 가〉는 부산을 배경으로, 재조일본인들의 삶을 소재로 삼아 만들었
기에 경성의 일본인 관객들에게 큰 호응을 얻을 수 있었다. 이러한 호응에
서양 영화만을 상영하던 유락관에서도 조선을 배경으로 한 영화를 제작, 상
영하게 된다. 바로 하야가와연예부에서 직접 각색하고 도쿄의 고바야시상
회에 의뢰하여 제작한 〈아, 스즈키교장〉(嗚呼鈴木校長)이 바로 그 영화이
다. 이 영화는 1918년 12월 5일에 용산 원정심상고등소학교(元町尋常高等
小學校)에서 발생한 화재로 교사가 소실되자 그 책임에 불속에 몸을 던져
자결한 스즈키(鈴木志律衛)교장을 소재로 하고 있다.[37]

[광고] 하야가와연예부에서 제작, 상연한 〈아, 스즈키교장〉 신문광고
(《京城日報》, 1919.4.28.)

---

37 〈[廣告]有樂館〉, 《京城日報》, 1919.4.28.

개봉 첫날 이후 계속 만원사례라는 광고에도 불구하고 유락관의 경영 상태는 회복할 수 없을 정도로 악화되었던 것으로 추정된다. 〈아, 스즈키교장〉은 1919년 5월 6일까지 연장 상영되었고 이 영화를 마지막으로 하야가와는 유락관을 나가사키에 근거지를 둔 만카츠(萬活)에 매각하였다. 만카츠가 인수한 유락관은 1919년 5월 8일 만카츠의 다른 극장들과 마찬가지로 희락관(喜樂館)이라는 이름으로 바뀌어 닛카츠계통의 영화관으로 운영된다.

유락관은 매각되어 닛카츠 계통의 극장인 희락관으로 바뀌었다. 그러나 그 유산은 조선인극장인 단성사에 남았다. 1918년 12월, 활동사진관으로 재탄생한 단성사는 우미관(優美館)이나 유락관과 마찬가지로 양화관으로 운영되었다. 하지만 우미관과 달리 소속 변사들이 중심이 된 변사극을 공연하고 김도산(金陶山)의 신극좌(新劇座), 임성구(林聖九)의 혁신단(革新團)이 연쇄극을 공연할 수 있게 지원했다. 이는 같은 단성사의 움직임은 조선인상설관으로 경쟁관계에 있던 우미관과 차별된 운영방식으로 하야가와연예부가 경영하던 유락관의 예를 따른 것이라 볼 수 있다.

제11장

조선영화산업의 식민지화

제1절 일본영화산업에 종속된 조선영화산업

러일전쟁을 거치면서 세계는 제국주의로 이행되었다. 일본도 청일전쟁과 러일전쟁 사이에 자본주의의 "기초를 완성하고 러일전쟁 이후에는 독점과 금융 과두(寡頭)지배가 진행되는 가운데서 다른 자본주의 열강들과 어깨를 나란히"[1] 하는 제국주의 국가로 나아갔다. 그 첫 번째 발걸음이 조선을 식민지로 만드는 것이었다.

1910년 조선이 일제에 강점되면서 조선의 흥행 산업은 재조일본인들 중심으로 재편되었다. 재조일본인들은 조선의 영화산업을 일본영화산업의 영향력 하에 묶어 두었다.

일본 영화산업의 발전과 변화는 조선이 식민지가 되면서 조선의 영화산업에 즉각적인 영향을 끼쳤다. 1907년 이후 일본에서는 활동사진 상설관이 폭발적으로 늘기 시작했다. 예컨대 1909년 도쿄에서만 30개소의 활동사진

---

[1] 미나미 히로시(정대성 옮김), 『다이쇼 문화(1905~1927) : 일본 대중문화의 기원』, 제이앤씨, 2007, 28쪽.

상설관이 새로 개장했다.[2] 이에 영향을 받아 1910년 조선 최초의 활동사진 상설관인 경성고등연예관이 만들어지게 되고 이어 우미관, 대정관, 황금관 등이 연이어 들어섰다. 이들 활동사진 상설관의 프로그램은 일본을 통해 수입되는 것이어서 상영만 이루어지던 당시 조선의 영화산업은 일본영화산업의 변동과 큰 관련이 있었다.

러일전쟁 이후 급속도로 성장하고 있던 일본의 영화산업은 1910년대 초반 메이저 4개 회사인 요코다상회(橫田商會), 요시자와상점(吉澤商店), 후쿠호도(福寶堂), M파테가 일본 전역에 100여개의 상설관을 장악하며 영화산업을 주도했다.[3] 1912년 이들 4개사가 통합하여 독점기업인 닛카츠(日活)가 탄생했다. 닛카츠의 탄생으로 일본 전역의 대부분의 상설관이 닛카츠 계통으로 바뀌었다. 예를 들어 일본 흥행의 바로미터인 아사쿠사 6구의 10개 상설관 모두가 닛카츠 계통이었다. 그러나 닛카츠 설립초기 운영자금의 부족과 영화제작의 저조한 실적으로 인해 닛카츠 계통의 상설관 대부분이 신작이 아닌 구작을 재상영해야 하는 처지에 빠졌다.[4] 이러한 문제가 발생하자 닛카츠를 탈퇴한 인물들을 중심으로 텐카츠(天活)가 탄생했다. 이로 인해 1914년 이후 일본영화산업은 독점기업인 닛카츠와 이에 대항한 텐카츠를 비롯한 군소 영화사들로 양분되었다.

일본에서의 영화산업의 변동과 맞물려 경성을 중심으로 한 조선의 영화산업도 닛카츠 계통의 닛다연예부와 텐카츠 계통의 하야가와연예부로 양분되었다. 양 회사에 의해 1910년대 내내 조선 전역의 활동사진관은 두 계통으로 나뉘게 된다.

---

2 1909년 도쿄의 월별 활동사진관의 개장수를 살펴보면 2월 1개관, 4월 2개관, 5월 2개관, 6월 6개관, 7월 5개관 8월 5개관 10월 8개관 11월 1개관으로 상설관의 설립이 급속도로 늘었음을 알 수 있다. 石割平 編著, 『日本映畵興亡史 2』, 東京: ワイズ出版, 2002, 278~279쪽.

3 구견서, 『일본영화의 시대성』, 제이앤씨, 2007, 38쪽.

4 田中純一郎, 『秘錄 日本の活動寫眞』, ワイズ出版, 2004, 143쪽.

일본 내 영화 배급사들은 자사에서 제작한 영화와 수입한 서양영화들을 일본 전역에 배급했다. 대부분의 서양 영화들이 닛카츠와 텐카츠의 배급망을 이용하여 일본 전역에 상영되었다. 일본의 주요 배급사들은 직영, 특약, 부아이(步合) 등의 방식으로 전국에 회원사를 두고 자사에서 배급하는 영화들을 상영했다. 그러나 조선, 만주, 대만, 중국 등 원격지에는 이러한 직접 배급방식이 여의치 않았기 때문에 각 지역에 대리점을 두는 방식으로 영화를 배급했다.

단성사가 활동사진관으로 재건축되기 이전 활동사진의 수입, 배급, 상영이 모든 것이 완벽하게 재조일본인들에 의해 장악되었다. 당시 하야가와연예부는 일본의 유니버설, 고바야시상회(小林商會) 등과 계약을 맺고 이들 배급사의 영화들을 조선에 공급했다.[5] 유락관에서 하야가와연예부가 배급한 유니버설 영화와 고바야시상회 영화가 상영된 이후 상영이 끝난 필름들은 바로 부산으로 보내졌다. 부산의 행관(幸舘)은 유락관의 프로그램이 그대로 상영되었다.

마찬가지로 닛카츠 계통의 닛다연예부에서는 대정관을 직영하며 닛카츠 영화를 공급했는데 대정관의 프로그램은 경성에서 상영이 끝난 후 바로 부산의 상생관(相生舘)으로 보내졌다. 텐카츠영화를 상영하던 황금관의 프로그램은 그대로 부산의 보래관(寶來舘)에서 상영되었다.

구체적으로 살펴보면 텐카츠 영화를 상영했던 황금관에서는 1917년 12월 31일부터 1918년 1월 4일까지 연속영화 〈적목〉(赤い目) 7편을 상영했다.[6] 〈적목〉 7편은 경성 상영이 끝난 직후인 1918년 1월 6일부터 부산 보래관에서 상영을 시작했다.[7] 고바야시상회와 유니버설의 영화를 상영하던 유락관

---

5   1916년 6월 10일 낙후한 시설의 황금관 인근에 모범적활동사진관을 신축하여 황금관을 이전 재개장했을 당시, 하야가와연예부에서는 텐카츠와 M카시상회(Mカシ-商會)의 대리점을 겸하고 있었다. 《京城日報》, 1916.6.10.

6   《京城日報》, 1918.1.1.

에서는 1918년 1월 29일부터 2월 6일까지 〈전화의 성〉(電話の聲) 13,14편을 상영했다.[8] 경성에서의 상영이 끝난 직후인 2월 8일부터 부산의 행관에서 같은 영화가 상영되었다.[9] 대정관도 마찬가지인데, 1918년 2월 1일부터 7일까지 〈철의조〉(鐵の爪) 1,2편이 상영되었고,[10] 이 연속영화는 그 후, 2월 16일부터 부산의 상생관에서 상영이 시작되었다.[11] 이처럼 1910년대 조선의 영화산업은 일본인 흥행업자들에 의해 좌우되었다.

제2절 일본 메이저 영화사의 경성 진출

1919년부터 본격적으로 일본의 메이저 활동사진회사들이 경성에 진출하기 시작했다. 앞서 살펴 본 것처럼 1919년 5월 8일, 하야가와연예부에서 직영하던 유락관의 운영권을 닛카츠 계통의 영화를 배급하는 만카츠(萬活)에서 인수했다. 만카츠가 유락관을 인수하여 영업을 시작한 당일이 일본 태자의 성년식 날이어서, 이를 기념하기 위해 이름을 유락관에서 희락관(喜樂館)으로 바꾸었다.[12]

만카츠가 희락관을 직영하면서 닛카츠의 일류 활동사진들을 상영하자 닛카츠 조선대리점으로 경성에서 닛카츠 활동사진을 상영하던 대정관은 큰 난관에 봉착했다. 닛카츠 계통의 만카츠와 닛다연예부는 협상을 통해 대정관에서는 마키노 쇼조(牧野省三)가 연출하고 이치카와 아네조(市川姉藏)가 출연하는 닛카츠 타이쇼군촬영소(大將軍撮影所) 제2부의 영화를 주로 상

7   홍영철, 앞의 책, 136쪽.
8   《京城日報》, 1918.1.29.
9   홍영철, 앞의 책, 139쪽.
10 《京城日報》, 1918.2.1.
11 홍영철, 앞의 책, 139쪽.
12 《京城日報》, 1919.5.8.

영하고, 희락관은 일본 최초의 대스타이자 1,000편이 넘는 영화에 출연한 오노에 마쓰노쓰케(尾上松之助)가 출연하는 닛카츠 타이쇼군촬영소 제1부의 영화를 상영하기로 협정을 맺었다.

대정관과 희락관의 협정은 1921년 4월 13일 닛카츠의 스타 이치카와 아네조(市川姉藏)가 급서하고, 닛다연예부가 닛카츠와의 계약을 해지함으로써 깨졌다.[13] 이후 닛다연예부의 대정관은 쇼치쿠의 특약점으로 남았다가 1926년경에는 쇼치쿠 공영(共營)으로 남게 된다.

황금관은 1921년부터 변사 난고 기미토시(南鄕公利)를 중심으로 경영되었다. 1922년 봄에는 코우카츠(國活)와 해약 후 유니버설사와 제휴하여 서양영화만을 상영하였는데 동년 11월, 유니버설사에서 다이카츠(大正活動映画, 大活)영화를 함께 배급함에 따라 다이카츠와 합동하는 쇼치쿠의 영화극도 함께 상영하게 되었다. 이후 황금관은 1925년 테이키네(帝キネ) 공영으로 운영되었으며, 얼마 있지 않아 다시 하야가와연예부가 맡았으나 하야가와 마쓰타로가 조선에서의 활동을 접으면서 1926년에는 마키노키네마(マキノキネマ)가 직영하게 된다. 이어 1928년에는 신문기자 출신으로 외화 수입업자로 활동하던 도쿠나가 구마이치로(德永熊一郎)가 인수하여 동아키네마(東亞キネマ) 직속 동아구락부(東亞俱樂部)라는 이름으로 운영했다. 1934년에는 쇼치쿠 직영 극장으로, 극장 이름도 쇼치쿠좌(松竹座)로 바뀌었다.

1920년대 등장한 중앙관(中央館)과 경룡관(京龍館) 역시 일본의 메이저 영화사에 의해 직영, 공영의 형태로 운영되었다. 이중 경룡관은 활동사진, 기타 흥업에 관계된 일체의 사업 및 부대사업을 목적으로 자본금 20만원, 불입금 5만원 규모의 주식회사로 1921년 7월 19일 개관했다. 위치는 경성과 용산 사이인 경성부 한강통 3번지 14에 자리 잡았다. 주식회사 경룡관의

---

13 竹本國夫, 위의 글.

주요 인물로는 대표 이시하라 이소지로(石原磯次郎)를 비롯해 이사 이시즈카 가네기치(石塚謙吉), 타니구치 가메다로(谷口龜太郎), 타테야마 가쓰요시(立山勝喜), 우에다 헤이자부로(上田兵三郎), 마에카와 도요시로(前川豊次郎), 진나이 시게기치(陳内茂吉) 등과 감사 도이 가즈요시(土井一義), 가네코 도요조(兼古禮藏) 등이 있었다. 이후 경룡관은 1923년 주식회사 성남연예(城南演藝)로 이름을 바꾸었다.

개관 직후 경룡관은 닛카츠 연맹에 가맹하여 닛카츠 영화들을 주로 상영했다. 그러나 1922년 5월 코우카츠(國活) 직영 활동사진 상설관으로 바뀌었고, 1923년 5월부터는 각종 연희물을 상연하며 경룡좌(京龍座)라는 이름으로 운영되었다. 1924년 1월에는 마키노키네마 직영관이자 중앙관 공영 형태로 마키노키네마 영화를 상영했다.

1921년 개관한 중앙관은 경성 내 일본인 실업가들이 중심이 된 조선활동사진주식회사(朝鮮活動寫眞株式會社)의 활동사진상설관이었다. 조선활동사진주식회사의 대표는 세키상점(關商店)의 운영주이자, 경성상업회의소 상의원 대표인 세키 시게타로(關繁太郎)가 맡았고 전무이사는 마쓰모토 타미쓰케(松本民介), 이사로는 이와모토 요시후미(岩本善文), 후지토미 쿠니다로(藤富國太郎), 나리키요 다케마쓰(成淸竹松), 사노 히고쿠라(佐野彦藏), 미나미 겐베이(南源兵衛) 등이 맡았다.

1921년 10월 15일 개관한 중앙관은 개관 당시, 테이키네 선만봉절장(鮮滿封切場)이었다. 중앙관은 1922년에는 잠시 제국관이라는 명칭을 사용하기도 했으나 1923년 다시 중앙관으로 이름을 바꾸었다. 1924년에는 마키노키네마와 공영(共營)하며 마키노 영화와 동아키네마의 영화를 상영했으며, 1926년에는 다시 테이키네 공영(共營)으로 바뀌었고, 이후 다시 마키노키네마 직영으로 바뀌었다.

이와 같이 1919년을 시점으로 경성의 주요 일본인 극장에는 일본 본토의 활동사진회사인 닛카츠, 쇼치쿠, 코우카츠(國活), 테이키네, 마키노키네마

등이 직영, 공영, 특약 등의 형태로 세력을 확장해 나갔다. 이로 인해 1910년대 닛다연예부와 하야가와연예부가 만든 조선 내, 독자적인 배급망은 일본의 메이저 회사에 의해 붕괴되었으며, 조선의 영화산업은 일본의 영화산업에 더욱 깊숙이 종속되었다.

제3절 조선영화 제작 토대의 부실

1) 저가의 활동사진 필름

경성의 활동사진 상설관이 일본인 자본에 의해 설립되고, 일본인에 의해 운영됨으로써 조선의 활동사진 상영 방식은 일본의 활동사진 전용관의 상영방식과 같은 방식으로 운영되었다. 일본의 상설관의 경우 일본의 신파, 구극 활동사진이 인기를 끌기 전까지 풍경 실사, 1~2편의 단편희극, 수입 필름 순서로 프로그램이 편성되었다. 그러나 순업흥행의 경험을 가지고 있던 아사쿠사(淺草) 부사관(富士館)의 운영자 이시이 쓰네요시(石井常吉)가 일본영화를 상영하여 큰 성공을 거두자, 메인 프로그램은 일본의 신파, 구극 영화가 차지했다.[14] 그러나 조선인과 일본인 관객 모두를 대상으로 운영해야하는 식민지 상설관만의 특성으로 인해 약간의 변형이 이루어졌다. 일예로 경성고등연예관은 변사의 연행에 있어 조선어인 변사와 일본인 변사가 번갈아 등장하여 설명하는 식으로 활동사진을 상영했고, 다수를 차지하는 조선인 관객에 맞게 프로그램이 편성되었다.

경성고등연예관의 프로그램들은 1권짜리 짧은 단편들로 1회 상영 시 보통 10편 정도의 활동사진 필름들이 영사되었다. 막간과 같이 활동사진 관람 사이에는 연극이나 무용이 상연되어 보통 총 관람시간은 3시간 정도였다.

---

14 田中純一郞, 위의 책, 110쪽.

이때 상영된 필름은 내용과 성격에 따라 실사, 골계, 착색, 염색, 장척, 희극, 정극, 탐정극 등으로 구분되었다.

경성고등연예관 개관 직후의 프로그램이 실린 전단지를 통해 살펴보면 다음과 같다.

〈그림 2〉 1910년 경성고등연예관 전단지

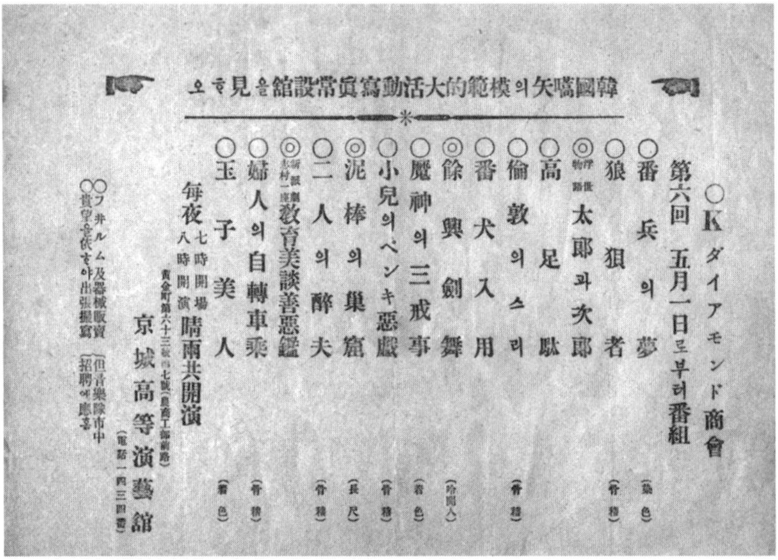
韓國嚆矢의模範的大活動寫眞常設館을見ᄒᆞ오

○K ダイアモンド商會

第六回 五月一日로부터番組

○番兵의夢 (染色)
○狼狽者 (滑稽)
◎太郎과次郎
○高足駄
○倫敦의스리 (滑稽)
○番犬入用
◎餘興劍舞
○魔神의三戒事 (着色)
○小兒의ペンキ惡戲 (滑稽)
◎泥棒의集窟 (長尺)
○二人의醉夫 (滑稽)
◎敎育美談善惡鑑
○婦人의自轉車乘 (滑稽)
○玉子美人 (着色)

每夜 七時開場 八時開演 晴雨共開演

黃金町第六十三統七號(農商工部前路)

京城高等演藝館 (電話一四三四番)

○フヰルム及器械販賣 (但音樂隊市中
○貴望을依ᄒᆞ야出張撮寫 招聘에應홈)

위의 프로그램을 보면 제목과 함께, 장르에 따른 구분이 아닌 필름의 특징에 따라 착색, 염색, 골계, 장척 등으로 구분해 놓았고, 또한 여흥검무, 신파극 등 막간 여흥을 프로그램 사이에 넣었다. 이런 식의 상영은 활동사진의 편당 길이가 길어지면서 바뀌게 된다.

1913년을 전후한 시점에 경성에 새로운 활동사진 상설관이 만들어졌다. 남촌의 대정관과 황금관의 경우에는 일본식 활동사진 전용관의 방식대로 운영했으며 우미관은 조선인 관객들을 위해 프로그램을 구성했다.

닛다연예부가 우미관과 특약을 맺고 우미관에 필름을 공급하던 1915년 우미관과 황금관, 대정관의 상영프로그램 중, 단편 실사와 골계극을 제외한 나머지 메인 프로그램을 비교해 보면 이들 극장의 프로그램에 따른 차이를 확인할 수 있다. 아래는 우미관이 유니버설특약관이 되기 직전의 프로그램이다.

우미관 (1915.12.18~23)
一 태서활극 탐욕(貪慾) 전삼권 육천척
一 태서사회극 협소아(俠小兒) 전삼권 육천척
一 태서탐정극 女브라온 전사권 육천여척
一 태서정극 녹영(鹿影) 최대장척[15]

대정관 (1915.12.18~23)
泰西人情劇 俠少年 全三卷
新派悲劇 五月日記女鑛夫 全三卷
舊劇 大前田英五郎 全三卷[16]

황금관(1915.12.16~21)
泰西大活劇 第二女 プラウソ 全四卷
舊劇 死次第權三郎 全四卷[17]

당시 협정에 따라 우미관은 대정관과 필름을 공유했는데, 대정관에서 상영되던 서양영화 〈협소년〉(俠少年)은 우미관의 〈협소아〉와 같은 영화로 추정된다. 조선인 상설관인 우미관의 경우, 모든 프로그램을 서양영화로 채운 반면 대정관과 황금관의 경우, 서양영화도 상영했지만 메인이라 할 수

---

15 《每日申報》, 1915.10.22.
16 《京城日報》, 1915.12.18~23.
17 《京城日報》, 1915.12.16~21.

있는 마지막 상영 프로그램은 언제나 일본 구극영화나 일본 신파영화가 차지했다. 이러한 상영 순서는 일본 내 활동사진 상설관에서의 일반적인 프로그램 편성이었다.

상설관의 프로그램 구성은 시기마다 약간의 차이를 보인다. 1910년대 후반 연쇄극이 인기를 끌 당시에는 마지막 메인 프로그램으로 연극변사들이 공연하는 연쇄극이 자리 잡고 있었고, 연속영화가 인기를 끌 때에는 마지막 상영작으로는 항상 연속영화가 상영되었다. 시기별로 약간의 차이가 있었지만 상설관의 프로그램들은 대부분 서양 영화나 일본영화로 채워졌다.

신파극이나 전통연희를 주로 상연했던 조선인 연극장이 경영난으로 사라진 것과는 반대로 일본인 소유의 활동사진상설관은 사세를 확장하며 꾸준한 영업 수익을 유지했다. 그 가장 큰 이유는 상영 필름의 가격이 저렴했던 데 있다.

1915년 우미관에서는 닛다연예부에 월 500원의 비용만을 지불하고 필름을 상영할 수 있었다. 이건 파격적으로 싼 가격에 계약한 것이다. 1912년 12월 11일, 우미관 개관 당시 입장료는 특등 50전, 일등 30전, 이등 20전, 삼등 10전의 가격이었다.[18] 1912년 기준으로 평균 관람료 20전으로 당시 하루 입장객수의 반수도 안 되는 500명을 기준으로 삼아 입장료 매출을 계산해도 일평균 매출 100원에 월 3,000원정도의 매출이 발생한다. 이것은 매점 임대료 등의 기타 수입을 뺀 것이다. 경비로 지출되는 것을 넉넉히 잡아 필름 대여비 500원을 포함하여 월 2,000원 정도로 계산하면[19] 매월 1,000원 정도의 수익이 남는다.

---

18 《朝鮮新聞》, 1912.12.11.

19 1913년 12월 기준으로 가장 많은 월급을 받는 변사가 월40원 정도였고 가장 적은 급료를 받는 변사가 월 10원을 받았다. 보통 상설관에 5명 내외의 변사를 비롯하여 영사기사, 악사 등 10여명정도의 직원이 있었는데 이들의 급료를 다 합쳐도 1,000원을 넘지 않는다.

이건 최소로 계산한 경우이다. 이 시기 입장객 수는 1,000명을 넘는 경우가 대부분이었다.[20] 또한 토요일과 일요일은 물론, 공진회나 박람회와 같이 특별 행사가 있을 시에도 주야 2회 상영을 했으므로 상영 횟수는 한 달에 최소 8~10회 이상 늘어나게 된다.

활동사진의 공급이 원활하여 매주 새로운 활동사진 필름을 상영할 수 있다면 활동사진관 운영자는 꾸준한 수익을 낼 수 있었다. 그래서 대정관, 황금관에서도 매달 수 천 원씩의 대여료를 지불하면서 활동사진을 상영했던 것이다.[21]

이렇듯 싼 가격으로 조선에 들어온 활동사진 필름으로 활동사진관과 배급사 양측 모두 손쉽게 돈을 벌수 있었다. 조선에서 만든 영화가 조선인 관객들에게 큰 성공을 거둔다 해도, 일본에서 싼 가격에 필름을 공급받는다면 무리해가면서 조선영화를 제작할 필요가 없는 것이 당연했다. 특히 일본인 극장의 경우 1919년 이후에는 일본 메이저 회사들의 직영 혹은 공영 형태로 운영되면서 극장을 중심으로 형성되기 시작한 재조일본인의 흥행자본이 조선에서 영화를 만들 이유는 딱히 없었다.

2) 조선연희와 신파극의 위축

1910년 개관된 최초의 활동사진 상설관인 경성고등연예관에 이어 1913년을 전후하여 활동사진 상설관인 대정관, 우미관, 황금관이 탄생하자 경성 흥행가의 중심은 각종 연희에서 활동사진으로 급격하게 바뀌었다. 활동사진이 인기를 얻어가면서 1912년 조선의 신파와 구파 연희를 주로 상영하던 장안사와 원각사에서도 잠시나마 지만관(志滿館)과 유광관(有光館)이라는

---

20 1916년 부산의 활동사진관의 일별 입장객 수는 700명 정도이다. 홍영철, 앞의 책, 26쪽.
21 《每日申報》, 1915.4.24.

이름으로 활동사진이 상영되었다.

1912년 원각사가 시설 낙후를 이유로 폐관 되었고, 1915년 단성사가 화재로 소실된 후 엉성한 모습으로나마 재개관되었으나, 1917년 매각된 후 활동사진관으로 이용되기 위해 문을 닫았다. 1915년경 신파극을 주로 상연하던 연흥사와 꼭두극 등을 상연하던 장안사가 문을 닫으면서 경성의 조선인 연극장은 황금유원(黃金遊園) 안에 자리한 광무대만 남았다.

이처럼 1915년을 전후하여 조선인 연극장이 차례로 문을 닫으면서 조선의 신파, 구파 연희는 결정적인 타격을 입었다. 한때 각 연극장에서 화려한 주목을 받던 조선의 전통 연희는 활동사진관의 막간 공연으로 전락했다. 다행인 것은 공연공간이 다 사라진 것은 아니었다. 전통연희를 전문으로 하는 광무대가 남아있었고, 전통 연희의 특성상 극장 밖에서도 언제든 공연될 수 있었기에 그나마 생명력을 잃지 않았다.

반면 신파극단은 존폐의 위기에 놓이게 된다. 1910년대 초반, 신파극의 인기로 우후죽순처럼 신파극단이 생겨나 한때 전국에 여러 신파극단이 경쟁하는 구도가 펼쳐지기도 했으나 활동사진관이 연극장을 대신하면서 신파극단들은 치명적인 타격을 입게 된 것이다.

임성구의 혁신단, 이기세의 유일단(唯一團), 윤백남의 문수성(文秀星) 등 주요 신파극단들은 활동이 크게 위축 되었고, 그 외 소규모 신파극단들은 어려움을 견디지 못하고 대부분 해산했다. 1916년 이기세와 윤백남은 두 신파극단을 합하여 예성좌(藝星座)를 조직했다. 이들은 1915년 11월, 시마무라 호게츠(島村抱月)가 이끄는 일본의 신극단체인 예술좌(藝術座)가 용산의 앵좌에서 공연한 것을 모방하여 난관을 극복해 보고자했다.[22] 임성구

---

22 김재석은 연극장의 폐쇄와는 상관없이 신극의 유입에 따른 신파극단들의 위기의식이라는 관점에서 1910년대 중반의 신파극단들의 움직임을 살펴보고 있다. 김재석, 「1910년대 한국 신파연극계의 위기의식과 연쇄극의 등장」, 『어문학』 제102집, 한국어문학회, 2008, 334쪽.

역시 일본 신극단체의 번역극 공연처럼 서양식 무대와 의상을 도입하여 어려움을 극복해보려 했다. 그러나 이들의 시도는 성공할 수 없었다. 문제는 연극의 내용과 스타일이 아니라 조선인 중심의 흥행장이 사라지고, 일본인들이 세운 활동사진관 위주로 흥행산업이 바뀌었던 것이 문제였다. 이렇듯 주요 신파극단들은 난관을 극복해 보고자 신파대합동공연을 추진하여 공연하기도 했지만,[23] 이러한 시도는 공연공간이 없는 가운데서 1회성 공연에 그칠 뿐이었다.

조선연희의 몰락과 신파극단의 몰락은 조선에서 영화가 제작되는데 있어 악영향을 끼쳤다. 영화가 제작되기 시작하면 영화를 제작할 인력과 소재를 공급해 줄 수 있는 인접 분야의 예술이 건재해야 한다. 초기 서양영화에 있어 보드빌쇼, 써커스, 마술극단 등과 초기 일본영화에 있어 신파극단, 가부키극단의 주요 인력들이 영화 제작에 유입되었고, 이들 인접 장르의 인력들에 의해 영화의 내용과 형식이 풍부해졌다. 이에 비해 조선의 전통연희 단체와 신파극단은 조선영화의 토대가 형성되기도 전에 조선의 영화산업이 일본영화산업의 소비지로 전락하면서 고사되는 위기에 처했다.

이 점은 식민지시기 동안 조선영화라는 독특한 어떤 것을 만들어내지 못하고, 일본의 영화산업과 서양영화의 절대적인 영향력 하에서 빈곤할 수밖에 없었던 조선영화의 한 가지 원인이 되었다.

3) 영화 인력의 양성 부진

활동사진이 유입되어 제작되기까지는 20년이 넘는 시간이 걸렸다. 스스로 영화제작을 하지 못한 가장 큰 이유는 일본영화와 미국영화가 활동사진

---

23 "금일부터 단성사에서 신파대합동연극을 약 일쥬일 동안 흥힝ᄒ기로 결졍ᄒ얏는되 신파연극이 생긴 뒤에 쳐음 계획이오 일류비우는 거의다 모힌 모양인고로 신파극 죠아ᄒ는 사룸은 만히 관람홀 모양이더라"《每日申報》, 1916.6.2.

관을 장악하고 있는 가운데 흥행을 주도하고 있던 재조일본인들이 딱히 영화를 제작할 필요가 없었고 영화제작 인력이 전무했기 때문에 영화제작 시도 또한 이루어지지 않았던 데 있었다.

앞서 살펴보았듯이 활동사진이 유입되어 영화산업이 형성되기 시작할 즈음에 조선은 일제에 의해 식민지가 되었다. 자연스럽게 조선의 영화산업은 일본영화산업의 소비지로 전락 할 수밖에 없었다. 오로지 활동사진 상영만이 이루어졌던 조선에서 양성될 수 있는 영화인이라고는 활동사진 상영에 필요한 영사기사, 변사, 악사뿐이었다. 이중 약간의 기술이 필요한 영사기사는 대부분 일본인이었고 악사는 조선인이 아니어도 고용할 수 있었다. 조선인과 일본인이 서로 말이 다르기 때문에 조선영화가 일본영화산업의 영향 아래에 있었음에도 불구하고 조선인 변사만은 양성될 수 있었다.

조선에서 활동하던 변사들은 조선인보다 일본인이 많았고, 대우도 일본인 변사들이 좋았다. 경성의 일본인 수가 1915년 당시 6~7만에 불과했던 반면 조선인 수는 20만에 달했음에도 변사의 처우에 있어 일본인이 훨씬 좋은 대우를 받았다는 것은 조선의 영화산업을 일본인이 지배하고 있었고 산업 내에서 민족 간 이중구조화가 진행되었다는 것을 의미한다.

활동사진을 설명해주는 변사의 수도 일본인이 훨씬 많았다. 조선인 극장보다 일본인 극장의 수가 더 많은 것도 있었지만 더 큰 이유는 그 상영방식의 차이에 있었다. 조선인 극장의 경우 서양의 활동사진만 상영되어 설명변사의 독연을 위주로 했다. 이에 따라 조선인 극장에서는 그리 많은 변사가 필요하지 않았다. 이에 비해 일본의 구극과 신파극을 상영하던 일본인 극장의 경우, 여러 명의 변사가 성우처럼 스크린 뒤에서 대사연기를 해야 했기 때문에 극장 내에 이를 지도할 연극부도 있어야 했고, 목소리 연기에 필요한 더 많은 수의 변사도 필요했다.

다음의 표는 1913년 12월, 일본인 상설관의 변사 현황을 담고 있다. 상설관이 민족별로 나뉜 지 얼마 되지 않은 상황이어서 황금관과 제2대정관에

는 조선인 관객을 위한 조선인 변사가 있었다.[24]

[표] 1913년 12월, 일본인 상설관 변사 현황

소속	성명	연령	월급(원)	전직
황금관	湯本狂波	19	40	학생
	蘆澤はつえ	22	40	여역자
	淸水狂花	21	20	자전차승
	山下天○	28	25	역자
대정관	藤本龍光	23	40	역자
	金澤○光	25	25	역자
	上野耕作	26	17	역자
제2대정관 (구 경성고등연예관)	渡邊松風	32	35	역자
	今井芳香	30	35	○병
	通一二	20	10	학생
황금관(조선인)	○○仁	23	18	–
제2대정관(조선인)	金悳經	22	23	–

출전 : 한상언, 「1910년대 경성의 일본영화인 연구」, 『영화연구』 40호, 2009, 255쪽.
(○는 판독 불가)

위의 표를 살펴보면 같은 상설관이라도 민족별 변사의 급료는 큰 차이를
보인다. 이들 상설관이 일본인 전용관이어서 조선인 변사의 역할이 제한적
인 점도 분명 고려해야 하지만, 당시 조선의 가장 인기 있는 변사였던 김덕
경(金悳經)의 급료 수준이 황금관 일본인 변사의 최저 급료수준, 아마도 견
습변사의 월급 정도라는 점은 민족 간 차별이 극심했음을 보여주는 것이다.
물론 조선인들을 주로 상대하던 우미관의 서상호의 처우는 이것보다는 괜
찮았을 것이지만 김덕경이 "더욱 장릭가 유망흐야 죠션 변ᄉ계에 첫지 손

<hr>

24 〈京城活辯の裏表〉, 《朝鮮公論》, 1913년 12월호, 102쪽.

고락을 곱으리로다."[25]고 평가받던 변사였던 만큼 우미관의 변사들의 처우가 대정관이나 황금관보다 좋았다고는 말 할 수 없다.

상설흥행의 초기에 해당하는 1910년대 초반 조선인 변사와 일본인 변사 간의 급료차이는 상설관의 민족적 차이가 확연해지는 1920년대 초반에도 개선되지 않았다. 1925년 1월 당시 일본인 주요 변사들의 급료를 살펴보면 150원~180원 사이였다. 황금관에서는 주임변사 모모야마 롱그(桃山論愚)가 월급과 주임수당을 포함하여 170~180원을 받았고, 미나미 토시오(南敏夫)가 월급 130~140원을 받았다. 대정관에서는 주임변사 다케모토 쿠니오(竹本國夫)가 140~150원정도의 월급을 받고 있었는데 내실은 그거보다 많이 받았다고 하고, 중앙관의 오까 탱고(岡天鄕)는 월급 160~170원, 희락관의 사쿠라다 코사쿠(櫻田耕作)는 160~170원 정도의 월급을 받고 있었다.[26]

반면 조선인 변사들의 처우는 이것보다 좋지 않았다. 조선극장이 개관하여 조선인 변사의 수요가 늘자 조선인 변사에 대한 처우가 개선되었는데도 불구하고, 1923년의 변사 월급은 일급변사가 80원 정도였다.[27] 일본인 변사의 절반정도의 수준이었다. 이처럼 조선에서 영화제작이 시작되는 1920년대 초반까지 영화제작인력의 양성은 부진했고, 영화 상영에 필요한 인력마저 민족 간 차별을 받고 있었다.

25 《每日申報》, 1914.6.9.
26 樂屋鼠, 〈[映畵界秘話] 京城說明者의 懷中調〉, 《朝鮮公論》, 1925年 1月號, 139쪽.
27 한국예술연구소 편, 앞의 책, 42쪽.

제1절 변사의 등장

대한제국 황실에서 활동사진을 상영할 당시 내부대신 송병준(宋秉畯)이 변사들에게 활동사진 연설의 방침을 전했다는 내용의 기사에서 변사라는 용어가 처음 등장한다.

> 愛國婦人會에서 今日붓터 官人俱樂部에 會同ᄒ야 日本에 留學ᄒ시ᄂ 皇太子 殿下의 活動寫眞을 擧行흔다 흠은 已報어니와 昨日 下午一時에 內大 宋秉畯氏가 辯士 鄭雲復, 韓錫振, 金祥演 三氏를 內部에 請邀ᄒ야 該 活動寫眞에 屬ᄒ야 演說흘 方針을 協議하였다더라.[1]

경성고등연예관 설립 이전에 변사의 존재를 알리는 위 기사에서 언급된 '황태자의 모습을 담은 필름'은 일본의 요코다상회(橫田商會)를 통해 조선에 유입된 것이다. 이 점을 고려해 보았을 때, 변사가 중심이 된 활동사진

1　《皇城新聞》, 1908.6.24.

상영시스템은 요코다상회를 통해 조선에 그대로 이식되었던 것으로 보인다.

요코다상회의 조선 진출은 정치적인 의도에 의해 이루어졌다. 초대 통감으로 부임한 이토 히로부미(伊藤博文)는 일제의 조선침략에 활동사진을 이용하기로 하고 일본으로 데려간 영친왕의 동정을 담은 활동사진을 요코다상회에서 촬영하여 조선인들에게 상영토록 했다. 이에 따라 요코다상회는 조선에 본격적으로 활동사진 상영을 하기 위해 경성 니현(泥峴)에 대리점을 세워 영업을 시작했다.[2]

위의 기사 속에 등장하는 변사들의 존재는 변사의 시조로 불리는 우정식(禹正植)이 원각사에서부터 변사활동을 시작했다는 심훈의 증언을 뒷받침해준다.[3] 기사 속에 언급된 관인구락부(官人俱樂部)는 원각사(圓覺社)의 전신이었다.

조선의 변사는 요코다상회의 영화상영이 계기가 되어 관인구락부에서 시작되었다. 변사들은 서양, 혹은 일본의 선진 문물을 조선의 관객들에게 소개해 주는 강사 역할을 했기 때문에 주로 신문물을 경험해 본 관리 중에 선택된 인물들이 변사로 활동했다. 기사에 언급된 인물 중 정운복(鄭雲復)은 오사카(大阪) 상업학교에서 수학했으며 영국유학과 구미 각국을 시찰했던 인물로, 일제의 조선침략에 적극적인 협력을 한 언론계통의 인물이었고[4] 김상연(金祥演) 또한 일본 와세다(早稻田)대학를 졸업하고 《帝國新聞》, 《皇城新聞》 등에서 활동한 바 있는 언론계통의 친일관료였다.[5] 한석진(韓錫振) 역시 강점 이후 《大韓每日申報》가 폐간된 후 설립된 《漢城新聞》에 관여한 바 있었다. 이처럼 최초의 변사들이라 할 수 있는 인물들은 서구문물을 경험한 인물들로써 서구를 조선에 소개하고 근대화를 주장하는 웅변

---

2 《皇城新聞》, 1908.3.28.

3 沈熏, 〈朝鮮映畵總觀〉, 《朝鮮日報》, 1929.1.1~4.

4 친일인명사전편찬위원회, 『친일인명사전 3』, 민족문제연구소, 2009, 469쪽.

5 친일인명사전편찬위원회, 『친일인명사전 1』, 민족문제연구소, 2009, 397쪽.

가의 역할을 수행했다.

경성고등연예관에서 활동하던 우정식, 서상호, 김덕경 등도 관헌 출신이었다. 예를 들어 뻥뻥이 춤으로 "무성영화 황금시대에 팬의 인기를 독차지하고 잇든" 서상호는 일본에서 교육을 받고 조선에 건너와 경찰 통역으로 일하던 중 활동변사로 전향한 인물이었다.[6]

변사를 서양영화나 실사영화를 설명하는 설명변사와 지금의 성우처럼 배역의 목소리를 연기하던 연극변사로 나누어보면 엔터테이너의 역할을 수행하던 연극변사보다는 강사로써의 지식이 필요한 설명변사가 훨씬 좋은 대우를 받았다. 이를 토대로 생각해 보았을 때 변사의 역할을 엔터테이너의 역할로 한정하여 바라보았던 기존의 논의는 재고될 필요가 있다. 실제 변사자격시험의 주요 목적이 변사의 강연자로서의 역할을 확인하는데 있었다. 그러나 변사자격시험을 바라보는 언론의 시각이 변사의 무식을 폭로하는 등,[7] 비판적이었던 것은 엔터테이너로써 기능이 바뀐 변사를 강사의 역할로 바꾸기 위한 일제의 정책과 여론의 시선이 서로 어긋나 있었던 점을 확인시켜 준다.

제2절 경성고등연예관의 변사연행

경성고등연예관이 만들어지면서 변사시스템이 정착되었다. 경성고등연예관은 일본 내 활동사진 상설관과 같은 흥행방식을 채택할 수 없었다. 일본인관객과 조선인관객을 동시에 상대하다 보니 변사연행에 문제가 있었던 것이다. 그런 이유로 경성고등연예관에서는 일본인변사와 조선인변사를 함

---

6 柳興台, 앞의 글, 120~122쪽.
7 〈活寫辯士試驗에 珍想天外答案, 긔긔괴괴한 답안 가지가지, 抱腹絶倒할 幾個 見本〉, 《東亞日報》, 1929.4.3.

께 두어 활동사진 상영에 활용했다. 먼저 스크린 오른편에서 일본인 변사가 등장하여 전설(前說)을 끝내고 들어가면 스크린 왼쪽에서 조선인 변사가 등장하여 조선인 관객을 위해 같은 내용을 다시 설명한 후 활동사진을 보여주었다. 다시 말해 영화를 보면서 화면 속 배우의 대사를 설명하는 중설(中說)은 아직 없었으며 전설(前說)을 일본어와 조선어로 두 번에 걸쳐 했던 것이다. 이는 당시 경성고등연예관에서 활동사진을 관람한 일본인이 남긴 기록에 남아있다.

> 신사 코트를 입은 변사가 오른쪽 막을 열고 나와 한손에 부채를 든 묘한 스타일로 설명을 하는 것이 일본과 크게 다르지는 않다. 막 안으로 들어가자 시마이(しまい)[8]를 추고 있는 영상을 비춰준다고 생각하고 있는데, 이번에는 왼쪽 막 방향으로부터 삼베옷을 입고 오분예두에 팔 자 수염을 한 조선 남자(ㅋ보)가 조선 인민의 독특한 폭 좁은 바지를 입고 앞의 변사에 비해 약간 손색이 있는 스타일을 하고 나와 무대 한가운데에 섰다. 자세히 보니 그는 조선 측을 위한 변사이기 때문에 왼손을 허리에 대고 약간 굽은 몸에 맞게 오른손에 부채를 쥐고 왼쪽 손바닥을 치면서 변설을 늘어놓았다. 말에 끊김이 없는 한국어를, 게다가 구천직하(九天直下)의 기세로 행했기 때문에 2~3일 전부터 익히기 시작한 우리들 머리로서는 이해할 수가 없었다. 다만 알 수 있었던 것은 항상 일본어보다 긴 시간을 소비했다는 것이다. 그러나 이런 식으로 장사를 하는 것은 서민으로서는 하이칼라한 방법이다.[9]

위의 일본인 기록은 대한제국이 일제에 강점되기 직전인 1910년 8월의 경성고등연예관의 활동사진 상영 모습을 담고 있다. 당시 상영되던 영화의 대부분이 1~2권 분량이었기에 활동사진 상영에 있어 아직 변사의 영향력

---

8 (能楽のうがく 에서) 주역이 가면이나 정식 의상을 갖추지 않고, 반주도 없이 노래만으로 혼자 추는 약식 춤.

9 S.I.生, 〈滿韓印象記〉, 《活動寫眞界》, 14호, 1910.

이 크지 않았다.

위와 같은 식의 변사연행은 곧 바뀌었다. 이미 일본에서는 화면을 보면서 설명하는 중설이 보편적인 영화상영 방식이었는데 한 명의 변사가 화면을 보면서 조선어와 일본어를 동시에 사용하여 영화를 설명할 수 없었다. 조선인 관객이나 일본인 관객 모두를 만족시키기 위해서는 변사의 언어에 따른 관객의 구분이 요구되었다. 다시 말해 극장의 민족 간 구분이 필요했던 것이다.

조선인과 일본인이 함께 모여 관람하던 경성고등연예관은 자연스럽게 민족 간 갈등의 장이 되었다. 일제가 조선을 강점하기 전인 1910년 4월, 경성고등연예관의 조선인 변사가 〈인도의 생활〉이라는 필름을 상영하면서 관객들에게 인도가 영국의 영토가 된 이유가 무엇인지를 묻고 우리가 어떠한 상황에 처해있는지를 설명하며 관람객들의 배일감정을 자극했다. 이 조선인 변사는 곧바로 일진회 기관지인《國民新報》를 통해 비판 받았다. 일본인 변사가 하지 않은 설명을 하여 배일사상을 고취하는 것은 한일친선에 좋지 않은 영향을 준다는 이유였다.[10] 이처럼 민족 간 갈등의 장이던 경성고등연예관은 조선인상설관인 우미관, 일본인 상설관인 대정관, 황금관이 건립되어 한 가지 언어로만 설명하면서 자연스럽게 연행방식이 바뀌었다.

하지만 지금까지 경성고등연예관에서의 변사 연행을 설명하는 많은 연구물에서는 일본어와 조선어의 이중 언어로 변사의 중설이 연행되었다는 주장을 펼친다. 이러한 주장은 유흥태(柳興台)와 이구영(李龜永) 등의 증언을 근거로 하고 있다. 우선 서상호가 우미관 화장실에서 비명횡사하자《朝光》에 서상호 일대기를 실은 유흥태의 글을 살펴보자.

> 스물세 살에 고등영화관 변사로 드러간 서상호는 굴다란 목청으로 익살을 떨어가며 짐짓 인기를 끌기 시작하였는데 대본(臺本)을 한번보고 대번에 화면의 진행과 해설의 「템포」를 맞추는 점에 있어 그를 따를

10 〈演藝館 排日 鼓吹〉,《國民新報》, 1910.4.29.

사람이 없으리만치 천재적 기능을 보였다. 제이 계단에 드러가 「타이틀」에 없는 말을 그럴듯하게 창작하야 집어넣어서 더 한층 갈채를 받기 시작하였으며 「타이틀」에 「쫀」이나 「메리―」로 있건 말건 대중에 영합하기 위하여서 김서방 박서방 홋두루 맛두루 이름을 붙이다가 나종에는 「메리―」가 「뺑덕어멈」이 되여 나오기까지 하였다.[11]

유흥태의 글은 1938년의 기록이다. 해방이후의 증언들 보다는 신빙성이 있지만 이 역시 30년이 다된 기억이기에 정확하다고 볼 수는 없다. 이 기록에 묘사된 서상호의 경성고등연예관 활동은 경성고등연예관이 제2대정관[12]으로 바뀐 이후, 그러니까 제2대정관으로 바뀌어 일본인극장으로 운영되다가 다시 조선인 극장으로 전환되어 서상호가 제2대정관의 주임변사로 옮겨온 1914년 6월 이후의 상황으로 추정된다. 서상호는 1912년 1월 창단된 신파연극단체인 혁신선미단(革新鮮美團)의 단원으로 활동했는데 단체가 해산된 직후 우미관이 개관하면서 우미관의 전속변사로 옮겨갔다.[13] 경성고등연예관에서의 활동은 1911년까지였다. 앞서 살펴보았듯이 이 당시 경성고등연예관은 조선인과 일본인관객 모두를 대상으로 영화를 상영하여 전설만이 이루어지던 시절이었다.

이와 같은 착각은 이구영도 마찬가지이다. 이구영의 글은 〈事件으로 본 映畵裏面史〉라는 제목으로 이영일이 주간하던 잡지 《映畵藝術》에 연재되었다. 이 글에서 이구영은 서상호가 조선어와 일본어를 번갈아 사용하여 설

---

11 柳興台, 위의 글, 123쪽.

12 제2대정관은 1913년 대정관을 소유하고 있던 닛다 고이치가 고등연예관을 매수하여 제2대정관으로 개칭했으며, 잠시 조선인전용극장으로 전용된 적이 있었다. 이후 세계관으로 개칭되었다가 그 영업권이 1916년 유락관으로 넘어갔다.

13 서상호는 우미관이 개관하면서 우미관 주임변사로 자리를 옮겼다. "다년 활동수진관의, 변수로 도라단이며, 혹은 신파연극의, 빅우 노릇도 ᄒ던 서샹호(徐相浩)는, 이리뎌리 구을다가 작년 십이월 기관과, 동시에 우미관의, 쥬임변사가 된바," 《每日申報》, 1913.5.3.

명을 했으며 설명이 끝나고는 조선인 관객들이 서상호에게 너도 조선인인데 왜 일본인 편을 드냐며 야유를 보냈다고 기록했다. 그 기록을 살펴보면 다음과 같다.

> 그날 상영작품은 권투 對 유도의 대항시합을 보인 사진이었다. 물론 권투는 서양사람이요 유도는 일본인이다. 이날 따라 徐相昊은 무대위에서 화면에 맞추어 열연설을 토했다. 일본말 한국말 관객은 아연 긴장했다. (중략) 먼저 권투가 이겼다. 약속이나 한 듯이 조선인측에서 환성이 일어났다. 반대로 일본인들은 이 편을 야유하고 욕을 퍼부었다. 다음번에서 유도가 이겼다. 일본측에서 박수와 환호성이 터졌고 반대로 우리측은 실망하는 혀를 찼다. 몇 번인가 승부가 반복되면서부터 관객의 흥분도 높을 대로 높았다. 徐相昊은 유도편을 무대에서 응원하는 것이 아닌가. 『이놈아 너도 조선사람 아니냐 어떤 놈을 응원하는거냐』 하는 호령조가 객석에서 튀어 나왔다. 아슬하게 유도가 졌다. 우리측 관객은 와 소리를 지르고 일어서다시피 아우성이 터졌다. 결국은 최후로 유도가 승리를 거두는 것으로 끝이 났다. 어둠속에서 먼저 일본인들이 던지는 방석 조각과 귤껍질이 날아왔다. 한국측에서도 맞대항이 됐다. 있는 대로 던지고 욕설을 퍼붓고 일본인들은 게다 짝으로 한국사람을 때리기까지 하였다.[14]

이구영은 일본인관객과 조선인관객이 함께 했던 경성고등연예관을 민족의식을 확인하는 장소로 이해했다. 이는 해방 이후 민족주의적 시각으로 식민지시기를 바라보았던 원로영화인들의 욕망과 맞닿아 있다.[15]

어릴 적 이구영이 경험한 경성고등연예관에 관한 기억은 착각과 과장이 있을 수 있다. 경성고등연예관의 존속기간은 1910년에서 1913년까지였으

---

14 李龜永, 〈事件으로 본 映畵裏面史〉, 《映畵藝術》, 1970년 12월호, 81쪽.

15 이순진, 「식민지시대 영화 검열의 쟁점들」, 한국영상자료원 엮음, 『식민지 시대의 영화검열』, 한국영상자료원, 2009, 22~23쪽.

며 서상호가 경성고등연예관에서 활동하던 시기는 혁신선미단이 만들어지기 이전인 1911년까지이다. 이구영에게는 10세 전후의 기억이다. 희미한 기억을 또렷이 소환해 낼 때에는 어떤 이유가 있었을 것이다. 이 증언이 이루어지던 시기가 민족주의를 앞세우던 박정희정권 시기이며, 이를 녹취하고 글로 풀어낸 인물이 민족주의라는 틀로 영화사를 구성하려고 했던 이영일이라는 점, 더욱이 이구영이 해방직후 우익 민족주의 계열에서 활동하며 〈안중근사기〉(安重根史記), 〈삼일운동기〉(三一運動記) 등의 작품을 연출했다는 점은 위와 같은 서술이 민족주의적 욕망에 의해 감염된 증언이라는 점을 의심하게 한다.

이 증언의 본질은 민족 간 갈등에 초점이 맞추어져있다. 하지만 변사의 연행이라는 측면에서 본다면 경성고등연예관에서 중설이 있었다는 점이 드러난다. 앞서 살펴 본 것처럼 언어에 따른 극장의 구분이 생기기 이전인 1912년경 까지, 영화 상영은 주로 전설만 존재할 수밖에 없었다. 조선인관객과 일본인관객을 모두를 대상으로 하기 위해서는 이중 언어로 영화의 설명이 이루어져야 하는데 이는 쉬운 일이 아니었다. 그렇다면 이구영의 글은 당시의 소동을 강조하기 위해 중설이 있었던 것처럼 잘못 기록했을 가능성이 크며, 유흥태의 글과 마찬가지로 경성고등연예관이 이름을 바꾼 제2대정관에서 있었던 일을 경성고등연예관에서 있었던 사건으로 착각했을 가능성도 있다. 경성고등연예관과 제2대정관은 같은 건물이었는데 주인이 바뀌면서 이름도 바뀐 것이다.

이처럼 이구영은 자신의 정확하지 않은 기억을 상상력을 동원해 구체화시켜놓았다.[16] 그렇다면 여기서 정확히 판단할 수 있는 것은 경성고등연예관 개관 직후에는 변사의 설명은 전설만 있었다는 사실 뿐이다.

---

16 이구영의 증언이 구체화된 데에는 이구영의 글이 이구영 본인이 직접 쓴 글인지, 구술을 바탕으로 《映畵藝術》을 주간하던 이영일이 재구성한 것인지 확인할 필요가 있다.

제3절 언어에 따른 극장분화와 변사연행의 변화

조선인관객과 일본인관객 모두를 대상을 했던 경성고등연예관에서는 중설을 할 수 없었다. 서상호(徐相昊)나 김덕경(金悳經)처럼 일본어와 조선어 모두에 능한 변사가 있었지만 아무리 능숙한 변사라도 화면을 보면서 일본어와 조선어로 번갈라 설명하는 것은 쉬운 일이 아니었다.

중설은 1912년 말, 변사의 언어에 의해 조선인극장, 일본인극장으로 나뉘면서 시작되었다. 조선인 상권이던 관철동에 세워진 우미관(優美館)에서는 조선인 변사만 활동했으며 자연스럽게 조선인 관객이 주를 이뤘다. 황금정(지금의 을지로) 도로확장과 근대식 놀이공원인 황금유원(黃金遊園)의 개장으로 새로 개발된 황금정 4정목 부근의 대정관(大正館)과 황금관(黃金館)은 일본 도쿄의 아사쿠사(淺草)식 상영방식을 도입하여, 일본인 변사의 연행으로 활동사진 상영이 이루어졌다. 변사의 언어에 따라 극장과 관객이 분화되자 본격적인 변사의 중설이 가능했다.

[자료] 황금유원 광고(《매일신보》, 1913.6.22.)

중설의 시작과 함께 변사연행에 있어 몇 가지 큰 변화가 있었다. 일본인 극장에서는 실사영화나 서양영화는 설명변사라 불리는 설명자가 나와 설명하는 식으로 변사연행이 이루어졌다. 반면, 일본에서 제작한 신파영화나 구극영화는 일본에서처럼 연극변사라고 불리는 여러 변사가 동시에 나와 스크린 속 배역의 목소리를 연기하는 방식으로 영화가 상영되었다. 아래의 안종화의 증언은 이를 뒷받침한다.

> 대정관(大正館)이나 황금연기관(黃金演技館)은 주인도 일본인이었지만 관객도 거의가 일인이었다. 당시는 일본 활동사진이 한창 싹트고 있던 때였으므로, 대정관·황금연기관에는 이따금씩 일본 활동사진이 등장했다. 「가부기(歌舞伎)」같은 순 일본식 극도 있었고, 또한 검술(劍術) 장면을 무대극 모양으로 원거리(遠距離)에서 한꺼번에 촬영한 것도 있었다. 이럴 때면 일본인 변사들이 대여섯명씩 나와 극중 인물(劇中人物)을 제각기 하나씩 맡아 가지고 연극의 대사를 주고 받는 식으로 해설을 했는데...[17]

성우와 같은 역할을 담당하는 연극변사들이 등장하자 여자배역은 여자변사가 맡아 목소리 연기를 했다.[18] 신파극단에 여배우가 존재하지 않던 시기에 여자변사가 존재했다는 것은 흥미로운 사실이다. 이러한 연행 방식은 일본인 극장에서 주로 이루어졌으나,[19] 한때 조선인관객을 대상으로 영업을 했던 제2대정관에서 이를 도입한 흔적이 보인다.[20] 그러나 이후 기록이 발

---

17 安鍾和, 앞의 책, 34쪽.
18 "황금뎡 황금유원에셔는 다른 유희물 오락물도, 만히 잇거니와, 너디 유명흔 빅우 등이, 흥힝흔 연극으로, 미일 셩황이오, 더욱이 녀편네로 셜명흐는 녀변ᄉ(여변사)도 잇다더라"《每日申報》, 1913.2.2.
19 일본인극장이던 대정관과 황금관의 광고에는 "聲色鳴物을 入ᄒ야 貴覽에 供홈" 혹은 "鳴物聲色入" 등의 표현으로 이를 표현했다.《每日申報》, 1913.2.2. 참조
20 1914년 제2대정관의 전단지에는 여변사, 소년, 등의 배역과 변사이름이 기록되어 있다. 일본 구극 활동사진을 연행하는 방식을 조선인극장에서 차용하려 했던 흔적

견되지 않는 것으로 보아 오래 지속되지는 않았던 것 같다. 이러한 방식의 변사연행은 일본인 극장의 특징이었으며 일본인 상설관에 더 많은 수의 변사가 있을 수밖에 없음을 보여주는 것이었다.[21]

조선인극장에서의 변사연행은 어떠했을까? 일본의 구파, 신파 영화들이 상영되지 않았던 조선인극장에서는 설명변사만이 존재했다. 변사들은 자신의 설명 스타일에 맞춰 중설을 했다. 이에 누구누구는 어떤 장르의 설명에 능한지가 구분되어 변사들끼리 서로 경쟁하게 되었다.[22] 경쟁에 낙오한 변사도 나타났다. 변사의 원조 중 한명인 우정식(禹正植)은 생활고를 이기지 못하고 자살을 기도한 것이 신문에 보도되기도 했다.[23]

또한 상영 전에 영화에 대한 대략적인 소개를 하던 전설이 변사들이 등장하는 막간여흥이나 변사극 등이 추가되어 활동사진관의 주요 레퍼토리로 자리 잡았다. 막간여흥은 우미관의 서상호를 조선의 활동사진 역사에 있어 최초의 스타로 만들었다. 서상호는 자전거 클락션을 이용한 "뿡뿡이 춤"으로 인기를 얻었다.[24] 이에 따라 중설과 막간 흥행이 시작되는 1913년부터 변사의 신변잡기나 사생활에 주목하는 신문과 잡지기사들이 조선에도 등장하기 시작했다. 각종 스캔들의 주인공이었던 황금관의 일본인 변사 유모토 교하(湯本狂波)는 재조일본인 사이에서 최초의 스타 변사로 떠올랐다.[25]

일본인극장의 활동사진 상영방식은 연쇄극의 도입과 관련 맺게 된다. 1915년 인천의 인천가부키좌[26]에서 제작한 연쇄극이 상영된 이후 조선에서

이다.

21 1922년 제1회 변사자격시험의 응시변사는 일본인 41명 조선인 13명이었다. 《東亞日報》, 1922.6.28.
22 한국예술연구소 편, 앞의 책, 75~76쪽.
23 〈活辯의 자살미수 싱활곤난으로〉, 《每日申報》, 1916.12.22.
24 柳興台, 앞의 글, 124쪽.
25 〈京城活辯の裏表〉, 《朝鮮公論》, 1913年 12月號, 102쪽.
26 北野南窓, 〈釜山より〉, 《活動寫眞雜誌》, 1915年 2月號, 114쪽.

는 미즈노 강게쓰일좌(水野觀月一座)처럼 독립된 극단이 필름을 가지고와 연쇄극을 상영했다. 이는 자주 있는 일이 아니었다.

1916년 하야가와연예부가 경영하던 황금관에서 연쇄극을 상영하면서 상황이 바뀐다. 일본에서 연쇄극 필름의 제작은 주로 텐카츠와 고바야시상회(小林商會)에서 맡아 했다. 이중 고바야시상회는 연쇄극 필름을 제작하기 위해 본향좌(本鄕座), 중앙극장(中央劇場), 미쿠니좌(みくに座), 구파(舊派) 등 4개의 소속 극단을 가지고 있었다.[27] 고바야시상회에서 가져온 필름은 하야가와연예부에서 운영하던 유락관에서 상영되었다. 연극변사가 존재하지 않던 조선인극장에서는 연쇄극을 상연할 수 없었다. 그렇기 때문에 조선인극장인 단성사에서는 1919년 신파극단인 신극좌(新劇座)와 혁신단(革新團)을 전속으로 두고 연쇄극을 제작했다.

조선인 변사들이 꾸준한 활동을 한 것에 비해, 1910년대 초반 조선에서 활약한 일본인 변사들은 자주 바뀌었다. 1925년 당시 대정관에서 변사로 있던 다케모토 쿠니오(竹本國夫)는 1917년에 조선으로 이주하여 변사로 활동했는데 그가 처음 조선으로 건너올 당시를 회고한 글을 보면 유락관의 주임변사로는 난고 기미토시(南鄕公利), 객원변사로는 후지노 스이코(藤野睡虎), 치요다 쎄츠레이(千代田雪嶺), 이시다 교카(石田旭花), 다케모토 쿠니오(竹本國夫) 등이 있었고, 대정관에는 후쿠야마 교카(福山曉花), 미야지마 다모츠(宮島保), 모모야마 롱그(桃山ロング) 등이 변사로 재직했다고 한다.[28]

다케모토의 회고에 기록된 일본인 변사들의 이름은 하야가와연예부에서 유락관을 사들여 다시 개관할 당시의 신문 광고에서 찾아 볼 수 있다. 유락관에서는 개관 기념 연쇄극으로 사회극 〈백만원〉(百萬圓)을 공연했는데 이

---

27 編輯局, 〈活動俳優所屬並に人員〉, 《活動之世界》, 1917年 9月號, 63쪽.
28 竹本國夫, 〈京城 映畵界の今昔〉, 《朝鮮公論》, 1925年 2月號, 84~89쪽.

작품에 출연한 변사들로는 주임변사 난고 기미토시(南鄕公利)를 비롯하여 마쓰이 호우비(松井峯聲), 미야기(宮城晴美), 미즈타니 쥬타로(水谷重太郎), 사쿠라 쿄후(櫻狂風), 후지타(藤田麗月), 기노시타 마이코(木下米子), 다치바나 히데코(立花日出子), 무라마츠 야에코(村松八重子), 하나다 치에코(花田智惠子) 등이 출연했고, 서양 활극 〈로-즈 중위(ロ-ズ 中尉)〉의 설명은 양화주임 우스다 한쿄(薄田半曉)가 맡았다.[29]

다케모토의 회고나 1917년 유락관 개관 당시 신문에 실린 유락관 소속 변사들의 이름을 보았을 때, 1913년 당시 경성에서 활동하던 변사들은 한명도 남지 않았다. 불과 4년 만에 경성내의 모든 일본인 변사들이 교체된 것이다.

1918년 6월 유락관에서 있었던 블루버드 영화 상영회의 해설자로는 난고 기미토시(南鄕公利), 다케모토 쿠니오(竹本國夫), 무라이 케이다(村井溪汀), 와타나베 슌게쓰(渡邊春月), 치요다 쎄츠레이(千代田雪嶺), 후지노 스이코(藤野睡虎)[30] 등이 출연했다. 유락관의 경우 1년 사이에 변사주임 난고와 후지노를 제외한 모든 인물들이 새롭게 바뀌었다.

이렇듯 일본인 변사들의 잦은 이동은 빨리 돈을 벌어 다시 일본으로 돌아갈 목적을 가지고 조선으로 건너온 사람들이 대부분이어서 그러했을 것이다.

경성의 흥행 산업이 일본인 위주였다는 증거는 1922년에 있었던 변사자격시험을 통해 확인할 수 있다. 「흥행물취체규칙」이 실시된 이후 변사의 단속을 위해 1922년 경기도 경찰부에서 활동사진변사들의 자격시험을 보고 자격증을 부여했다. 자격증이 있는 변사에 한해 활동을 할 수 있게 제한했다. 아래는 이를 기록한 신문 기사이다.

---

29 《京城日報》, 1917.3.21.
30 《每日申報》, 1918.6.7.

활동변사의 상식시험

데일회는 호성적 여자도 네명참가

경긔도 경찰부(경기도 경찰부)에서는 흥행물취테규측(흥행물취체규칙)을 실시한 이래로 이에 관연되는 모든 것을 엄중히 단속할 예명으로 활동사진 「필림」도 도텽에서 먼저 검사를 한후에야 각 활동사진관에서 공개하게 될 터인대 이에 짜라서 활동사진 변사들의 시험을 뵈이게 되야 작일 오전 아홉시부터 경찰부 별실에서는 데일회의 시험이 거행되얏다. 검은 장막뒤에서 목소리만 팔든 변사들은 박쥐의 생활갓치 밤낫을 밧구어지내는 그들은 요사이 긴긴 해에 아홉시라 하면 다른 사람들은 벌써 겨울 짜른 해의 하로 일만치나 활동을 하얏슬 터인데 얼골에 조름이 가득하야 주먹으론 두 눈을 부비며 모히어 들었다. 이번에 시험을 보겟다고 청원한 사람이 총계 오십사명 중 여자가 사명이요 조선사람이 열세명인대 정각까지 대어오지 아니한 사람이 여달명이엇다. 그들은 원래 어둔 곳이 자긔들의 활동무대라 별로 괴이치는 아니하나 시험장소의 휴게실도 안성마침으로 어두컴컴한 광 속으로 정하야 그늘에서 자란 밀대가튼 그들의 헤멀건한 얼골이 모히어 선 것은 산 활동사진을 구경하는 감상을 이르킨다. 원래 이번 시험의 방침은 처음임으로 그다지 어려운 과목은 보이지 아니하고 상식(常識)과 품행단정을 주장으로 한다하며 검은 경관의 복장을 입고 쌘적거리는 「사벨」을 찬 경부가 정면 교의에 거러안고 한 사람식 불너들이어 구술시험을 보이는대 어둔 장막 뒤에서나 말을 잘 하는 줄로 알앗든 그들은 밝은 곳에서도 노뭉치로 개를 쌔리드시 시험관의 뭇는 말을 것침업시 연설을 하는 것은 한 긔관이엇다. 그러나 그 중에는 경관 압이라는 이상스러운 싱각이 드러가서 그러한지 상설관에서 듯는 말갓치 활발치 못한 사람도 잇섯고 가는 소래로 관중의 신경을 일으키든 녀변사들도 상당한 답안의 설명이 잇섯다더라[31]

---

31 《東亞日報》, 1922. 6. 28.

이 기사를 토대로 정리 해보면 제1회 변사자격시험은 1922년 6월 27일 오전 9시부터 경기도 경찰부 별실에서 치러졌다. 총 접수자는 54명이었고 이 중 여자가 4명, 조선인 변사는 13명이었다. 접수자 중 8명이 시험응시를 하지 않아 최종 응시자는 46명이었다. 시험 내용은 상식(常識)과 품행단정에 관한 사항이었다. 시험은 구술시험으로 치러졌다. 구변에 능한 변사들이 더듬거리거나 웅변조로 연설하거나 하는 것들이 기자의 눈에는 흥미로워 보인 듯하다. 자격시험은 강제사항이 아니었기 때문에 응시를 하지 않은 변사들도 있었다. 1922년 당시 경성의 변사 수는 총 접수자 54명 보다 훨씬 많았을 것이고 일본인 변사의 수 역시 41명 보다 많았을 것이다.

제13장　　　　연쇄극의 유입과 정착

제1절 조선에서 연쇄극의 유입과 상연

1) 연쇄극의 유입

연결된 사슬이라는 의미를 지닌 "연쇄(連鎖)"라는 용어는 1900년대 일본에서 서로 다른 류(類)의 연예물이 결합하여 만들어진 혼합연예물을 지칭하는 용어로 사용되었다. 대부분의 연쇄물은 활동사진과 결합한 것이었는데 가장 큰 인기를 얻은 것은 신파 혹은 구파연극과 결합한, 통상 연쇄극(連鎖劇)이라 부르던 것이었다.[1]

연쇄극은 일본의 식민지로 전락한 조선에 유입되어 1915년부터 1920년대 초반까지 일본인 극장을 중심으로 큰 인기를 끌었다. 1919년부터는 조선인들도 연쇄극 제작에 나서 1919~23년 사이에만 수십편의 연쇄극이 제작,

---

1　1910년대 일본의 흥행계에서 크게 유행한 "연쇄물(連鎖物)"에는 신파극과 결합한 신파연쇄활동사진(新派連鎖活動寫眞), 나니와부시(浪花節)와 결합한 나니와부시연쇄활동사진(浪花節連鎖活動寫眞), 비파(琵琶)연주와 결합한 비파연쇄활동사진(琵琶連鎖活動寫眞) 등이 있었다.

상연되었다.[2]

연쇄극에 관한 연구는 1910년대 조선영화 연구의 중심이라 할 정도로 상대적으로 그 수가 많다. 신파극에서 연쇄극을 거쳐 극영화 제작이 시작되었다는 발전론적인 관점의 연구물에서 연쇄극은 신파극에서 극영화로의 전환을 보여주는 과도기적인 형태의 연예물로써 연구자들의 주목을 받았기 때문이다.

아쉽게도 연쇄극에 대한 연구는 대부분 1919년 이후에 제작된 조선인 연쇄극에 제한되어 있을 뿐 연쇄극이 조선으로 유입된 과정과 조선인 연쇄극이 제작되기 이전, 조선에서 상연된 일본인 연쇄극에 대한 연구는 전무하다. 이는 기존 연구의 한계이다.

일본에서 유행하던 연쇄극이 언제 처음 조선에 선보였을까? 최근까지 1915년 10월 16일 부산좌(釜山座)에서 공연된 미즈노 강게쓰(水野觀月) 일좌의 〈짝사랑〉(片思ひ)을 조선에서 상연된 최초의 연쇄극으로 언급했다. 미즈노 강게쓰 일좌의 연쇄극 공연은 김종원과 홍영철에 의해 처음 언급되었는데 2001년 발간된 홍영철의 『부산영화 100년』에는 부산의 연극공연장 부산좌를 소개하면서 부산일보(釜山日報)에 실린 미즈노일좌의 부산좌 공연 광고를 설명 없이 실었고[3] 같은 해 발간된 김종원과 정중헌이 공저한 『우리영화 100년』에서는 "우리나라에 연쇄극이 처음 들어온 것은 1915년

---

2 김수남은 1919년 제작된 김도산(金陶山)의 연쇄극 〈의리적 구토〉(義理的仇討)에서부터 1933년 제작된 나운규의 연쇄극 〈승리자〉(勝利者)까지 총 28편의 연쇄극 목록을 정리한 바 있다.(김수남, 「연쇄극의 영화사적 정리와 미학적 고찰」, 『영화연구』 20호, 2002, 61~72쪽.) 이중 연쇄극의 전성기라 할 수 있는 1920년대 초반까지는 15편이 확인된다. 그러나 목록에 포함된 〈인생의 구〉(人生의 仇)는 위생극이며, 〈애의 극〉(愛の極み)은 극영화이다. 백문임은 김수남의 연쇄극 목록에 자료조사를 통해 확인한 1923년까지 상연된 조선인 연쇄극을 추가하였다. 백문임의 조사에 따르면 총37번의 연쇄극 상연을 확인 할 수 있다. (백문임, 「조선 영화의 '풍경의 발견'」, 『동방학지』 제158집, 2012, 304~306쪽.)

3 洪永喆, 『釜山映畵 100年』, 韓國映畵資料硏究院, 2001, 20쪽.

10월 16일, 대한매일신문의 연재소설을 무대화한 미즈노 강게쓰일좌의 〈짝사랑〉이 부산의 부산좌에서 개연하면서 부터"[4]라며 미즈노 강게쓰일좌의 연쇄극이 조선에서 최초로 상연된 연쇄극이라며 그 의미를 부여했다. 오사카마이니치신문(大阪每日新聞)을 대한매일신문으로 오기(誤記)하기는 했지만 조선에서 상연된 일본인 연쇄극에 관한 관심을 표명했다는 점과 연쇄극 유입시기를 기존의 원로 영화인들의 증언[5]보다 훨씬 앞당겼다는 측면에서 의미 있는 발견이라 할 수 있다.[6]

이어 김려실은 2006년에 발간된 『투사하는 제국 투영하는 식민지』에서 김종원이 오기한 부분을 오사카마이니치신문으로 정정했다. 하지만 광고문안의 연쇄겸용(連鎖兼用)이라는 문구를 토대로 〈짝사랑〉 외에 서양활극(泰西活劇)인 〈형사의 고심〉(刑事の苦心), 신파비극 〈마법의 바구니〉(魔法の籠)까지 연쇄극으로 보는 오류를 남겼다.[7] 당시 연쇄극단의 프로그램은 연쇄극 한편과 그 외 서양영화, 일본영화를 섞어 하루의 프로그램을 편성하거나 연쇄극 한편과 여러 편의 신파극을 섞어 상연하는 것이 일반적이었기 때문에 광고에 표기된 연쇄겸용이라는 문구는 〈짝사랑〉에 한한 표현이었다. 태서활극, 신파비극으로 표기된 〈형사의 고심〉, 〈마법의 바구니〉는 연쇄극이 아닌 활동사진이다.[8]

이와 같은 연구의 결과와는 별개로 미즈노 강게쓰일좌의 연쇄극에 최초라는 수식어를 부여하는 것은 수정될 필요가 있다. 부산좌 공연보다 이른

---

4 김종원, 정중헌, 『우리영화 100년』, 현암사, 2001, 60쪽.
5 일본의 연쇄극이 조선의 일본인 극장에서 상연된 예로 안종화는 1918년에 개연한 세토나이카이(瀬戸内海)일좌의 공연을 언급한바 있다. 安鍾和, 앞의 책, 38쪽.
6 김종원의 주장을 인용한 김수남 역시 〈짝사랑〉이 대한매일신문 연재물로 오기하고 있다. 김수남, 『광복 이전 조선영화사』, 월인, 2011, 48쪽.
7 김려실, 앞의 책, 59쪽.
8 정종화 역시 김려실의 주장을 반복하고 있는데 그는 〈형사의 고심〉이 김도산의 연쇄극과 동일한 제명임을 강조한다. 정종화, 「조선 무성영화 스타일의 역사적 연구」, 중앙대 박사논문, 2012, 58쪽.

[자료] 인천가부키좌

시기인 1915년 4월, 인천가부키좌(仁川歌舞伎座)에서 연쇄극이 공연되었기 때문이다.

인천가부키좌에서 연쇄극이 공연 된 과정은 영화산업의 변화와 맞물려 있다. 1914년 10월 31일, 인천여관(仁川旅館)을 운영하고 있던 시미즈 슈조(淸水周藏)가 인천 신정(新町)에 활동사진 전용관인 표관(瓢館)을 설립했다.[9] 인천 최초의 활동사진 전용관인 표관은 개관 직후 하야가와연예부(早川演藝部)의 필름을 받아 상영했는데 하야가와연예부가 직영하던 경성의 황금관에서 상영된 프로그램을 곧바로 이곳에서 상영하였기에 인천의 관객들은 키네마칼라(Kinemacolor) 영화를 비롯해 비교적 최신의 영화를 경성에서와 마찬가지로 관람할 수 있었다.

---

9 〈仁川に新らしき常設館〉, 《朝鮮新聞》, 1914.8.3. ; 〈瓢館開館式〉, 《朝鮮新聞》, 1914.10.31.

표관이 설립되자 인천 흥행계의 중심은 무대극이 상연되던 인천가부키좌에서 활동사진관인 표관으로 급속하게 재편되었다. 이로 인해 그동안 인천의 흥행계를 주도하던 인천가부키좌는 경영에 큰 타격을 입을 수밖에 없었다. 결국 인천가부키좌의 소유주이자 인천거주 일본인을 대표하는 가라이 에이타로(加來榮太郞)는 인천가부키좌 소속 배우들을 오사카로 보내 간사이(關西) 지역에서 큰 인기를 끌고 있는 연쇄극을 배워 오도록 한다.

간사이 지역에서 인기를 끌고 있던 연쇄극이 도쿄에서 상연되어 인기를 끌기 시작한 것은 1915년 2월 연쇄극의 원조라 할 수 있는 야마자키 쵸노스케(山崎長之輔)일좌가 도쿄 아사쿠사 본향좌(本郷座)에서 연쇄극을 상연하면서 부터이다.[10] 1915년 4월 인천가부키좌에서 연쇄극이 공연된 것을 생각해보면 연쇄극은 아주 빠른 속도로 조선에 유입되었음을 알 수 있다.

1915년 3월 말, 인천가부키좌의 좌원들은 오사카 스기키상회(杉木商會)와 특약을 맺고 오사카에서 연쇄극 필름을 제작 후 인천으로 돌아와 연쇄극 상연 준비에 나섰다. 4월 1일 '물가의 밤폭풍'이라는 의미를 지닌 〈기의야

[자료] 인천가부키좌의 연쇄극 상연 신문기사(《朝鮮新聞》, 1915.4.1.)

---

10 橫田洋, 「連鎖劇の硏究 : 明治・大正期の映画と演劇の関係をめぐって」, 大阪大学博士論文, 2010, 55쪽.

람〉(磯の夜嵐)이 연쇄극으로 상연되었다.[11] 조선에서 처음으로 상연되는 연쇄극이었다. 4월 4일부터는 연쇄극 〈창일근〉(槍一筋),[12] 10일부터는 〈옥천염〉(玉川染め)이 상연되었다. 당시의 신문기사에는 인천가부키좌의 연쇄극이 관객의 "대호평을 받으며 매일 밤 만원의 관객을 동원"했다고 기록되었다.[13]

연쇄극을 상연하던 인천가부키좌는 연쇄극 상연 이후 문을 닫았다가 1915년 5월 22일 히가시 후쿠스케일좌(東福助一座)의 나니와부시연극(浪花節芝居) 공연에 맞춰 다시 영업을 시작했다[14] 인천가부키좌가 연쇄극 공연 후 문을 닫을 수밖에 없었던 이유는 예상 밖에 일찍 일본에서 제작해 온 연쇄극용 필름을 모두 소진하여 연쇄극 공연이 종료되었기 때문이다. 연쇄극 공연이 예상보다 일찍 막을 내린 것으로 보아 신문기사에서 언급한 것과는 달리 인천가부키좌의 연쇄극이 관객의 큰 호응을 얻지 못했을 가능성도 있다. 파급력이 크지 않았다는 점은 인천가부키좌에서 지속적으로 연쇄극을 제작하지 않았다는 점과 인천가부키좌의 연쇄극이 인천을 떠나 다른 지역에서 공연되지 않았던 것으로도 짐작할 수 있다.

2) 조선을 연쇄극의 배경으로

인천가부키좌에서 연쇄극 상연을 시도한 이후 일본의 연쇄극단들이 연쇄극을 상연하기 위해 직접 조선으로 건너오게 된다. 자연스럽게 경성에서도 연쇄극이 상연된다.[15]

---

11 〈仁川の連鎖劇〉, 《朝鮮新聞》, 1915. 4. 1.
12 〈仁川の連鎖劇〉, 《朝鮮新聞》, 1915. 4. 5.
13 〈仁川歌舞伎座〉, 《朝鮮新聞》, 1915. 4. 10.
14 〈演藝〉, 《朝鮮新聞》, 1915. 5. 21.
15 기존 연구에서는 1917년 3월 14일 황금관(黃金館)에서 상연된 〈문명의 복수〉(文明の復讐)를 경성에서 처음 상연된 연쇄극으로 꼽고 있다. (김종원, 정중헌, 위의

인천가부키좌에서 연쇄극 공연이 있은지 얼마 지나지 않은 1915년 6월 19일 자칭 연쇄극 상연의 원조라 칭하던 시부사와 에이(澁澤榮)[16]일좌가 경성의 수좌(壽座)에서 연쇄극을 상연했다.[17] 시부사와일좌가 수좌에서 상연한 첫 번째 프로그램은 연쇄극 〈유극〉(流劇)이었다. 이어 두 번째 프로그램으로 인천가부키좌에서도 상연된 바 있던 〈창일근〉(전8막)을 상연했다. 25일부터는 세 번째 프로그램인 〈의외의 죄〉(意外の罪, 전편)와 희극 〈게이샤의 성〉(藝者の誠, 3장)을, 마지막 네 번째 프로그램으로 〈기연〉(奇緣, 전편)과 〈폐마〉(癈馬)를 상연했다.[18]

시부사와일좌는 수좌에서 연쇄극 상연을 끝낸 직후인 6월 30일부터는 장소를 인천가부키좌로 옮겨 연쇄극을 공연했다. 30일에는 오사카마이니치신문에 연재되었던 〈소설〉(小ゆき, 전편)을,[19] 7월 5일부터는 〈파운드맨〉(ポンドマン)을 상연했다.[20] 흥미로운 것은 시부사와일좌의 공연 레파토리가 다양하다는 점인데, 이는 당시 대부분의 신파극단들이 매일 혹은 이틀에 한 번꼴로 레퍼토리를 바꾸었고, 마찬가지로 연쇄극단들도 다양한 연쇄극 레파토리를 가지고 여러 도시를 순회했기 때문에 그러했다.

경성과 인천에서의 공연을 마친 시부사와일좌는 1915년 8월에는 평양 앵좌(櫻座)에서도 연쇄극을 공연했다. 특기할 점은 평양에서는 대동강을 배경으로 연쇄극 필름을 제작했다는 것이다. 오사카에서 초빙해 온 촬영기사

　책, 60쪽 ; 우수진, 『한국 근대연극의 형성』, 푸른사상, 2011, 292쪽.)

16　시부사와 에이(澁澤榮)는 '일본 자본주의의 아버지'라 불리는 시부사와 에이이치(澁澤榮一)의 이름을 차용한 예명으로 추정된다. 시부사와 에이이치는 이토 히로부미(伊藤博文)와 함께 "연극개량"을 위해 연극개량회(演劇改良會)를 조직한바 있고, 제국극장의 설립에도 관여한 바 있다. 연쇄극단 시부사와 에이일좌와 시부사와 에이가 어떤 인물인지는 보다 세밀한 추가연구가 필요하다.

17　〈演藝〉, 《朝鮮新聞》, 1915.6.17.

18　〈澁澤一座と癈馬〉, 《朝鮮新聞》, 1915.6.28.

19　〈演藝〉, 《朝鮮新聞》, 1915.7.2.

20　〈連鎖劇と割引〉, 《朝鮮新聞》, 1915.7.5.

[자료] 평양에서 촬영된 연쇄극 기사(《朝鮮新聞》, 1915.8.12.)

가 모란봉 등 대동강안의 승경(勝景)을 배경으로 촬영을 했고, 이렇게 제작된 연쇄극은 8월 13일부터 평양 앵좌에서 상연되었다.[21] 아쉽게도 어떠한 제명의 작품이 제작되었는지는 알려지지 않았으나 이들이 제작한 연쇄극은 조선을 배경으로 만들어진 최초의 연쇄극이라는 점에 의의가 있다.

지금까지의 연구에서 조선을 배경으로 촬영되고 상연된 일본인 연쇄극으로는 김종원이 언급한 바 있는 〈문명의 복수〉와 호시노 유우꼬가 언급한 〈노도의 달〉(怒濤の月) 등이 알려져 있었다. 1917년 3월 14일 황금관에서 상연된 〈문명의 복수〉는 울산에서 일어난 '백골사건'의 진상을 다룬 것이며,[22] 1917년 10월 수좌에서 상연된 기시노야(義士廼家)일좌의 〈노도의 달〉은 경성의 주요 장소에서 촬영이 이루어졌다.[23]

시부사와일좌가 평양을 배경으로 제작한 조선을 배경으로 한 연쇄극은 조선을 배경으로 촬영된 연쇄극의 시작을 1915년으로 앞당긴 것으로 일본

---

21 〈大同江で活動寫眞〉, 《朝鮮新聞》, 1915.8.7. ; 〈平壤の活動寫眞〉, 《朝鮮新聞》, 1915.8.12. ; 〈演藝〉, 《朝鮮新聞》, 1915.8.15.

22 김종원, 정중헌, 위의 책, 60쪽.

23 호시노 유우코, 「'경성인'의 형성과 근대 영화산업 전개의 상호 연관성 연구」, 서울대석사논문, 2011, 84~85쪽.

인 연쇄극의 수용과 정착이 지금까지 알려진 것 보다 이른 시기에 이루어 졌음을 증명한다.

제2절 연쇄극의 두 가지 형태

연쇄극은 크게 두 가지 형태로 구분 할 수 있다. 연극을 상연하는 도중 일부장면을 활동사진으로 보여주는 '연극 위주(본위)의 연쇄극'이 하나이고, 활동사진의 일부 장면을 연극으로 만들어 활동사진관 변사들의 실연을 통해 보여주는 '활동사진 위주(본위)의 연쇄극'이 또 다른 하나이다.[24] 연쇄극이 유행할 당시 일본에서도 연쇄극은 대체로 이 두 가지로 구분되었다.[25]

연극 위주의 연쇄극은 도쿄의 시네마상회(シネマ商會)와 같은 소규모 영화회사에 의뢰하여 제작한 필름을 이용했다.[26] 반면 활동사진 위주의 연쇄극은 텐카츠(天活)와 고바야시상회(小林商會)와 같은 대형 영화제작회사에서 자사 계통의 상설관을 위해 제작한 필름의 일부장면을 변사의 실연으로 상연한 것이다.

---

24 정종화는 신파극과 활동사진이 결합한 연쇄극의 형태를 다음의 네 가지로 구분한 바 있다. 1) 기록영화를 연극 사이의 배경으로 사용한 것. 2) 극영화의 일부 장면을 활용해 영화와 연극을 연쇄해 공연하는 것. 3) 연쇄극용 필름을 제작해 연극 사이에 사용하는 것. 4) 연쇄극용 필름과 다른 배우들이 공연하는 것. (정종화, 위의 논문, 59~60쪽.) 이는 결국 연극위주의 연쇄극과 활동사진위주의 연쇄극 형태로 수렴된다.

25 〈大正五年度日本物の鑑賞〉, 《キネマレコード》, 1917년 1월호, 17쪽. ; 橫田洋, 위의 논문, 68쪽.

26 1917년 7월호 《キネマレコード》의 보도에 의하면 도쿄의 시네마상회는 매주 각 도시에서 촬영의 주문이 밀려들어 부득이 일부 주문은 사절하는 상황이라고 설명하고 있다. 〈東京シネマ商會〉, 《キネマレコード》, 1917년 7월호, 346쪽.

1) 연극 위주의 연쇄극

조선에서 처음으로 연쇄극을 상연한 인천가부키좌에서는 일본에서 촬영해 온 필름을 가지고 연쇄극을 상연했다. 이들이 공연한 연극 위주의 연쇄극은 시부사와일좌와 같은, 조선에 건너온 일본의 연쇄극단들을 통해 널리 알려지기 시작했다. 1919년 이후에는 조선인 연쇄극단이 이를 차용하여 연쇄극을 만들면서 연쇄극의 대명사가 되었다.

연극 위주의 연쇄극은 연극 공연 중 몇 장면을 활동사진으로 구성한 것이었다. 이것은 연극의 일종으로 구분되었기 때문에 주로 활동사진관이 아닌 일반 흥행장에서 공연되었다. 잠시 활동사진관으로 이용된 적이 있던 수좌(壽座)는 일반 흥행장이었음에도 영사시설이 구비되어 있어서 경성에 온 연쇄극단들이 공연장소로 자주 이용했다. 1915년부터 1918년 사이에 일본에서 건너온 연쇄극단을 일람하면 다음과 같다.

[자료] 남촌의 대표적 극장 수좌

1. 1915년 6월~8월 : 시부사와 에이(澁澤榮)일좌(경성, 인천, 평양 등)
2. 1915년 10월~11월 : 미즈노 강게쓰(水野觀月)일좌, 세노(妹尾)사진
   부(부산, 마산 등)
3. 1917년 9월~10월 : 기시노야(義士酒家)일좌(경성)
4. 1918년 4월 : 기시노야본부(義士廼家本部)일좌, 나가노여우단(中
   野女優團) 합동(경성)
5. 1918년 5월 : 세토나이카이(瀨戶內海)일좌(경성)
6. 1918년 9월~10월 : 기시노야, 나가노여우단 합동(경성, 부산)

앞서 살펴 본 시부사와일좌에 이어서 미즈노 강게쓰일좌가 조선에서 연쇄극을 상연했다. 미즈노일좌는 조선물산공진회가 열리고 있던 1915년 10월, 부산으로 건너와 15일 〈짝사랑〉을 시작으로 〈백국물어〉(白菊物語)(19일), 〈신유자매〉(新乳姉妹)(23일), 〈신시조〉(新時鳥)(28일)와 같은 연쇄극을 부산좌에서 상연했다.[27] 부산에서의 공연이 끝난 후에는 마산의 환서좌(丸西座)로 옮겨 같은 프로그램을 공연했다. 이들의 공연은 세노사진부(妹尾寫眞部)가 동행했는데 세노사진부에서 연쇄극 필름을 제작과 함께 공연에 필요한 서양의 활동사진필름을 공급했을 것으로 추정된다.[28]

1916년에는 조선에 건너온 일본인 연쇄극단이 발견되지 않는다. 일본에서 연쇄극의 인기가 정점을 찍던 시기에 일본의 연쇄극단들이 굳이 조선에 건너 와 연쇄극을 공연할 필요가 없었기 때문이었다.

1917년 9월 조선에 건너와 연쇄극을 상연한 기시노야일좌는 이른 아침부터 오후 세시까지 경성 시내를 배경으로 배우들의 실연을 촬영한 후 그 필름을 현상, 인화하여 저녁 공연에 이용한다고 선전했다.[29] 기시노야일좌의

---

27 미즈노 강게쓰일좌가 경성에서 공연한 내역은 발견되지 않는다.
28 〈連鎖劇來る〉, 《釜山日報》, 1915.11.5.
29 기시노야일좌의 수좌 공연 광고에는 "連鎖は京城市內を背景になし野外實演を
   毎日撮影上場す", "毎日早朝より午後三時迄撮影"으로 기록되어 있다. 〈[廣告]
   壽座〉, 《京城日報》, 1917.9.19.

첫 번째 연쇄극 공연은 애초의 일정보다 6일이 늦은 1917년 9월 28일 시작되었다.[30] 처음 상연된 연쇄극은 기시노야일좌의 대표작인 〈가을칠초〉(秋の七草)(9.28~29.)였고,[31] 9월 30일에는 프로그램을 바꿔 연쇄극 〈소연〉(唉ぬ戀)(9.30~10.1.)이 상연되었다. 10월 2일부터는 신문에 광고한 것처럼 경성을 배경으로 한 연쇄극을 제작, 상연했다.[32] 처음 상연된 작품은 〈성금풍〉(成金風)(10.2.~3.)이었고 다음은 〈졸부의 앞길〉(成金振り前通り)(10.4.~?)이었다.[33]

기시노야일좌의 연쇄극이 경성의 일본인들에게 주목받게 된 것은 10월 6일부터 상연된 연쇄극 〈노도의 달〉 때문이었다. 이 작품은 1916~1917년 고바야시 슈게츠(小林蹴月)가 《경성일보》에 연재했던 소설로써 경성의 일본인들에게는 친숙한 이야기였다. 《경성일보》에서는 자사의 연재소설이 연쇄극으로 만들어지는 것을 계기로 기시노야일좌의 연쇄극 촬영과 상연을 대대적으로 홍보하였는데 이로 인해 경성의 일본인들은 어느 작품보다 〈노도의 달〉에 더 많은 관심을 가질 수 있었다.[34]

총 9장으로 구성된 〈노도의 달〉은 내용의 절반정도를 활동사진으로 구성했다. 촬영은 5일 오전부터 이루어졌으며 촬영장소 및 시간은 장충단(오전 9시), 파고다공원(오전 11시), 마포(정오), 한양공원(오후2시) 등지에서 이루어졌다.[35] 《경성일보》에서는 〈노도의 달〉의 야외촬영을 상세히 보도했

---

30 연쇄극의 인기를 증명하듯 기시노야일좌는 일본에서의 연장공연으로 수좌의 공연이 연기되었고 영화의 세관수속으로 인해 예정보다 6일 늦게 경성에서 연쇄극 상연을 시작할 수 있었다. 〈連鎖喜劇開演延期〉, 《京城日報》, 1917.9.28.

31 이날 상연된 프로그램은 1.희극 〈初産〉(2장), 2.희극 〈天下泰平〉(2장), 3.連鎖喜劇 〈秋の七草〉(18번), 4.구극 〈近頃河原達引お俊傳兵衛〉(1장)이다. 〈[廣告]壽座〉, 《京城日報》, 1917.9.29.

32 경성에서의 촬영은 9월 30일부터 경성일보사옥 광장과 사쿠라바(櫻バー)에서 시작되었다. 〈京城を背景に〉, 《京城日報》, 1917.10.1.

33 〈[廣告]壽座〉, 《京城日報》, 1917.10.4.

34 〈本紙連載の怒濤の月〉, 《京城日報》, 1917.10.5.

[자료] 〈노도의 달〉 촬영 장면

35 〈本紙連載の怒濤の月〉,《京城日報》, 1917.10.5.

다. 개연 후에는 〈노도의 달〉에 대한 호평을 실어 관객의 관심을 유도했다.[36]

〈노도의 달〉에서 관객의 주목을 받은 부분은 마포 바위 위에서의 격투 장면이었다. 이 장면에 대해 《경성일보》에서는 "영화의 백미"라 표현했다. 그 밖에도 한양공원과 본정거리의 실사장면 등도 관객의 호평을 받았다.[37]

1917년 경성에서 연쇄극 공연을 성공적으로 끝낸 기시노야일좌는 1918년 4월과 9월 나가노여우단과 함께 두 차례에 걸쳐 조선을 재방문했다. 자연스럽게 경성의 일본인 관객들에게는 기시노야일좌가 연극위주의 연쇄극을 대표하는 극단으로 인식되었다.

경성에서 연극위주의 연쇄극을 공연한 또 다른 극단은 1918년 5월 조선에 건너온 세토나이카이(瀬戸內海)일좌이다. 이들은 기시노야일좌처럼 공연이 이루어지는 장소에 집중하기보다는 키네오라마를 이용한 화려한 무대장치와 활동사진과 신파극의 유기적 결합을 통한 시각적 화려함에 집중했다. 공연(6일)의 예제는 〈항해일지〉(航海日誌)였는데, 활동사진으로 표현된 장면들은 배(高堂丸)의 화재장면(3장) 무인도에서의 격투(7, 8장) 장면과 같은 것으로 연쇄극 필름의 배경은 교토, 오사카, 고치(高知)의 경승지와 거친 태평양의 바다였다.[38] 이를 키네오라마(キネオラマ)기계를 이용하여 극적으로 표현해 내어 관객의 주목을 받았다.

2) 활동사진 위주의 연쇄극

1915년 4월 조선에 연쇄극이 처음 소개된 이후 조선에 건너와 연쇄극을 공연한 일본의 연쇄극단은 앞서 살펴 본 것처럼 그리 많지 않았다. 1916년 8월 10일 하야가와연예부가 운영하던 황금관에서 연예부 변사들이 출연한

---

36 〈初日の『怒濤の月』劇〉, 《京城日報》, 1917.10.7.
37 〈壽座の『怒濤の月』〉, 《京城日報》, 1917.10.8. ; 〈本紙連載小說『怒濤の月』劇〉, 《京城日報》, 1917.10.8.
38 〈[廣告]壽座〉, 《京城日報》, 1918.5.7.

구극연쇄 〈매천충병위〉(梅川忠兵衛)가 상연된 이래 조선의 일본인 관객들이 볼 수 있었던 연쇄극의 대부분은 주로 황금관과 유락관 등 활동사진관에서 상연된 활동사진 위주의 연쇄극이었다. 텐카츠나 고바야시상회 등지에서 제작한 3권~5권 정도의 연쇄극용 활동사진에 2장 정도의 실연이 가미된 이것은 경성의 일본인 관객들이 1910년대 후반까지 거의 매일 밤 관람할 수 있었던 것이다.

경성에서 활동사진 위주의 연쇄극을 주도적으로 상연한 곳은 하야가와연예부(早川演藝部)였다. 하야가와 마쓰타로(早川增太郎)가 설립한 하야가와연예부에는 지금의 성우와 같이 스크린 뒤에서 목소리연기를 주로 담당하는 다수의 성색변사(聲色辯士)가 있어 일본극 상영시 이들이 목소리 연기를 펼쳤다. 하야가와연예부가 황금관 운영을 포기하고 유락관을 운영하게 되는 1917년 3월, 하야가와연예부에는 변사주임 난고 기미토시(南鄕公利)를 위시하여 십여명의 남녀 변사가 있었다.[39] 이들 대부분은 무대극 배우 출신이었는데 이중 변사 미즈타니 쥬타로(水谷重太郎)와 같은 인물은 일본 신파극계의 대표자인 카와카미 오토지로(川上音二郎)와 함께 한때 상당한 인기를 끌던 배우였다.[40]

텐카츠에서 제작한 연쇄극용 필름을 이용하여 하야가와연예부가 상연한 연쇄극에는 어떠한 작품들이 있는지 살펴보자. 다음은 1916년 8월 10일 황금관에서 하야가와연예부의 활동사진위주의 연쇄극이 상연된 이후부터 1917년 3월 19일 하야가와연예부가 유락관으로 근거지를 옮길 때까지 황금관에서 공연된 연쇄극 목록이다.

---

39 이외에 하야가와연예부 소속 변사들은 松井峯聲, 宮城晴美, 水谷重太郎, 櫻狂風, 藤田麗月, 潘麻バンカラ, 木下米子, 立花日出子, 村松八重子, 花田智惠子 등이 확인된다. 〈[廣告]有樂館〉, 《京城日報》, 1917.3.21.

40 〈役者と辯士と藝妓〉, 《朝鮮公論》, 1919년 1월호, 118~120쪽, 김태현 편역, 『일본어잡지로 보는 식민지 영화』, 도서출판 문, 2012, 58쪽.

[표] 하야가와연예부의 황금관 연쇄극 상연 목록

개연일	장르	제목	권수	비고
1916.8.10.	구극	〈梅川忠兵衛〉		
1916.8.17.	구극	〈彦山權現誓の助太刀〉	2권	
1916.8.24.	신파대비극	〈松葉時雨〉	3권	
1916.8.31.	신파연쇄극	〈海の怪〉	4권	실연3막
1916.9.7.	연쇄극	〈佐倉義民傳〉	5권	
1916.9.14.	신파연쇄극	〈巳さん〉	3권	실연-別莊의 場
1916.9.21.	신파연쇄극	〈新椿姬〉	3권	
1916.9.27.	신파연쇄극	〈小夜子〉	3권	실연-日比谷公園의 場
1916.10.6.	구극	〈鍋島猫騷動〉	4권	
1916.10.11.	신파비극	〈女の龜鑑〉	3권	실연-妙見山 地藏尊前의場
1916.10.19.	신파연쇄극	〈朧の春〉	3권	실연-墓前一場面
1916.10.26.				없음
1916.10.31.	연쇄비파극	〈甲武信ケ嶽帝大生の慘死〉		유니바스응용-不破三角標高의場
1916.11.7.	구파실록	〈肥後の駒下馱〉	4권	유니바스응용-月岡刑部宅의場
1916.11.14.	신파연쇄비극	〈渦卷く浪〉	4권	
1916.11.21.	신파키네마극	〈晴れ行く雲〉	4권	
1916.11.28.	신파연쇄극	〈金剛石〉		
1916.12.5.				여흥변사극-신파희극 〈髭一ツ〉
1916.12.12.				없음
1916.12.19.	현대비극	〈殘ろ光〉		실연 結婚의場
1916.12.25.	신파사실극	〈伊像の仇浪〉		실연 尾上家의濱別莊
1917.1.1.	신파연쇄희극	〈酒〉		
1917.1.5.	신파연쇄비활극	〈呪の炎〉	3권	

개연일	장르	제목	권수	비고
1917.1.12.				없음
1917.1.18.				없음
1917.1.25.	신파대비극	〈配所の月〉	3권	
1917.2.1.~1917.3.8.				없음
1917.3.14.	大正美談	〈文明の復讐〉		蔚山鮮人部落酒幕의場 釜山地方法院公判廷의場

출처 : 《경성일보》 1916.8.10.~1917.3.14. 장르는 신문광고에 표기된 것을 바탕으로 함.

활동사진 위주의 연쇄극에서 흥미를 끄는 것은 2장 분량의 실연이었다. 이는 보통 극의 도입부분과 클라이막스 부분에 배치되어 관객이 극에 몰입할 수 있게 돕는 역할을 담당했다. 하야가와연예부가 황금관에서 마지막으로 상연했던 연쇄극 〈문명의 복수〉에서는 도입부 조선인부락의 주막 장면처럼 분위기를 환기시키기 위한 장면과 세밀한 대사와 감정표현이 필요한 클라이막스의 법정 장면에 실연을 활용했다. 이러한 이유로 활동사진위주의 연쇄극은 활극보다는 비극장르에 어울렸다. 이는 활극적인 요소 혹은 극적 사건이 일어나는 배경에 활동사진장면을 배치한 연극위주의 연쇄극과의 가장 큰 차이라 할 수 있다.

연쇄극으로 성공했던 하야가와연예부는 유락관으로 근거지를 옮긴 후 텐카츠와 결별하고 고바야시상회에서 제작한 연쇄극을 상연했다. 텐카츠의 연쇄극은 새로운 경영자를 맞은 황금관에서 상영되었다. 황금관에서는 1917년 7월 27일 〈대판성 호의 비극〉(大阪城お濠の悲劇)을 비파연주와 함께 2장의 실연이 가미된 연쇄극으로 상연하는 등 지속적으로 연쇄극 상연을 이어갔다.[41] 반면 유락관은 고바야시상회의 도산으로 필름수급에 어려움을 겪다가 결국 유니버설영화만을 상영하는 양화관으로 전환했다. 하야가

---

41 〈[廣告]黃金館〉,《京城日報》, 1917.7.27.

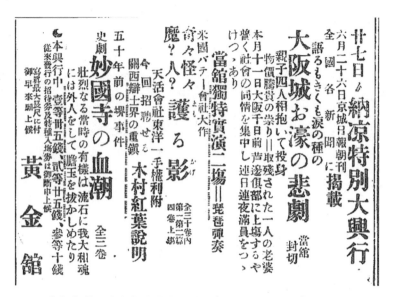

[자료] 황금관에서 상연된 연쇄극 〈대판성 호의 비극〉의 광고

와연예부가 연쇄극 상영을 포기하자 활동사진 위주의 연쇄극은 주로 황금관에서만 상연되었다.[42]

　연쇄극 상연을 포기한 하야가와연예부는 연예부 변사들을 여흥의 일종인 실연희극(實演喜劇)에 출연시켜 일본극을 대신했다. 하야가와연예부의 변사극은 이미 황금관 시절인 1916년 12월 5일 여흥의 일종으로 신파희극 〈수염 한 개〉(髭一ツ)를 상연하면서 시도한 바 있었다. 유락관으로 근거지를 옮긴 후에도 하야가와연예부에서는 변사극을 계속 상연하였는데 1917년 3월 29일 상연된 〈투기 없는 처〉(やかぬ妻, 2막)에는 변사주임 난고 외에 12명의 변사들이 출연했다. 변사들이 동원된 이러한 여흥은 조선인 활동사진관인 단성사에 영향을 주어 조선인변사들이 출연하는 변사극이 제작되는 데 영향을 주었다.

42　연쇄극용 필름은 텐카츠와 고바야시상회에서 주로 제작되었기 때문에 닛카츠영화를 상영하던 대정관에서는 연쇄극이 거의 상연되지 않았다.

제3절 연쇄극의 토착화

1) 일본인 극장의 연쇄극과 극영화

활동사진관에서 상연되던 연쇄극의 영향으로 경성의 일본인 활동사진관에서는 자체적으로 연쇄극이나 극영화 제작을 시도하는 등 연쇄극의 토착화가 이루어지게 된다.

첫 번째 연쇄극의 제작이다. 하야가와연예부가 황금관 직영하던 시기 경남 울산에서 일어난 "백골사건"을 각색한 연쇄극 〈문명의 복수〉가 제작되었다.[43] 각색의 주체가 명확하게 언급되지는 않았지만 이 작품의 제작에는 하야가와연예부가 적극적으로 참여했던 것으로 보인다. 그 이유로는 이 작품이 "특별흥행"이라는 이름으로 상연되었다는 점에서 실마리를 찾을 수 있다. 텐카츠에서 제작한 일반적인 연쇄극 필름을 상연할 때는 특별흥행이라는 문구를 넣을 이유가 없다. 그러나 하야가와연예부 소속 변사들이 출연한 것이라면 이것은 충분히 특별흥행이 될 수 있었다. 활동사진 위주의 연쇄극의 특성상 영화 속 배우와 무대 위 배우가 다를 수밖에 없는데 무대실연 변사가 활동사진에도 출연함으로써 활동사진 위주의 연쇄극이 지닌 가장 큰 단점을 극복했다.

변사들이 연쇄극 제작에 참여했을 가능성이 보여주듯, 황금관에서는 1917년부터 2월 1일부터 3월 14일 〈문명의 복수〉가 상연될 때까지 매일 상연하던 연쇄극을 상연하지 않았다. 이는 무대에 서서 연쇄극을 공연할 배우들이 영화촬영에 동원되었기 때문에 그러했다.

두 번째는 활동사진관을 기반으로 극영화가 제작되었다는 점이다. 황금관에서는 부산의 출정군인 나카후치 센타로(中淵仙太郎) 일가의 비참한 삶을 그린 〈누의 가〉(涙の家)가 제작됐다. 신문광고에 "당관(황금관) 특별촬

---

43 〈蔚山白骨事件〉, 《京城日報》, 1917.3.16.

[자료] 〈누의 가〉(《京城日報》, 1919.2.21.)와
〈아, 스즈키교장〉(《京城日報》, 1919.4.28.)의 신문광고

영"[44]이라는 문구를 적어 넣어 황금관에서 제작하였음을 명확히 밝혔다. 이 작품은 1919년 2월 21일 상영된 총5권 분량의 활동사진으로 이름이 알려지지 않은 경성일보사 기자의 지도하에 제작되었으며 각본은 황금관 운영자인 아라키 다이스케(荒木大助)가 썼다.[45]

〈누의 가〉는 재조일본인들의 삶을 소재로 삼았기에 경성의 일본인 관객들에게 큰 호응을 얻었다. 〈누의 가〉의 성공에 자극 받은 하야가와연예부에서도 극영화를 제작한다. 하야가와연예부가 직접 각색하여 도쿄의 고바야시상회에 의뢰하여 만든 〈아, 스즈키교장〉(嗚呼鈴木校長)이 바로 그 영화인데, 용산 원정심상고등소학교(元町尋常高等小學校)에서 발생한 화재의 책임을 지고 자결한 스즈키(鈴木志律衛)교장의 이야기를 소재로 삼았다.[46]

일본인 활동사진관을 중심으로 제작된 연쇄극과 극영화는 재조일본인들의 터전인 조선을 배경으로 한다는 면에서 기시노야일좌와 같은 익숙한 공간을 배경으로 촬영된 필름으로 공연을 펼치는 연쇄극단의 영향을 확인할 수 있다. 또한 그 결과물이 연극보다는 활동사진과 가까운 연쇄극이거나 영

---

44 〈[廣告]黃金館〉, 《京城日報》, 1919.2.23.

45 〈[廣告]黃金館〉, 《京城日報》, 1919.2.21.

46 〈[廣告]有樂館〉, 《京城日報》, 1919.4.28.

화라는 점에서 황금관과 유락관에서 상연되던 활동사진 중심 연쇄극의 영향 역시 받았음을 알 수 있다.

2) 조선인 연쇄극의 제작

1918년 12월, 조선인 극장 단성사가 활동사진관으로 탈바꿈했다. 서양영화전용관(양화관)으로 문을 연 단성사는 경성의 또 다른 조선인극장인 우미관을 모범으로 삼기보다는 일본인 극장 중 유일한 양화관이던 유락관의 예를 따라 운영되었다. 이는 필름 수급의 영향도 있었는데 우미관이 유니버설영화를 비롯해 주로 닛카츠 계통의 영화관에 공급되던 서양영화를 상영했던데 반해 단성사는 유니버설영화와 텐카츠 영화를 공급받았기에 닛카츠에 대항하던 텐카츠와 고바야시상회의 영업방식을 따랐을 가능성이 있다. 그래서인지 단성사에서는 한때 유락관에서 공연되었던 변사극을 조선인 변사들을 데리고 무대에 올렸으며 연쇄극 제작 또한 시도하게 된다.

단성사 변사들 중 일부는 배우로써 활약한 경력이 있었다. 변사의 원조라 일컬어지던 우정식과 가장 큰 인기를 구가하던 서상호는 신파극단인 이화단과 혁신선미단에 가입해 활동한 적이 있었다. 이 중 서상호는 1918년 6월에 유락관에서 공연된 변사극에 출연한 경험도 있었다.[47] 때문에 단성사에서는 배우 경력을 지닌 변사들의 주도로 변사극을 시도할 수 있었다.

단성사 첫 번째 변사극은 1919년 5월에 시작된 〈生乎아 死乎아〉(5막)였고,[48] 다음 작품은 〈탐라의 사몽〉(5막)(5.30~6.3)이었다. 단성사에서는 변사극의 상연을 위해 키네오라마 장치인 유니버스를 설치했다. 이것은 1910년대 초반부터 비가 내리고, 번개가 치는 등 다양한 극적 효과를 낼 수 있어서 극장의 주요한 장치로 자주 사용되던 것이었다.

---

47 〈[광고]有樂館〉,《每日申報》, 1918.6.25.
48 〈團成社의 新餘興〉,《每日申報》, 1919.5.9.

유니버스를 설치하는 등 설비를 강화했음에도 단성사의 변사극은 활발하게 상연되지 못했다. 대부분의 변사들이 배우경험이 없는데다가 가장 큰 영향력을 가진 서상호가 아편중독으로 무대에 설 수 없었던 것도 하나의 이유였다. 이에 단성사 변사 김덕경은 신극좌의 김도산과 혁신단의 임성구를 단성사 운영자 박승필과 연결시켜 연쇄극을 제작할 수 있도록 주선한다. 이때 김덕경이 김도산에게 연쇄극의 제작을 권유하면서 예로 든 것이 수좌에서 상연한 세토나이카이일좌의 연쇄극이었다.[49] 이점은 조선인 연쇄극이 연극 위주의 연쇄극에 영향 받았음을 증명하는 것이다.

1919년 10월 김도산의 신극좌에서 제작한 최초의 조선인 연쇄극 〈의리적 구토〉가 단성사에서 상연되었다. 조선인 연쇄극은 기시노야일좌가 상연한 〈노도의 달〉과 마찬가지로 경성의 익숙한 공간인 장충단, 한강철교, 홍릉 등을 배경으로 삼아 활동사진을 촬영했다. 스크린을 통해 익숙한 공간을 확인하게 된 관객(이들의 일부는 야외 촬영을 목격했을 것이다.)들은 외국의 이국적 풍경과는 다른 친근함을 느꼈을 것이다. 그날 촬영한 필름을 그날 상영한다는 홍보로 관객을 유인했던 기시노야일좌 역시 그 친근감을 가장 큰 흥행요소로 삼았던 것을 생각해 보면 그 친근함이야 말로 관객을 이끄는 강력한 동인이었음을 알 수 있다.

〈노도의 달〉에서는 장충단 부근에서 촬영한 자동차 사고 장면과 마포 바위 위에서의 격투장면이 관객의 가장 큰 호응을 얻어냈듯이 〈의리적 구토〉 역시 자동차 추격과 격투장면이 관객의 뇌리에 큰 인상을 남겼다. 이렇듯 〈노도의 달〉과 〈의리적 구토〉를 보았던 경성의 일본인, 조선인 관객이 공통적으로 격투장면을 언급한 것을 보면 활극장면의 강조를 통해 극적 긴장감을 배가했던 것으로 보인다.

익숙한 장소에서 재현된 극적 장면은 세토나이카이일좌의 〈항해일지〉에

---

49 安鍾和, 앞의 책, 38쪽.

서처럼 키네오라마를 이용하여 시각적 화려함을 더해 상연되었다. 이처럼 조선인 연쇄극은 당시 조선의 일본인극장의 연쇄물들의 다양한 요소들을 흡수하여 상연하였기에 처음부터 큰 성공을 거둘 수 있었다.

또한 1910년대 일본인 극장에서 상영되었던 활동사진 위주의 연쇄극에서처럼 영화 상영 시 실연을 가미한 것은 1920~30년대 조선영화의 상영 방식에도 일정한 영향을 주었다. 대표적인 경우가 나운규(羅雲奎)의 영화들이 단성사에서 상영되었을 때 프롤로그나 에필로그에 실연을 가미하는 방식으로 상연된 것을 꼽을 수 있다. 1927년 7월 단성사에서 상영된 〈금붕어〉의 경우 실연서곡이라 이름 붙인 프롤로그를 영화 상영 전에 공연하여 "밤마다 립추의 여디가 업시 대성황이엿다"[50]는 평을 들었으며, 1930년 2월 단성사에서 상영된 〈아리랑후편〉에서는 영사막이 올라가고 기생 6,7인이 등장하여 아리랑 노래를 합창하며 춤을 추는 장면을 에필로그로 넣었다.[51]

[자료4] 단성사에서 공연된 〈금붕어〉의 프롤로그(《東亞日報》, 1927.7.10.)

50　克生, 〈朝鮮키네마特作『금붕어』를 보고〉, 《東亞日報》, 1927.7.10.

51　"에피록에 잇서서 映寫幕을 올리고 妓生을 六七人 登場식혀 가지고 아리랑고개의 노래를 合唱하며 춤을 추는 光景은 어느 遊興階級의 放浪兒인 것을 是認하라는 것이 아닌가." 徐光霽, 〈[映畵批評] 아리랑後篇(三)〉, 《朝鮮日報》, 1930.2.22.

이렇듯 나운규 영화의 상영 시, 연극적 요소들을 적용한 것은 1910년대 활동사진위주의 연쇄극이 상연되었던 방식과 비슷하다. 이는 고정되지 않은 무성영화의 상연방식으로 인해 다른 요소들이 영화 상영에 있어서 영향을 끼칠 수 있음을 보여주는 예이다.

제14장　　　　　　　　　　　　　　단성사와 연쇄극

제1절 활동사진 상설관 단성사

　1917년 2월 김연영(金然永)이 소유하고 있던 단성사가 황금유원의 소유주인 다무라 기지로(田村義次郎)에게 매각되었다. 다무라는 단성사를 활동사진관으로 전환하기로 하고,[1] 그 운영을 광무대를 운영하던 박승필(朴承弼)에게 맡겼다. 단성사가 북촌에 위치해 있어 관객 대부분이 조선인이었기에 조선인을 대상으로 한 활동사진관 운영에는 조선인 경영자가 적합했다고 여겼던 것이다.

　박승필은 활동사진관 전용 허가를 신청한지 수개월 만인 1918년 6월 경기도 경무부로부터 허가를 얻었다. 칸자키 가이치(神崎稼一) 종로경찰서장은 박승필을 불러 단성사가 활동사진관으로 부적절하기 때문에 신축해야 된다는 단서를 달아 허가를 내주었다. 박승필은 기존의 건물을 헐고 1만원의 예산으로 단성사를 활동사진 상설관으로 다시 지었다.[2]

1　〈단성샤가 팔려〉, 《每日申報》, 1917. 2. 18.
2　〈團成社의 改築 활동샤진을흔다〉, 《每日申報》, 1918. 6. 21.

[자료] 활동사진관으로 바뀐 단성사 (《每日申報》, 1918.12.21.)

1912년 이후 경성에서 활동사진관 설립을 허가하지 않던 일제가 조선인 운영주의 명의로 활동사진관 설립을 허가해준 것은 단성사의 소유자가 다무라 기지로였기 때문에 가능했던 것이다. 다무라는 대장성(大藏省) 관료 출신으로, 일제가 대만을 식민지로 만든 후 대만의 재정을 관리하기 위해 설립한 대만은행(臺灣銀行)의 지배인을 역임한 영향력 있는 인물이었다.[3] 조선에서 막대한 영향력을 행사하고 있었기에 황금정 가로 정비에 맞춰 황금유원을 세웠고, 단성사를 활동사진 상설관으로 전용할 수 있었다.

다무라가 박승필에게 단성사의 운영권을 넘긴 저변에는 박승필의 능력에 대한 믿음이 있었다. 다무라는 자신이 소유하고 있던 연기관의 운영을 애초 일본인 나카무라(中村)에게 맡겼으나,[4] 임성구 일행의 신파극 공연 중 폭발 사고가 일어나 고용인들이 다치는 등 경영의 어려움을 겪자 운영자를 박승 필로 교체한 것이다.[5]

---

3   朝鮮公論社 編, 『(在朝鮮內地人)紳士名鑑』, 朝鮮公論社, 大正6[1917], 204쪽.
4   "마츰내 황금뎡(黃金町)에 잇는 연기관(演技館)이란 것을 일본인 중촌(中村)이 란 사람으로부터 사드리게 되엿다."〈[各方面의成功苦心談(八)] 興行界의 老將 朴承弼氏 2〉, 《中外日報》, 1929.11.2.
5   〈演技館의 大騷擾〉, 《每日申報》, 1913.2.22.

연기관의 운영을 박승필이 맡으면서 연기관은 광무대라 불리게 되었으며 조선구파의 대표적 공연장으로 각인 되었다. 실제 1902년 황실희대가 문을 연 이후에 수많은 연희회사들이 극장을 세우거나 극장을 운영했음에도 불구하고 대부분 규모 있는 회사로 발전하지 못하고 실패를 반복했다. 그러나 조선인 흥행사로서는 유일하게 박승필 만이 흥행업에서 성공했다.

박승필의 성공은 그의 꾸준한 노력 덕분이었다. 200원이라는 금액을 밑천 삼아 흥행계에 뛰어든 박승필은 광무대의 운영권을 인수 후 박기홍(朴基洪), 이동백(李東伯), 김창환(金昌煥), 송만갑(宋萬甲) 등 명창들을 전속으로 두어 승승장구했다.[6] 광무대가 구극 전용극장으로 인정받았던 것과 별개로 경제침체로 인한 경영상의 어려움은 계속되었는데 이를 타계하기 위해 1910년부터는 지방순회를 시작하는 등 새로운 흥행방법 찾기에 몰두했다.

> 그해가 아마 대정원년이지요. 녀름이라 단야에 어듸 구경들을 옵니까. 나종에는 궁여일책으로 동대문 밧 자지동(紫芝洞) 약물터에다 무대를 쑤미지 안엇습니까. 그것은 경치도 좋은데요 약물도 잇는데니까 사람이 만히 모혀드는 것을 리용한 것이지요. 그래서 그해 녀름에 낮에는 자지동에서 하고 밤에는 광무대에서 하야 비교뎍 성공하엿다고 생각합니다. 여긔서 성공이란 것은 연극 그것을 성공하엿다는 것이 물론 아닙니다. 경영 곤난이 무엇보다도 당면한 문뎨엿든 것이니까 수입에 관해서 말입니다. 아모튼 조선서 교외극(郊外劇)이나 림간연극(林間演劇)은 그것이 처음이엿스리라고 생각합니다.[7]

이렇듯 박승필은 극장의 비수기인 여름철에 교외극(郊外劇)과 임간연극(林間演劇)을 시도하는 등 관객을 개발하기 위해 노력했다. 이는 극장 경영자로써의 그의 능력을 보여준다. 또한 한발이 든 시기에 자진하여 두 달간

---

6   〈[各方面의成功苦心談(八)] 興行界의 老將 朴承弼氏 1〉, 《中外日報》, 1929.11.1.
7   〈[各方面의成功苦心談(八)] 興行界의 老將 朴承弼氏 2〉, 《中外日報》, 1929.11.2.

공연장의 문을 닫아 자칫 퇴폐의 온상으로 비판받기 쉬운 연극장의 이미지를 긍정적인 방향으로 돌리는 노력 또한 병행했다.[8] 이렇듯 박승필은 꾸준한 노력으로 활동사진의 유행과 함께 일본 자본이 장악한 조선의 흥행계에서 조선인으로써는 유일하게 성공할 수 있었다.

박승필이 인수한 단성사는 1918년 8월, 임성구의 혁신단 창립 9주년기념 공연을 마지막으로,[9] 건물을 헐고 공사를 시작하여 동년 12월, 준공과 함께 활동사진 상설관으로 새롭게 문을 열었다.

단성사에서는 텐카츠(天活)에 수 만원의 보증금을 내고 특약을 맺어 활동사진 필름을 확보했다.[10] 조선인 변사로는 가장 큰 인기를 끌고 있던 서상호(徐相昊)를 변사주임으로 임명하고, "텬연흔 표정과 그럴듯흔 익살 잘부리는 변ᄉ와 희로이락을 긔묘ᄒ게 ᄌ아닉는" 5~6인으로 변사진을 구성했다.[11]

박승필은 광무대를 경영하며 활동사진을 상영한 적은 있었지만 이 분야에 있어서는 보다 전문가가 전담할 필요가 있다고 생각했다. 그래서 우미관에 있던 박정현(朴晶鉉)과 손을 잡았다. 1887년생인 박정현은 경성고등연예관 시절부터 영사기사로 활동하였으며 우미관이 만들어지자 우미관으로 건너가 활동했다. 활동사진관 운영에 있어서 베테랑이었던 그는 1918년 단성사가 활동사진관으로 바뀌자 단성사로 건너와 지배인(감독)으로 실무를 책임졌고 박승필 사후에는 단성사를 이끌었다.[12]

---

8 유민영, 『한국인물연극사 1』, 태학사, 2006, 64~65쪽.
9 〈혁신단긔념흥힝〉, 《每日申報》, 1918.8.4.
10 텐카츠가 해산된 이후에는 쇼치쿠(松竹)와 유니버설영화를 상영했다. 1920년대 부터는 단매방식으로 서양영화를 수입해 사용했다.
11 〈[廣告]團成社〉, 《每日申報》, 1918.12.21.
12 〈映畵팬의 今昔譚−團成社主 朴晶鉉氏 訪問記〉, 《中央》4卷 4號, 1936.4, 172쪽.

[자료] 박승필(왼쪽)과 박승필 사후 단성사를 책임진 박정현(오른쪽)

　박승필은 단성사를 활동사진관으로 이용하면서도 공연장을 찾을 수 없어
경영이 곤란하던 신파 양대 극단인 임성구의 혁신단과 김도산의 신극좌를
후원했다. 이 두 극단은 단성사 전속 극단의 역할을 수행했는데, 두 극단이
서울공연과 지방순회를 번갈아 가며 공연했다.[13]

제2절 연쇄극의 유행과 〈의리적 구토〉

　연쇄극의 등장배경에 대해 대부분의 연구자들은 1910년대 중반부터 엄습
한 신파극계의 불황을 타계하기 위해 신극좌(新劇座)의 김도산(金陶山)이
단성사 운영자 박승필의 도움을 받아 시도한 것으로 파악하고 있다.[14] 이러

13　〈[各方面의成功苦心談(八)] 興行界의 老將 朴承弼氏 2〉,《中外日報》, 1929.11.2.
14　조희문, 「연쇄극(連鎖劇)연구」, 『영화연구』 15호, 230쪽 ; 전평국, 「우리 영화의

한 주장은 신파극단을 중심으로 연쇄극의 등장을 파악한 것으로 재고되어야 한다. "배우들이 온 종일 굶고 연극을 하다가 무대에 나가서 그대로 쓰러진 일이" 있을 정도로 힘든 경영난으로 인해 조선의 신파극단들이 "모조리 쓰러지고"[15] 있던 당시에 거대한 자본과 기술이 필요한 연쇄극 제작을 쓰러져가는 일개 신파극단에서 주도한다는 것은 이치에 맞지 않다. 이보다는 일본인 극장에서 유행하던 연쇄극을 조선인 관객들에게 상연하기 위해 박승필이 운영하던 단성사에서 연극변사들을 대신하여 신파극단인 신극좌와 혁신단을 이용해 만들었다고 보는 것이 더 이치에 맞을 것이다. 신파극단이 아니라 단성사라는 극장을 중심으로 파악하는 것이 옳다.

단성사가 활동사진관으로 개장하기 직전, 경성의 일본인 극장에서는 일본 연쇄극이 상연되어 인기를 끌었다. 고바야시상회의 영화를 상영했던 유락관과, 텐카츠의 영화를 상영한 황금관에서는 변사극과 연쇄극이 활동사진과 함께 상연되어 큰 인기를 끌었다.

일본인 극장을 중심으로 조선에서의 연쇄극이 유행하게 된 데에는 일본 영화산업의 변화와 깊은 관련이 있다. 1912년 일본의 영화산업을 독점하기 위해 만들어진 닛카츠가 발족과 함께 분열했다. 닛카츠 창립 직후인 1912년 12월 구(舊) 후쿠호도(福寶堂) 직영관 계장 출신의 고바야시 키사부로(小林喜三郎)가 가장 먼저 반기를 들고 닛카츠를 탈퇴해 상반상회(常盤商會)를 세웠다. 그는 후쿠호도의 닛포리촬영소(日暮里撮影所)를 복원하고 미즈노 코우비(水野好美), 시바다 요시다로(紫田善太郎) 등 신파 배우들을 데려다 연쇄극을 찍기 시작했다. 뒤 이어 후쿠호도 오사카 지점장 출신의 야마카와 기치타로(山川吉太郎)가 닛카츠를 탈퇴해 동양상회(東洋商會)를 세웠다. 고바야시와 야마카와는 서로 제휴하기로 하고 1914년 3월 텐카츠

기원으로서 연쇄극(연쇄극)에 관한 시론」, 『영화연구』 24호, 463쪽.
15 李元奎, 〈十年을 하루같이(四)〉, 《東亞日報》, 1926.1.4.

를 세웠다. 그러나 1915년 9월, 이 둘은 텐카츠의 흥행권을 나누어 갖고 동반 퇴사했다.[16] 텐카츠를 퇴사한 고바야시 키사부로는 연쇄극 제작에 주력하여 1916년 10월, 연쇄극과 미국영화의 흥행을 주로 하는 고바야시상회(小林商會)를 세웠다.[17]

조선에서 연쇄극이 상영되어 인기를 끌 무렵인 1917년 8월 1일, 경시청령 제12호「활동사진취체규제」가 공포되었다. 이 규제의 내용 중에는 화재의 위험을 방지하고자 연극을 공연하면서 영화를 활용하지 못하도록 하는 내용이 포함되었다.[18] 이로 인해 일본에서 활약하던 연쇄극단들은 보다 자주 조선으로 건너와 경성의 일본인 극장에서 연쇄극을 상연했다.

1918년 7월 5일, 황금관 신축개관 2주년 기념 작품으로 연쇄극 〈선장의 처〉(船長の妻)가 공연되었다. 이는 일본인 극장에서 인기를 끌던 연쇄극이 조선인들에게 영향을 끼친 사건이었다. 텐카츠 기술부원 십 수 명이 초대되어 키네오라마 장치를 이용해 캄캄한 바다와 파도, 수천의 별이 반짝이는 하늘을 연출했고, 비행기와 잠수정이 포탄과 수뢰를 쏘는 장면이 활동사진으로 들어갔다.[19]

황금관의 개관 2주년 기념 흥행은 입장권을 소지한 사람에게는 전차 값을 할인해주는 이벤트와 조선인들이 좋아하는 서양사진 등을 함께 상영함으로써,[20] 조선인들에게도 큰 인기를 얻었다.[21]

그해 말 텐카츠 특약점으로 개관한 단성사에서는 황금관에서 공연된 〈선

---

16 石割平 編著, 앞의 책, 282~283쪽.
17 위의 책, 285쪽.
18 石割平 編著, 앞의 책, 286쪽.
19 〈[廣告]黃金館〉,《每日申報》, 1918.7.5.
20 〈황금관 신축긔념〉,《每日申報》, 1918.7.6.
21 황금관에서《每日申報》에 실은 광고에 "朝鮮最初의 試驗 大成功(每夜 鮮人客 滿員 大 喝采)"라는 문구가 있는 것으로 보아 많은 조선인들이 이 영화를 관람했음을 알 수 있다.《每日申報》, 1918.7.9.

장의 처〉와 같은 연쇄극을 제작하기로 하고, 우선 텐카츠의 키네오라마 기술을 단성사에서 사용할 수 있도록 장치한다.

1919년 5월부터 단성사에서는 키네오라마 기계를 설치하여 신파극을 공연했는데, 특히 제주도에서 일어난 살옥사건(殺獄事件)을 소재로 연극을 만들어 공연한 것이 화제가 되었다.[22] 〈耽羅의 詐夢〉(전5막)이라는 이름의 제주도 살옥사건을 다룬 신파극은 단성사 전속의 변사들이 배우로 출연한 변사극이었다. 변사극은 연극변사가 존재했던 일본인 극장에서는 자주 공연되었으나 조선인 극장에서는 처음 시도된 것이었다.

당시 단성사의 변사주임으로 있었던 서상호(徐相昊)는 혁신선미단(革新鮮美團)이라는 신파극단에서 활동한 적도 있었고, 일본어가 유창했기 때문에 유락관에서 공연된 변사극에 자주 출연한바 있었다. 그러나 서상호를 제외한 단성사 변사 대부분은 설명변사였다. 조선인극장에서의 변사극은 익숙하지 않은 시도였다.

단성사에서는 전문 신파극단이 전기응용 신파극을 만드는 것이 좋다고 판단하고, 신파 2대극단인 신극좌와 혁신단을 단성사의 전속극단으로 삼아 전기응용극을 만들기로 한다. 우선 신극좌의 좌장 김도산을 일본에 보내 키네오라마 기술을 배우도록 하고,[23] 단원들이 흩어진 임성구의 혁신단도 재조직하여 키네오라마를 이용한 전기응용극을 시작하도록 한다.[24]

신극좌와 혁신단은 단성사 전속 극단으로 서울과 지방을 번갈아 가며 공연하면서 차례로 연쇄극을 제작하게 된다. 첫 작품은 김도산의 신극좌가 만든 〈의리적 구토〉(義理的 仇討), 〈형사의 고심〉(刑事苦心), 〈시우정〉(是友情)이었다. 이중 가장 먼저 상연된 것은 〈의리적 구토〉였다. 1919년 10월 27일부터 5일만 상연하기로 했던 것이 큰 인기를 끌자 11월 18일까지

---

22 《每日申報》, 1919.5.29.
23 《每日申報》, 1919.6.23.
24 《每日申報》, 1919.7.17.

무려 25일이나 계속 상연되었다. 단성사에서는 수지를 맞추기 위해 파격적으로 비싼 가격에 연쇄극을 상연했음에도 조선인 배우들이 출연한 연쇄극은 흥행에 성공했다.

박승필이 신극좌의 연쇄극을 제작하기 위해 투자한 제작비는 5,000원이었다. 자체 제작한 연쇄극을 상영하여 수익을 내기 위해서는 필름을 대여하여 상영할 때 보다 훨씬 많은 매출을 기록해야 했다. 당시 1주일 치 프로그램의 가격이 1,000원 미만이었던데 비해 〈의리적 구토〉의 제작비는 5,000원에 달했다. 5,000원은 단성사의 한 달 치 필름 대여료보다도 많은 금액이었다. 심지어 다무라가 단성사를 인수할 때 지불한 비용이 8,500원이었고 박승필이 단성사를 활동사진관으로 재건축 할 때 든 비용이 1만원이었던 것을 생각해 볼 때, 5,000원이라는 금액이 얼마나 큰지는 쉽게 알 수 있다.

자체 배급망을 가지고 있지 않았던 단성사에서 연쇄극을 제작한다는 것은 흥행적인 측면에서 볼 때 모험에 가까운 시도였다. 그럼에도 불구하고 박승필은 왜 연쇄극 제작을 시도한 것인가? 박승필은 스크린 속에 등장하는 조선인의 모습을 보고 싶어 하는 조선 관객들의 욕망과 언어적 차이로 인해 일본인 극장에서 상연되는 스펙타클한 연쇄극을 관람할 수 없었던 조선인 관객들의 불만을 간파했다. 이를 위해 단성사에 키네오라마 장치를 구비하고, 신극좌와 혁신단이라는 전속 극단을 두는 식으로 1년을 준비한 끝에 조선인 연쇄극을 제작한 것이다. 이것이 가능했던 것은 단성사가 텐카츠 특약점이어서 키네오라마를 이용한 연쇄극의 제작 노하우를 가지고 있던 텐카츠의 도움을 받을 수 있었기 때문이다.

우미관도 단성사와 마찬가지로 조선인 관객을 대상으로 하는 극장이었지만 우미관의 경영자들은 연쇄극을 제작하지 않았다. 우미관의 일본인 경영자들은 번거롭고 실패 위험도 많은 연쇄극을 제작하지 않아도 지속적으로 싼 값에 필름을 공급받을 수 있었다.

단성사에서 주도한 조선의 연쇄극은 1920년을 정점으로 급격히 사라졌다. 단성사의 연쇄극은 왜 짧은 성공 후에 급격히 쇠퇴하게 되었으며, 연쇄극의 제작은 극영화의 제작으로 이어지지 않았던 것인가? 조희문이 주장하듯 시간이 지날수록 연쇄극에 실연보다 영화가 많은 부분을 차지하게 되면서 극 전체의 수준이 떨어졌을 가능성도 있다. 또한 1921년 단성사의 전속 극단처럼 운영되던 신극좌의 좌장 김도산과 혁신단의 단장 임성구가 차례로 급서한 것도 연쇄극의 소멸에 큰 영향을 준 것이 사실이다.[25] 그러나 이는 명쾌한 답이라 할 수 없다. 1923년 하야가와 마쓰타로(早川增太郎)가 만든 〈춘향전〉(春香傳)이 형편없는 수준의 활동사진이었음에도 불구하고 흥행에 성공했던 것처럼,[26] 이 당시 신파극, 연쇄극, 활동사진 등은 짜임새나 재미가 그 다지 중요한 요소가 아니었다. 보다 근본적이고 구조적인 측면에서 이유를 찾아야 할 것이다.

앞서 살펴 본 것처럼 1912년의 닛카츠 설립과 분열, 이에 대항한 텐카츠의 설립과 분열 등이 조선영화산업에도 그대로 영향을 끼쳤다. 닛다연예부와 하야가와연예부와 같은 재조일본인 흥행업자들이 닛카츠와 텐카츠, 쇼치쿠 등의 일본 메이저 영화사들의 대리점을 운영하며 조선의 영화산업을 일본의 영화산업 안으로 편입시켰다. 1920년대 들어서는 직영, 공영, 부와이(步合), 특약 등의 방법으로 일본의 메이저 회사들이 조선의 영화흥행에 직접 관여하게 된다. 이렇듯 일본의 메이저 영화회사들에 의해 일본영화산업의 소비지로 구조화 된 조선에서 조선영화는 제작될 필요가 없었던 것이

---

25 조희문, 위의 논문, 251쪽.

26 당시 《朝鮮日報》(1923.10.10.)에 실린 독자의 관람평에는 "사진으로 말할지라도 아주 망발이라고 하여도 과언이 아닙디다.", "무쌍의 비극을 보면서도 울음은커녕 웃음이 나와서 못 견디겠습디다"라고 〈춘향전〉의 형편없는 수준을 비판했으며, 이영일이 채록한 원로영화인의 회고에도 "연기가 다 필요 없어요. 그러니까 해설은 이건 한 개의 슬라이드지, 영화에 몽타주가 아무것도 없었습니다."라고 평하고 있다. (한국예술연구소 편, 『이영일의 한국영화사를 위한 증언록―김성춘, 복혜숙, 이구영 편』, 도서출판소도, 2003, 203쪽.) 하지만 이 영화는 1만 명이 보았을 정도로 큰 성공을 거두었다.

다. 그럼에도 불구하고 제작된 영화는 실패를 반복할 수밖에 없었다.

다시 말해 연쇄극을 제작하던, 극영화를 제작하던 조선영화산업의 식민지적 특성으로 인해 영화를 제작하는 것은 수익이 보장되지 않았던 것이다. 이는 조선이 일제의 식민지로 전락하면서 일제의 소비지로 전락한 조선영화산업의 식민지적 특성에 의한 결과이다.

제3절 임성구와 김도산

1910년대 신파극단을 대표하는 인물은 김도산과 임성구였다. 이들은 신파극을 꽃피우는데서 그치지 않고 연쇄극 제작에도 뛰어들어 한국영화사의 첫 페이지를 장식하게 된다.

신극좌의 좌장이던 김도산은 1891년 서울 충무로 초동 출생으로 상동학교를 졸업하고 헌병보조원으로 근무했다고 전해진다. 그가 헌병 옷을 벗어던지고 처음 극계에 발을 내디딘 것은 1911년경으로, 임성구가 이끄는 혁신단에 입단하면서부터였다.

반면 임성구는 1887년생으로 김도산보다는 4살이 많았고 이 땅에 최초로 연극을 시작한 인물이었다. 근대적 교육도 한번 받아본 적 없는 임성구의 극계 투신은 흥미롭다. 종현성당(명동성당) 뒷문 근처에서 백형 임인구와 함께 과일장사를 하던 그는 저녁에는 일본인 극장에서 잔심부름을 하며 공연을 훔쳐보았다. 임성구가 하는 일은 관객들의 신을 지키는 일이었다. 당시 일본인 극장은 다다미 좌석으로 문 입구에는 신을 보관하는 하족실이 있어 관객들은 입장시 신을 벗어야 했다.

러일전쟁 직후, 일본인 극장에는 일본인 거류민들의 위안과 전승기념을 축하하는 일본 내지의 신파극단 청년파의 공연이 있었다. 임성구는 하족실을 드나들며 처음 보는 신파극에 매료되었다. 자신도 신파극을 하여 자신이 그랬던 것처럼 조선인 관객들을 감동시키겠다고 다짐한 그는 동지들을 규합하고 자금을 모아 신파극단 혁신단을 창단하였다. 일본에서 돌아와 최초의 연극을 공연했던 이인직에 이은 두 번째 시도였다.

1911년 초거울, 남대문 밖 어성좌에는 혁신단의 창단공연을 알리는 깃발이 펄럭이고 있었다. 혁신단의 첫 공연은 판소리와 창을 주로 하는 협률사 공연으로 잘못알고 입장한 50여명의 관객이 있었을 뿐이며 이 중, 공연이 끝날 때까지 남은 관객은 불과 5~6명뿐이었다.

임성구 일행은 첫 공연의 실패를 거울삼아 겨울 내내 열심히 노력하였다. 봄이 오자 연기와 무대의 수준은 한층 높아졌다. 2회 공연은 1912년 4월 조선인 극장인 연흥사에서 공연되었다. 〈육혈포강도〉 등을 비롯하여 일본 신파극의 유명 레퍼토리를 무대에 올렸다. 3일 간격으로 바뀌는 레퍼토리에 능숙해진 배우들의 연기가 어우러져 혁신단의 공연은 차츰 인기를 얻기 시작했다.

혁신단을 이끌며 작품마다 주인공을 도맡았던 임성구는 당대 신파극을 대표하는 스타로 자리 잡았다. 당시 임성구의 인기는 사이클 선수로 각종 대회에서 일본인들을 물리쳐 자전거왕의 자리에 등극했던 엄복동과 비견되었다. 당시 사람들 사이에 자전거는 엄복동, 신파극은 임성구라는 말이 나돌 정도였다.

혁신단이 인기를 끌자 이곳저곳에서 신파극단이 생겨났다. 임성구는 새로 생겨나는 신파극단에 대항하고자 '신파원조 혁신단'이란 깃발을 만들어 자신이 신파극의 원조라 선전했다.

임성구의 전성기에 극계에 등장한 김도산은 임성구라는 대스타의 빛에 가린 조연일 수밖에 없었다. 특히 혁신단의 창단멤버들이 임성구와는 친형제처럼 가까운 친구들이었기에 뒤늦게 혁신단에 가담한 김도산은 아무래도 기존의 멤버들과 거리감이 있을 수밖에 없었다.

혁신단에서 수십 편의 레퍼토리를 가지고 매일매일 작품을 바꿔가며 공연하는 동안 김도산이 맡은 역은 주로 악인이나 주인공의 친구 정도였다. 그래서인지 김도산은 〈장한몽〉에서 이수일의 친구인 의협남아 백낙관 역에 능숙했다고 전한다.

유일단을 이끌던 이기세가 1916년 윤백남과 힘을 모아 예성좌를 만들었으나 얼마 버티지 못하고 문을 닫았다. 이기세는 극계를 떠났다. 1917년 김도산은 임성구와 결별하고 자신의 극단인 개량단을 만들어 독립하였다. 김도산이 개량단을 조직하자 해산된 예성좌에서 나온 유일단 출신 단원들이 김도산의 개량단에 가입하였다. 개량단은 서울의 단성사와 지방을 순회하며 공연을 했다. 시간이 지날수록 서울공연보다 지방순회공연 횟수가 많아졌다. 서울에서는 신파극이 전성기를 보내고 사그라지고 있었기 때문이다. 이제 관객은 신파극이 아닌 서양의 활동사진에 더 많은 관심이 있었다.

그럼에도 불구하고 전시호황으로 김도산의 개량단(改良團)은 흥행에 성공을 거두며 신극좌로 확대 개편된다. 그러던 중 극계를 떠나 있던 이기세가 다시 극단을 조직한다. 이기세의 새로운 극단은 문예단으로 대구의 유지 정인기의 후원이 있었다. 든든한 후원자를 등에 업은 문예단에 기존 유일단 출신의 배우들이 몰려들었다. 신극좌의 유일단 출신 단원들도 탈단하여 이기세의 문예단으로 돌아가 버렸다. 문제는 문예단으로 떠난 사람들은 극계에서 명성을 떨치던 인물들이었고 신극좌에 남은 사람들은 대부분 신인들이라는 점이었다.

단원들을 빼앗긴 김도산은 충격과 함께 극단의 존폐를 결정해야 할 기로에 섰다. 그때 변사 김덕경이 김도산을 찾아와 위기를 기회삼아 재기하라고 위로하며 일본인 극장에서 공연되었던 연쇄극을 해볼 것을 권유했다. 김도산은 마지막 희망을 붙잡는다는 각오로 연쇄극 도전을 결정한다. 부족한 기술과 자본은 단성사 운영자 박승필을 통해 해결하기로 했다. 김덕경의 제안은 사실 박승필의 생각이기도 했다. 박승필은 이미 임성구에게도 똑같은 제안을 한 상태였다.

김도산과 박승필의 다리 역할을 했던 김덕경이 일본으로 건너가 일본인 촬영기사를 초빙해 왔다. 최초의 연쇄극은 이미 우미관에서 공연한 바 있는 〈의리적 구토〉였다. 촬영이 시작됐다. 장충단에서 서빙고로 넘어가는 고개에는 영화촬영을 구경하는 사람들로 장사진이었다. 안종화는 자신이 쓴 『한국영화측면비사』에서 최초의 영화촬영을 아래와 같이 묘사했다.

> 이들 군중의 시선은 저마다 포장을 젖힌 15년식 포드 자동차에 쏠리고 있었는데, 그들이 유난히 눈여겨보는 것은 그 차에 타고 있는 세 명의 괴한이었다. 그들은 제작기 일본식 '합비'에 '당꼬 즈봉'을 입고, 허리에는 번쩍거리는 장도를 차고 있었다. (중략) 괴한들이 산허리로 돌아가자 얼마 후, 조금 떨어진 숲속에서 호각 소리와 함께 청년 하나와 불란서제 목조촬영기를 멘 기사가 나타났다. 캡을 둘러 쓴 사람은 일본인 카메라맨이었고, 얼굴이 거무잡잡하고 키가 작달만한 젊은 청년은 당시 단성사에서 명성을 떨치던 해설자의 원로 김덕경이었다. 덕경의 임무는 현장지도와 통역이었다.[27]

야외 촬영이 끝났다. 1919년 10월 27일, 단성사에서는 최초의 연쇄극 〈의리적 구토〉가 상연되었다. 〈의리적 구토〉는 연쇄극으로 연쇄극은 연극의 일부 장면을 영화로 보여주는 일종의 키노드라마였다.

〈의리적 구토〉의 공연은 배우들이 연기를 펼치다 무대 밖으로 사라지고 호루라기 소리와 함께 무대 위에서는 스크린이 내려왔다. 다시 호루라기 소리가 나면 무대 밖으로 사라진 배우들이 등장하는 영화가 영사되었다. 자동차 추격장면, 격투장면이 보여지고 다시 호루라기 소리와 함께 스크린이 사라지고 배우들이 무대에 등장 다시 연기를 펼쳤다.

공연은 대성황이었다. 신극좌에서는 〈의리적 구토〉에 이어 바로 〈시우정〉, 〈형사의 고심〉 등을 연쇄극으로 공연하였다. 이어 혁신단의 임성구도

---

27 안종화, 앞의 책, 39쪽.

연쇄극을 상연했다. 조선인을 대상으로 한 최초의 연쇄극에 관객들은 열광했다. 비싼 입장료에도 불구하고 단성사에는 연쇄극을 보기 위한 관객들로 연일 만원이었다. 박승필이 거액 5000원을 투자하여 만든 연쇄극은 대성공이었다.

1920년은 연쇄극의 해였다. 연쇄극으로 이름을 떨친 김도산은 전성기를 맞았다. 연쇄극의 성공과 더불어 치솟는 인기로 따르는 기생들이 많았다. 기생들은 극장 앞에 인력거를 대기시키고 스타를 모시기 위해 갖은 애를 썼다. 김도산이 만든 연쇄극에서 주인공을 도맡았던 이경환과 극단 대표인 김도산은 기생들 품에서 살았다.

이기세의 문예단과 임성구의 혁신단도 연쇄극을 제작했다. 1920년에는 당시 4대극단으로 불리던 혁신단, 신극좌, 문예단, 취성좌 중 김소랑이 이끄는 취성좌를 제외하고 3대 극단에서 모두 연쇄극을 제작했다. 이중 왕년의 스타 임성구와 김도산은 박승필의 후원으로 연쇄극을 만들었으나 이기세는 자신이 마련한 돈으로 연쇄극을 제작하여 우미관에서 공연했다. 그러다보니 이기세의 문예단은 연쇄극 〈지기〉를 공연하고 얼마 있지 않아 극단을 해산하게 된다. 연쇄극에 대한 폭발적인 인기를 등에 업고 작품을 만들었으나 큰 손해를 보게 되자 더 이상 극단을 운영할 수 없었던 것이다.

문예단 단원들은 김도산의 신극좌에 흡수되었다. 김도산의 신극좌도 더 이상 연쇄극을 만들 수 없었다. 김도산이 촬영도중 큰 부상을 입은 것이 한 이유였고 더 큰 이유는 비싼 제작비와 격감하는 관중으로는 도무지 수지를 맞출 수 없었기 때문이었다. 연쇄극의 전성기는 너무나 짧게 신기루처럼 사라졌다.

1921년 7월 26일 김도산은 늑막염으로 31세의 짧은 생을 마감한다. 연쇄극 촬영도중 당한 부상이 원인이었다. 《매일신보》의 부고기사에는 김도산의 죽음 당시 신극좌는 인천 공연 중이었는데 좌장의 죽음 소식을 듣고 단원들이 서울로 급히 돌아왔으며 각 신파단체에서는 연합하여 성대한 장의

식을 거행하기로 하였다고 한다.

그 해 11월 20일, 혁신단을 이끌던 임성구 또한 폐결핵으로 운명을 달리했다. 임성구는 폐결핵에 시달리면서도 무대에 섰는데 야윈 얼굴을 감추기 위해 입에 솜을 넣어 볼을 불룩이 하여 분장했다고 한다. 신파극의 도입과 전파에 힘을 쏟았던 김도산과 임성구의 죽음은 신파극과 연쇄극 시대의 끝을 알리는 상징적 사건이었다.

신파극의 시대를 열었던 김도산과 임성구의 갑작스런 죽음과 새로운 시대의 등장은 너무나 운명적이었다. 무대에서 마지막 대사를 마치고 커튼 뒤로 사라지는 배우의 숙명처럼 김도산과 임성구는 인생이라는 무대에서 더 이상 해야 할 대사가 없어진 배우가 되어 운명처럼 인생이라는 무대에서 사라진 것이다. 천생 연극인의 인생을 타고 난 것이다.

제15장

조선영화의 제작

제1절 1920년대 초반 조선영화산업의 변화

1) 닛카츠의 조선 진출

재조일본인들이 장악한 조선영화산업은 일본 내지의 영화자본이 조선에 직접 진출하게 되는 1920년을 전후하여 그 양상이 크게 달라졌다. 1919년 5월 하야가와는 경영난으로 고전하던 유락관에서 손을 뗐다. 하야가와의 손을 떠난 유락관은 만카츠(萬活)가 인수, 희락관(喜樂館)으로 개칭하여 만카츠 직영으로 운영됐다. 그러나 1920년 닛카츠가 경성에 출장소를 설치하고, 닛카츠의 부사장이던 요코다 에이노스케(橫田永之助)가 희락관을 사들이면서 희락관은 만카츠 직영에서 닛카츠 직영으로 바뀌게 된다.

1919년 말, 일본에서는 그리피스(D.W. Griffith)의 〈인톨러런스〉(Intolerance)(1916)를 흥행하여 큰돈을 번 고바야시 키사부로(小林喜三郎)가 코우카츠(國活)를 설립하고 텐카츠 인수에 나섰다. 코우카츠의 텐카츠 인수에 참여하지 않은 세력들은 1920년 테이키네(帝キネ)를 세워 독립했다. 텐카츠의 조선대리점인 황금관은 코우카츠 경성부산대리점으로 변경되

었다. 1920년에는 만카츠 변사출신으로 희락관 변사주임이던 난고 기미토시(南鄕公利)가 황금관을 경영하게 된다. 닛카츠의 희락관 직영으로 난고 기미토시를 비롯 만카츠 출신들이 희락관에서 황금관으로 옮겨간 것이다.

닛카츠의 조선진출은 닛카츠 조선대리점이었던 닛다연예부에도 큰 영향을 주었다. 대정관에 근거지를 둔 닛다연예부는 주식중매인으로 활동영역을 바꾼 닛다 고이치를 대신해 그의 형제들이 경영을 맡았다. 이런 상황에서 닛카츠가 희락관을 직영하게 되자 대정관과 희락관이 함께 닛카츠 영화를 상영하게 되었다. 이로 인해 닛카츠 조선대리점이라는 닛다연예부의 지위는 유명무실해졌다. 여기에 1921년 7월 개관한 경룡관(京龍館)마저 닛카츠 영화를 상영하자 경성에 닛카츠 상영관이 세 관이나 되는 상황이 발생하게 된다. 조선 내 일본인 영화팬들은 "경성시내 3개 상설관이 모두 닛카츠 특약점이 되"어, "활동사진 애호가가 낙담하는 것도 무리가 아닐 것

[자료] 신축 낙성한 경룡관(《京城日報》, 1921.7.20.)

이다."[1]라며 아쉬워했다. 닛카츠의 경성진출로 인해 가장 타격을 입은 대정관에서는 경영을 새롭게 할 필요가 있었다. 1921년 10월 닛카츠가 직영하는 희락관이 닛카츠 조선대리점을 겸하게 되자,[2] 대정관은 조선진출을 꾀하던 후발주자 쇼치쿠(松竹)와 계약을 맺고, 1921년 12월부터 쇼치쿠 특약점으로 쇼치쿠 영화를 상영하게 된다.[3]

이렇듯 닛카츠의 조선진출과 뒤에 살펴 볼 쇼치쿠, 테이키네(帝キネ) 등 내지 영화자본이 조선에 진출하면서 재조일본인들이 만든 자체 배급망은 와해되고 조선의 흥행업은 배급이 아닌 극장을 중심으로 운영 된다. 이는 식민지의 영화흥행업이 역동성을 잃고 제국의 배급망에 포섭되었음을 의미한다.

2) 배급에서 상영으로

경성의 흥행계에 주식회사 형태의 극장이 들어 선 것은 각 상설관들 사이의 치열한 경쟁으로 이어졌다. 당시 제1차 세계대전으로 인한 호황으로 주식회사의 설립과 주식투자가 활발했다. 이러한 사회분위기를 틈타 구마모토(熊本), 나고야(名古屋), 마쓰야마(松山) 등지에 주식회사 형태의 거대 규모의 극장이 설립되었다.[4] 이들 극장들이 연이어 성공을 거둔데 영향 받아 경성의 일본인 자본가들도 본정2정목에 위치한 수좌(壽座)를 신축하기로 하고 주식회사 경성극장(京城劇場)을 설립한다. 주식회사 경성극장은 경성의 각 은행과 회사의 동정적인 후원으로 주식모집을 순조롭게 진행했다.[5] 1919년 10월 기존의 수좌는 헐려 원산으로 이전되었고,[6] 1921년 8월

1　松本輝華, 〈京城キネマ界〉, 《朝鮮公論》, 1921.9, 136쪽.
2　《京城日報》의 신문광고에서 닛카츠 조선대리점이라는 명칭이 대정관에서 희락관으로 바뀐 것은 1921년 10월 9일이다.
3　〈松竹キネマ映畵試演大會〉, 《京城日報》, 1921.12.15.
4　〈京城演藝風聞錄〉, 《朝鮮公論》, 1919.7, 69쪽.

수좌가 있던 자리에 가부키나 연극, 무용과 같은 무대공연을 할 수 있는 경성극장이 만들어졌다.[7] 개관직후 경성극장의 흥행성적은 양호했다.[8]

(1) 京城の著名劇場及常設館

京城劇場の外觀

[자료] 경성극장 외관

---

5 〈京城演藝風聞錄〉,《朝鮮公論》, 1919.8, 124쪽.

6 〈京城演藝風聞錄〉,《朝鮮公論》, 1919.10, 58~59쪽.

7 〈京劇の柿葺落〉,《京城日報》, 1921.8.10.

8 6개월 후 발표한 실적을 보면, 4,809원 52전의 당기순익금을 발생했다. 〈京劇利益處分〉,《京城日報》, 1922.2.26.

경성극장의 주식 모집이 성공하자 뒤이어 활동사진관의 건립에도 주식 모집이 이루어진다. 1920년 8월 나카무라 히코(中村彦) 외 두 명이 영락정 상품진열관 건너편에 극장을 짓기로 출원하고,[9] 자본금 50만원에 불입금 12만5천원 규모의 조선활동사진주식회사(朝鮮活動寫眞株式會社)를 세웠다.[10] 조선활동사진주식회사에서는 1921년 10월 15일 중앙관(中央館)을 신축했으며,[11] 이외에 경성과 인천에 있는 활동사진관을 인수하여 흥행 및 배급을 강화하고,[12] 조선사정을 알리기 위해 조선의 풍속, 경색 등을 촬영해 각지에 소개할 계획을 가지고 있었다.[13]

[자료] 중앙관 개관 광고(《京城日報》, 1921.10.15.)

9 〈常設活動館 出願〉, 《每日申報》, 1920.8.10.
10 『朝鮮銀行會社要錄』(1921年版).
11 〈中央館柿葺落〉, 《京城日報》, 1921.10.14.
12 〈活動館統一計劃〉, 《朝鮮日報》, 1921.3.19.
13 〈朝鮮活動寫眞館〉, 《朝鮮日報》, 1921.3.5.

또 다른 주식회사 형태의 활동사진관으로는 경룡관이 있었다. 1920년 12월, 경성과 용산 사이, 과거 연병장 자리에 이시하라 이소지로(石原磯次郎)를 비롯해 이시즈카 가네기치(石塚謙吉), 타니구치 가메다로(谷口龜太郎) 등 경성의 일본인 유지들이 활동사진관을 짓기로 출원하고,[14] 주식을 발행하여 자금을 모집, 자본금 20만원, 불입금 5만원 규모의 주식회사 경룡관을 조직했다.[15] 활동사진관 경룡관은 1921년 7월 19일 개관했다.[16]

주식발행으로 거대 자본을 보유한 중앙관과 경룡관의 탄생은 경성의 극장 흥행에 큰 변화를 가져왔다. 경쟁 상설관의 입장에서 자본의 규모가 크지 않고, 중심지에서 떨어져 있는 경룡관은 문제가 아니었지만 테이키네의 특약점으로 "막대한 자본과 좋은 입지조건, 그리고 비교적 잘나가는 변사와 오케스트라로 경성 키네마계를 지배"[17]한다는 평가를 받으며 등장한 중앙관은 위협적이었다. 중앙관이 테이키네 영화와 이태리 영화를 중심으로 영화 상영을 시작하자, 황금관은 1주일의 반은 신파, 구극, 서양영화를 섞어 상영하고, 나머지 반은 오직 유니버설 영화로만 구성된 프로그램을 상영하는 방식으로 대응했다. 이중 유니버설 영화만 상영한 후반부가 좋은 성적을 거두자 1922년 서양영화전용극장으로 성격을 바꾸었다.[18] 이후 황금관은 다이카츠(大活)와 계약했고, 쇼치쿠가 다이카츠를 인수한 이후에는 쇼치쿠 영화도 상영했다. 1923년부터 쇼치쿠가 황금관을 직영하고 중앙관도 쇼치쿠 특약관으로 바뀌게 된다.

대정관은 희락관과 협정을 통해 이치카와 아네조 주연의 닛카츠 2부 영화를 상영했는데, 이치카와 아네조가 급서하자 1922년에는 닛카츠 특약점

14 〈活動常設出願〉, 《朝鮮日報》, 1920.12.11.
15 『朝鮮銀行會社要錄』(1921年版).
16 〈[廣告]新築落成 京龍館 柿葺落〉, 《京城日報》, 1921.7.19.
17 松本輝華, 〈キネマ界通信〉, 《朝鮮公論》, 1921.11, 117~119쪽.
18 松本輝華, 〈キネマ界通信〉, 《朝鮮公論》, 1922.1, 83쪽.

에서 쇼치쿠 영화 상영관으로 성격을 바꾸었다.[19] 쇼치쿠는 흥행작들을 다량 제작해 닛카츠를 압도하기 시작했다. 이에 따라 쇼치쿠 영화를 상영하는 대정관도 흥행에서 큰 성공을 거두었다. 그러나 1923년 쇼치쿠의 공세적인 진출에 대정관에서는 쇼치쿠 영화 대신 코우카츠 영화를 상영하게 된다.

이렇듯 1923년 즈음에 이르면 일본인 극장의 경우, 희락관-닛카츠직영, 황금관-쇼치쿠직영, 대정관-코우카츠특약, 중앙관(제국관)-쇼치쿠특약, 경룡관-연극전용으로 바뀌었는데, 이는 경성의 활동사진관이 내지의 영화회사의 직접적인 영향 하에 놓였음을 보여준다. 조선인 극장의 경우도 단성사는 코우카츠 특약점에서 쇼치쿠 특약점으로 바뀌었고, 단성사의 등장으로 활동사진관으로써 영향력을 상실한 우미관은 황금관의 프로그램을 받아 상영했는데 주로 유니버설 영화를 상영했다. 그러나 1923년 황금관이 쇼치쿠 직영으로 바뀐 이후에는 민간업자들에게 극장을 대관해주었다. 1922년 신설된 조선극장은 필름공급이 원활하지 못한 가운데 개관 직후부터 계속된 경영난으로 인해 소유권 분쟁이 일어나 결국 소유권과 운영권 모두 동경건물회사로 넘어갔다.

[표] 1920년대 초반(1920~1923) 경성의 활동사진 상설관

구 분	극장명	운영자	계통	비고
조선인 상설관 (북촌)	단성사	박승필	國→松	
	우미관	林田金次郎 紫田三代治	유, 大/대관	
	조선극장	황원균	자유	1922년 설립. 1923년 소유 및 운영
		東京建物(주)	대관	이 황원균에서 동경건물로 바뀜.

---

19 酒居正雄, 〈京城の活動寫眞界〉, 《朝鮮及滿洲》, 1922.1. ; 松本輝華, 〈キネマ界通信〉, 《朝鮮公論》, 1922.1.

구 분	극장명	운영자	계통	비고
일본인 상설관 (남촌)	희락관	日活直營	日	1920년 만카츠직영→닛카츠 직영
	대정관	新田秀吉	日→松→ 國	1921년 닛카츠 특약 →쇼치쿠 특약 1923년 코우카츠 특약
	황금관	南鄕公利 外	유,大	1920년대 이후 國活→유,大活→松
		南鄕公利 / 松	松	1923년 쇼치쿠 직영
	중앙관 (제국관)	朝鮮(주)/帝	帝	1922년 테이키네 공영, 제국관으로 개칭
		朝鮮(주)	松	1923년 중앙관으로 개칭(쇼치쿠 특약)
	경룡관 (경룡좌)	京龍館(주)	日→國→ 연극	1922년 경룡좌로 바뀜. 연극 상연 1923년 京龍館(주)는 城南演藝(주) 로 개칭

약어 : 松→쇼치쿠, 유→유니버설, 大→다이카츠, 帝→테이키네,
國→코우카츠, 朝鮮→朝鮮活動寫眞(주)

위의 표는 1920년대 초반 경성의 활동사진관을 표로 정리한 것이다. 위
의 표에서 닛카츠, 쇼치쿠, 코우카츠 등 내지의 영화회사들이 경성의 주요
상설관인 희락관, 황금관, 대정관, 중앙관을 직영 혹은 공영의 형태로 운영
한 것은 재조일본인 흥행업자들이 지배하던 조선의 영화흥행업이 내지의
영화회사의 배급망에 흡수되어 그 영향력을 상실했음을 의미한다. 경성극
장, 경룡관, 중앙관처럼 조선 내 주요한 영화자본은 극장을 신축할 정도의
큰 자본을 지니고 있었음에도 내지의 영화자본이 조선에 진출함으로 인해
그 역할은 극장을 설립하고 운영하는데 불과했다.

제2절 영화제작의 시작과 조선영화

1920년대 들어 본격적인 극영화 제작이 시작되었다. 이를 주도한 곳은

영화제작 시설과 설비를 지닌 조선총독부와 경성일보사 그리고 일부 민간 업자들이다. 여기에서는 극영화를 제작한 조선총독부 경무국 위생과의 위생영화와 경성일보사가 제작한 극영화, 극동영화구락부에서 제작한 〈국경〉을 중심으로 최초의 조선영화들이 어떠한 모습이었는지 살펴보겠다.

1) 조선총독부 제작 영화

1919년 발발한 3.1운동으로 하세가와 요시미찌(長谷川好道)총독이 경질되고 사이토 마코토(齊藤實)가 새로운 조선총독으로 부임했다. 사이토 총독은 일시동인(一視同仁), 내지연장주의(內地延長主義) 등을 내세우며 조선인 상층부의 협력을 통한 통치체제 구축을 위해 기존의 통치방식인 무단통치를 문화통치로 바꾸었다. 이는 시정 선전의 강화로 나타났고 이로 인해 활동사진의 역할이 무엇보다 중요해졌다. 1920년 4월 총독부에서는 문서를 비롯해 총독부에서 생산한 각종 기록의 작성을 맡은 총독관방 서무부 문서과 안에 활동사진반을 조직했다.[20] 이는 문서뿐만 아니라 영화로도 시정상황을 기록하고 시정방침을 선전하려는 의도였다. 같은 시기 각 도에도 활동사진반을 설치하였는데, 이는 중앙과 지방이 함께 활동사진을 이용한 선전 활동을 전개하기 위함이었다.

총독부 활동사진반에서는 〈조선사정〉(朝鮮事情, 1920)이나 〈내지사정〉(內地事情, 1920)과 같은 시정홍보를 위한 목적의 활동사진을 제작하여 상

---

20 조선총독부 관방 서무부 문서과 활동사진반의 활동과 성격에 대한 사항은 다음의 연구물들을 참고하라.
박환모, 「1920년대 초 조선총독부「활동사진반」의 역할에 관한 연구」, 『영화연구』 24호, 2004.
배병욱, 「1920년대 전반 조선총독부의 선전영화 제작과 상영」, 『지방사와 지방문화』 9권 2호, 2006.
김정민, 「1920년대 초반 조선총독부의 활동사진에 대한 인식과 활용에 대하여」, 『인문과학연구』 제27집, 2009.

영했다. 이중 〈조선사정〉은 3.1운동 이후 평온한 조선의 모습을 선전하기 위한 목적으로 제작한 것으로 조선군수 일본시찰단이 일본 주요 도시를 시찰할 때 총독부 활동사진반이 동행하여 상영활동을 벌였다. 그 결과 1921년 동양협회를 통해 일본 내에서 75개소, 15만명이 관람했고,[21] 1922년 도쿄 평화기념박람회 상영 이후 7, 8월 두 달 동안 일본 내 각 부현에서 73개소, 10만3천260여명이 관람했다.[22] 〈내지사정〉은 조선군수 일본시찰단의 활동을 중심으로 내지의 풍습을 촬영한 것으로 3.1운동 직후 조선인들의 일본에 대한 반감을 누그러트리기 위한 목적으로 상영되었다.

관방 서무부 문서과의 활동사진반 외에 대중을 상대로 선전이 필요한 부서에도 활동사진반이 조직되었다. 이중 가장 활발한 활동을 벌인 부서는 경무국 위생과의 위생활동사진반이었다. 경무국 위생과와 각 도(부)의 위생과에서는 여름철 전염병 예방을 선전하기 위해 환등을 이용해 위생선전활동을 벌였는데, 1920년 7월부터는 활동사진과 신파극을 위생선전활동에 이용하기 시작했다.[23] 1920년 개최된 위생활동사진 대회를 당시 신문 기사를 중심으로 정리하면 다음과 같다.

전남 위생활동사진(7월6일~15일)-함남 원산 위생활동사진(7월10일~12일)-함남 함흥 위생활동사진(7월16일~21일)-인천 위생극(27일~29일)-경성 위생극(7월30일~8월1일)-전남 광주 위생극(11일~13일)-경기 고양(왕십리) 위생활동사진(14일~15일)-함남 위생활동사진(9월전후)-전북(임실, 갈담, 순창, 삼례 등) 위생활동사진(22일~25일)[24]

---

21 〈內地に於ける朝鮮事情紹介〉, 《京城日報》, 1921.9.10.

22 〈朝鮮事情宣傳映畫を各府縣にて公開映寫〉, 《京城日報》, 1922.10.20.

23 〈위싱사진과 연극〉, 《朝鮮日報》, 1920.6.26.

24 위생활동사진에 관한 신문기사는 다음의 자료집을 참고했다. 한국영상자료원 영화사연구소 엮음, 『신문기사로 본 조선영화 1918~1920』, 한국영상자료원, 2009.

위의 기록으로 보았을 때 1920년 처음 시행된 위생활동사진, 위생극 대회는 전라남북도, 함경남도, 경기도에서 시행되었음을 알 수 있다. 같은 시기 평안북도에서는 위생활동사진대회가 아닌 위생환등대회를 열었다.[25] 이러한 상황에 비추어 보면, 그때까지 각 지역별 활동사진상영 및 촬영 설비, 필름의 수급 등에 차이가 있었음을 알 수 있다.[26]

1920년 여름 위생활동사진대회에서는 의사가 동행하여 즉석에서 예방접종을 실시하는 등,[27] 위생활동사진선전은 효과적이었다. 그 결과 1921년에는 수역(獸疫)예방 활동사진반이 예산에 편성되었고,[28] 1922년에는 「조선종두령」(朝鮮種痘令)시행을 앞두고 그 기념으로 〈생의과〉(生の誇)라는 제목의 종두예방 선전용 극영화가 제작되었다.[29]

[자료] 위생과의 선전영화 〈생의과〉의 제작 기사(《京城日報》, 1922.4.1.)

---

25 〈衛生講話와幻燈會〉, 《東亞日報》, 1920.9.11.

26 1920년 경성부에서는 기계가 준비되는 데로 위생활동사진 선전을 시작할 것이라는 기사가 실렸다. 이는 위생활동사진선전이 1920년부터 시작되었음을 의미한다. 〈防疫衛生劇映畫〉, 《每日申報》, 1920.6.24.

27 1920년 9월, 전라도지역에서는 전남도청과 총독부 위생과가 주축이 되어 내지문화의 소개 및 위생상태 향상을 위한 순회영사대회를 조직했는데, 이 영사대회에서는 위생과 순사가 활동사진 설명을 하고, 참가자들에게는 자혜병원에서 나온 의사가 동행하여 전염병 예방주사를 접종했다. 다카야마(高山)라는 촬영기사가 이 상황을 동행하며 촬영했다. 〈全南巡廻活寫〉, 《朝鮮新聞》, 1920.9.2.

28 〈獸疫豫防活動寫眞班〉, 《朝鮮新聞》, 1921.3.17.

29 〈『生の誇』衛生課の宣傳寫眞完成す〉, 《京城日報》, 1922.4.1.

극영화의 제작은 1920년부터 신파극단들이 공연했던 위생극을 활동사진으로 만들어 활용하기 위한 방안이었다. 일부지역에 불과했지만, 이미 1921년 위생극 공연 시 실사용 위생선전활동사진을 이용한 연쇄극의 공연이 이루어진 바 있었다.[30] 이와 달리 〈생의과〉는 처음부터 극영화로 기획된 것이었다. 1922년 2월 첫 각본이 발표되었고,[31] 3월 초, 각색을 마치고 촬영에 들어가서[32] 4월 촬영을 마치고 약 3천척의 3권 분량으로 편집되어[33] 6월 15일부터 21일까지 탑골공원과 앵정소학교(櫻井小學校)에서 일반에 공개되었다.[34]

〈생의과〉가 제작되었다는 사실은 그간 명확한 실체를 파악할 수 없었던 위생영화의 존재를 확인시켜 준다.[35] 1920년 제작되었다는, 〈호열자〉로 알려진 위생영화에는 김소랑(金小浪)이 이끌던 취성좌(聚星座) 좌원들이 출연했다고 알려져 왔지만 그 존재를 증명할 증거가 없었다. 앞서 언급했듯이 1920년 여름은 총독부 위생과에서 기계를 가져와 일부지역에서 활동사진 선전을 시작하던 시점으로 총독부에서 직접 극영화 제작에 나설 수 있는 상황이 아니었다. 1920년 위생영화 혹은 위생극과 김소랑의 취성좌를 연결 지을 수 있는 단서는 1920년 여름 취성좌가 우미관에서 위생극을 공연했다는 기록뿐이다.[36] 〈호열자〉로 알려진 활동사진이 사실은 취성좌가 우미관에서 거행한 위생극 〈인생의 구〉(人生의 仇)와 1922년 만들어진 종두예방 영화에 대한 기억이 혼합되어 만들어진 착각일 가능성이 크다. 이러한 의문

30 〈稀しい盛況であつた全州の衛生劇〉, 《京城日報》, 1921.7.2.

31 〈種痘豫防の宣傳劇 衛生課で製作〉, 《京城日報》, 1922.2.5.

32 〈衛生宣傳寫眞〉, 《京城日報》, 1922.3.7.

33 〈『生の誇』衛生課の宣傳寫眞完成す〉, 《京城日報》, 1922.4.1.

34 〈衛生講演活動寫眞〉, 《每日申報》, 1922.6.18.

35 위생영화에 관해서는 김종원(「초창기 계몽 위생영화와 〈국경〉의 영화사적 검증」, 『영화평론』 제12호, 1998.)의 연구가 대표적이다.

36 〈優美館의 衛生劇〉, 《東亞日報》, 1920.7.29. ; 〈衛生劇 脚本은 『人生의 仇』〉, 《東亞日報》, 1920.7.30. ; 〈金小浪一行의 衛生劇〉, 《每日申報》, 1920.7.30.

은《경성일보》에 실린 〈생의과〉의 줄거리가 〈호열자〉에 대해 언급했던 안종화의 기억과 매우 닮아 있다는 점을 통해 해답을 찾을 수 있다.

> 1번 : 경성에 재학 중인 사이가 좋은 의학전문학교 학생이 두 명 있었는데 두 사람 모두 약혼한 아름다운 아가씨가 있었다. 그 한 사람의 아가씨는 도회지 사람으로 일가가 모두 위생사상을 보급했던 가정이고, 한 사람은 시골 양반으로 모친이 천연두로 사망하였음에도 불구하고 일가 사람들이 종두를 접종하지 않았다가 어느 한 해 천연두가 유행했을 때 양반 일가는 무참하게도 천연두에 걸려 아름다운 아가씨의 미모는 파괴되었다. 머지않아 무사한 학생들은 졸업을 하고 미래의 희망을 이야기하며 학교로부터 나오고, 도회지 사람인 두 사람은 경사스러운 결혼을 하였지만, 양반인 학생은 약혼자의 변해버린 모습을 보며 옛날의 아름다운 모습을 열망하며 번민한 결과, 마침내 두 사람이 함께 괴로워하다 죽었다고 말하는 비극이다.[37]

> 2번 : 슈진즁 최초에는 녯날 녓구비에게 비하야 죠금도 손식이 업슬만 흔 미인이 텬연두에 걸니어 취약한 얼골노 변한 결과 무흔흔 사랑을 쥬던 늄자의 이졍이 차차 희박하게 되는 것을 비관하야 몸을 한강물에 던지는 사건이…[38]

> 3번 : 갑과 을 두 집안이 나란히 살고 있었다. 갑의 가정은 항상 위생관념에 투철하여 명랑하고 행복했으며, 을의 가정은 그와 대조적으로 위생관념이 말이 아니었으므로 때마침 만연된 호열자에 걸려 고생한다.[39]

위의 세 가지 이야기의 유사성으로 보아 경성일보에 실린 1번 이야기가 2번처럼 간략하게 압축되고, 3번처럼 기억 속에서 섞이면서 천연두를 호열

---

37 〈種痘豫防の宣傳劇 衛生課で製作〉,《京城日報》, 1922.2.5.
38 〈衛生講演活動寫眞〉,《每日申報》1922.6.18.
39 안종화, 『한국영화측면비사』, 현대미학사, 1998, 50쪽.

자로 착각하게 만들어 마치 다른 영화인 것처럼 변형되어 기록되었던 것이다.[40] 그렇다면 〈생의과〉와 안종화의 증언을 통해 알려진 〈호열자〉라는 영화, 그 동안 《매일신보》에 대략적인 내용만 있어서 알 수 없었던 위생영화는 서로 같은 것일 가능성이 높다.

그럼 김소랑의 취성좌가 〈생의과〉에 출연했을 가능성은 없을까? 〈생의과〉의 기획단계에서 여형배우 대신 기생을 출연시키려했다.[41] 이러한 의도가 성공했는지는 알 수 없지만, 일부 배역을 제외한 나머지 배역은 기성배우들이 연기했을 것이다. 이미 여러 번 위생극을 공연한바 있던 취성좌에서 조선인을 주인공으로 한 위생활동사진 제작에 참여하지 않을 이유가 없었다. 때문에 〈생의과〉에 출연한 배우들은 취성좌 소속일 가능성이 크다. 그렇다면 안종화를 비롯한 원로영화인들의 기억 속에 취성좌의 위생극과 1922년 취성좌가 출연했던 위생영화의 내용은 더욱 혼돈스러웠을 것이다.

조선총독부에서는 위생영화 외에도 윤백남(尹白南)이 만든 〈월하의 맹서〉(月下의 盟誓)와 같은 저축계몽영화도 제작했다. 또한 각 지방에서는 지방개량활동사진을 제작하여 순회영사에 이용했다. 예를 들어 1920년 강원도에서는 각 지역에 민풍작흥, 민력함양을 위한 시설로 흥풍회(興風會)를 조직하고 이를 선전하기 위한 활동사진대회를 열었다.[42] 1921년 국경지역인 평안북도에서는 활동사진을 이용한 평북1부장의 순회강연이 있었고,[43] 충북에서는 〈최근의 충북〉(最近の忠北)이라는 작품을 만들어 상영했다.[44]

---

40 안종화가 언급한 위생영화가 2,700척의 길이였다는 것은 〈생의과〉의 길이 약3천 척과 거의 동일하다.

41 〈衛生宣傳寫眞〉, 《京城日報》, 1922.3.7.

42 〈地方改良活動寫眞〉, 《每日申報》, 1920.10.2.

43 〈施政宣傳の爲め雪中に橇な驅り〉, 《朝鮮新聞》, 1921.1.11.

44 〈映畵の封切 地方改良活寫〉, 《朝鮮新聞》, 1921.1.16.

2) 경성일보 제작 영화

1921년 9월 경성일보사에서는 지령 5,000호를 맞아 개최한 독자위안대회의 자축프로그램의 하나로 활동사진순회영사대회를 경성일보사 지국이 있는 전선의 주요도시들과 안동현에서 개최했다.[45] 경성일보사에서 파견한 활동사진순업대가 전국을 순회하며 활동사진을 상영하는 이 프로그램은 1921년 9월 16일부터 10월 20일까지였는데, 호응이 좋아서 3차 순회영사로까지 이어졌다. 그 일자를 살펴보면, 2차 경성일보 순회영사는 해를 넘긴 1922년 4월 15일부터 5월 22일까지였으며, 3차는 9월 24일부터 11월 2일까지였다. 특기할 점은 경성일보사에서 직접 제작한 실사영화와 극영화가 순회영사대회에서 상영되었다는 점이다. 극영화로는 1차 순회영사에는 〈생익〉(生ひ翼)이, 2차에는 〈애의 극〉(愛の極み)이, 3차에는 〈사의휘〉(死の輝き)가 제작되었다.[46]

자세한 내용은 알려져 있지 않지만, 내선동화를 표방하고 만들어진 〈생익〉은 경성일보 기자 츠지모토 세츠도(辻本雪堂)가 원작을 맡았고, 경성시내의 명소를 배경으로 키네마회 연쇄극대일좌(キネマ會 連鎖劇大一座) 회원들이 출연했다. 연쇄극단인 키네마회는 경룡관 개관일인 1921년 7월 19일부터 연쇄극 〈저주받은 여동생〉(呪はれし妹), 〈노기장군〉(乃木將軍)을 상연했고, 24일부터 프로그램을 바꿔 〈월백〉(月魄)을,[47] 7월 29일부터 3일

---

45 1차 활동사진순회영사의 순회지는 경성, 용산, 인천, 수원, 천안, 조치원, 청주, 공주, 강경, 군산, 이리, 전주, 광주, 목포, 대전, 대구, 부산, 마산, 개성, 사리원, 평양, 진남포, 신의주, 안동현, 겸이포, 철원, 원산, 함흥 등 28개 지역이었다. 〈本紙五千號自祝記念　讀者慰安大會　朝鮮全道に亘り開催〉, 《京城日報》, 1921.9.12. 이중 안동현 대회를 대신해 의주에서 개최되었는데 장소가 정확히 확정되지 않은 것으로 보아 장소 변경은 급하게 결정된 것으로 보인다. 〈今日は義州(會場未定)〉, 《京城日報》, 1921.10.14.

46 경성일보 제작영화에 관해서는 김정민(金廷珉, 「1920年代前半における『京城日報』製作映画に関する研究 :『愛の極み』を中心に」『マス・コミュニケーション研究』, 日本マス・コミュニケーション学会 編, 2012.)의 연구가 있다.

간 〈생익〉을 상연했다.⁴⁸ 전 14장으로 구성된 연쇄극 〈생익〉은《조선공론》
의 마쓰모토 테루카(松本輝華)에게 "모 신문사 기자의 작품이라는 연쇄극
은 영화 그 자체를 이해하고 있지 않은 작품이다. 어린이들 장난친 듯한 유
치한 작품"⁴⁹이라는 혹평을 받았다. 연쇄극으로 준비가 안 된 작품이었다는
마쓰모토의 평을 통해 추정해보면, 경성일보측으로부터 순회영사에 필요한
영화출연을 급하게 부탁받은 키네마회에서 완성되지 않은 필름을 가지고
연쇄극을 상연한 것이 아닌가 생각된다.

〈생익〉의 본격적인 상영은 1921년 9월의 경성일보 순회영사대회였다. 전

[자료] 경성일보 지령 5천호 자축기념 독자위안대회 안내 기사. 신파동화극
〈생익〉(4권)이 프로그램의 하나로 기록되어 있다. (《京城日報》, 1921.9.12.)

---

47 〈京龍館替外題〉,《京城日報》, 1921.7.24.

48 〈京龍館新築落成〉,《京城日報》, 1921.7.29.

49 松本輝華, 〈京城キネマ界〉,《朝鮮公論》, 1921.9, 136쪽.

14장의 연쇄극이 전4권 분량의 영화극으로 바뀌었다. 극영화로 바뀐 〈생익〉의 첫 번째 상영은 1921년 9월 16일 경룡관에서 있었는데, 경룡관 전속 변사인 니시노 텐고(西野天鄕)와 니시다 텐슈(西田天州)의 설명으로 공개되었다. 이날 상영에 대해 《경성일보》에는 "변사들의 열변에 장내가 정숙했고, 한 시간의 장편임에도 많은 감동을 주었다."[50]라는 자평이 실렸다. 이처럼 순회상영에 키네마회를 참여시키지 않고, 연쇄극 배우의 연기가 아니라 변사의 설명이 대신한 것으로 보아, 연쇄극이 아닌 영화극이 원래 의도했던 모양이었고, 연쇄극 상연이 있은 후, 두 달 동안 극영화로의 마무리 작업을 통해 최종 극영화로 완성되었던 것 같다.[51]

경성일보사에서는 1회 순회영사대회의 성공에 고무되어 2회 순회영사대회도 기획했다. 경성일보의 두 번째 작품인 〈애의 극〉(5권)이 이때 제작되었다. 이 작품은 경성일보 기자, 야지마 류도(八島柳堂)[52]가 각본과 촬영, 연출까지 맡았다.[53] 연기는 구제 료(久世亮)가 이끄는 동경가무극협회(東京歌舞劇協會) 신극부원들이 했다.[54] 수관(壽館)에서 공연 중이던 동경가무극협회와 교섭하여 이들을 출연시켰던 것이다. 네 명의 젊은 남녀를 주인공으로 조선인과 일본인 사이의 사랑과 결혼을 주제로 한 이 영화는 월미

---

50 〈雪崩の如く殺到らた觀衆〉, 《京城日報》, 1921.9.18.
51 〈생익〉이 연쇄극인지 극영화인지는 논란의 여지가 있다. 김정민은 최초의 극영화를 〈애의 극〉으로 설명하고 있다.(金廷珉, 위의 논문, 184쪽.) 이는 〈생익〉을 연쇄극으로 보고 있다는 것이다. 그러나 당시 일본영화의 수준이 문법을 갖출 정도는 아니었다는 점을 고려해 보았을 때, 연쇄극과 극영화의 제작상의 차이는 그리 크지 않았을 것이다. 때문에 연쇄극에서 극영화로의 전환은 쉽게 이루어졌을 것이다. 그렇다면 〈생익〉은 극단원들의 실연이 빠진, 필름상에 기록된 화면과 변사의 설명만이 있는 극영화로 보는 것이 타당하다.
52 야지마 류도는 동화극 및 동화구연 등 아동문학과 관련되어 활동했다. 아동문학과 관련한 그의 활동은 다음의 책을 참고하라. 金成姸, 『越境する文学』, 花書院, 2010.
53 〈「愛の極み」劇 撮影終了す〉, 《京城日報》, 1922.3.21.
54 〈巡廻活動寫眞 「愛の極み」撮影〉, 《京城日報》, 1922.3.16.

[자료] 〈애의 극〉 촬영 종료 기사 (《京城日報》, 1922.3.21.)

도, 경성시내, 금강산 등 조선의 명승지에서 촬영되었다.[55] 순회상영에 앞서 조선총독을 비롯해 총독부 고위관리들이 관람하여 사이토 총독에게 "이

---

55 내용을 간단히 소개하면 다음과 같다. 월미도 해수욕장에서 조개잡이를 하던 조선인 은행가의 딸 박정옥(朴貞玉)은 밀물이 들어오자 그만 바다에 빠지게 된다. 그림을 그리고 있던 가난한 일본인 화가 카츠키 타다오(勝木忠雄)가 박정옥을 구한다. 이들은 우연히 경성에서 재회하여 사랑하는 사이가 된다. 이때 또 다른 조선인 은행가의 아들 조영식(趙永植)이 정옥과 타다오 사이를 방해한다. 타다오는 선전출품을 위해 그림을 그리러 금강산으로 떠나고, 그를 찾아 정옥과 타다오의 여동생 츠유코(露子)도 금강산으로 떠난다. 이들의 뒤를 영식이 쫓는다. 그러던 중 영식은 산에서 추락하게 되고, 그런 영식을 타다오의 동생 츠유코가 구하고 자신은 죽음을 맡게 된다. 이것이 계기가 되어 정옥과 타다오는 사랑의 결실을 맺는다. 〈「愛の極み」劇 撮影終了す〉, 《京城日報》, 1922.3.21.

영화는 지금까지의 이런 류의 영화중 가장 우수하다"는 상찬을 받았다.[56] 그래서인지 1회 순회영사대회와는 달리 조선인 관객들을 위해 단성사에서 상영되기도 했고,[57] 조선총독부에서 필름을 구입하여 자체 순회영사에 이용하기도 했다.[58]

경성일보사의 연이은 순회영사대회의 성공으로 순회영사대회는 3회까지 이어졌다. 3회 대회에서 경성일보가 제작한 영화는 〈애의 극〉과 마찬가지로 야지마 류도가 각본, 연출, 촬영을 도맡은 〈사의휘〉라는 작품이었다. 이 작품은 1922년 7월 28일 마산해안에서 수영연습 중이던 한 생도를 구하려 바다에 뛰어들어 목숨을 잃은 토요타 이츠라(豊田一良) 교유의 일대기를 영화로 만든 것이었다.

이 영화의 제작과 상영에는 토요타 교유가 근무했던 대구중학교와 대구지역의 관민학생들이 동원되었다.[59] 이런 이유로 3회 순회영사대회는 서울이나 부산이 아닌 대구중학이 위치한 대구와 토요타 교유가 순직한 마산에서 시작되었다.[60]

이 작품은 1922년 8월, 황금관과 대정관에서 상영하여 대흥행기록을 세웠던 이토 다이스케(伊藤大輔), 우시하라 기요히코(牛原虛彦) 각색, 연출, 하나부사 유리코(英百合子), 오카모토 고로(岡本五郎), 구보타 히사오(久保田久雄) 등이 출연한 쇼치쿠 제작의 〈희소야훈도〉(噫小野訓導)를 따라 만든 것이다.[61] 〈희소야훈도〉는 미야기현(宮城縣)의 시로이시천(白石川)에서 물에 빠진 세 명의 학생들을 구하고 목숨을 잃은 고노(小野)훈도의 이야기를 영화로 만든 것이었다.[62]

56 〈本社巡廻活動を見て 齊藤總督の賞讚〉,《京城日報》, 1922.4.15.
57 〈今日晝夜團成社에〉,《每日申報》, 1922.5.5.
58 〈慶南道宣傳用『愛の極』公開〉,《京城日報》, 1922.8.27.
59 〈噫豊田敎諭劇〉,《京城日報》, 1922.9.2.
60 〈第三回愛讀者慰安巡廻活動寫眞〉,《京城日報》, 1922.9.21.
61 〈映畵界通信〉,《朝鮮公論》, 1922.10, 117쪽.

[자료] 〈사의휘〉 관련 기사(《京城日報》, 1922.9.9.)

대인기를 끌었던 〈희소야훈도〉의 조선판이라 할 수 있는 〈사의휘〉가 경성일보에서 제작되어 상영을 앞두게 되자 《경성일보》의 경쟁지인 《조선신문》과 《경성일일신문》은 토요타 교유가 순직한 것이 아니라는 르포 기사를 발표했다. 이에 경성일보는 학무국의 발표를 근거로 하여 두 신문의 공격에 대해 반박했고,[63] 재차 토요타 교유 죽음의 진상에 대한 르포기사와 함께 경북지사, 대구부윤, 조선민보사장, 마산부윤 등의 인터뷰를 실었다.[64] 토요타 교유의 죽음을 둘러싸고 일어난 진실게임은 순회영사대회의 분위기를 가라앉혔다. 1922년 11월 3일 춘천에서의 마지막 상영을 끝으로 순회영사대회는 막을 내렸다. 순회영사대회를 이끌었던 도쿠나가 미쯔오(德永三雄)가 애독자들과 관민유지들에게 감사를 표했을 뿐,[65] 〈애의 극〉을 상영했을

---

62 《京城日報》, 1922.8.18. 황금관, 대정관 광고 참조.

63 〈豊田教諭の殉職は事實だ〉, 《京城日報》, 1922.9.16.

64 〈豊田教諭殉職の眞相〉, 《京城日報》, 1922.9.26.

때처럼 총독의 상찬을 받거나 하는 열광적인 반응은 없었다. 이후 경성일보사에서는 극영화 제작을 더 이상 시도하지 않았다.

3) 극동영화구락부와 〈국경〉

조선총독부나 경성일보사에서 제작한 극영화와는 달리 민간에서도 연쇄극이 아닌 극영화를 제작하려는 움직임이 일어났다. 가장 먼저 활동을 시작한 곳이 조선활동사진주식회사와 관련을 맺고 있던 극동영화구락부였다. 1922년 탄생한 조선활동사진주식회사는 경인지역의 주요극장을 인수하여 극장망을 구축하고 자체 제작한 영화를 자사의 배급망을 통해 상영할 계획을 세웠다. 그러나 극장망 구축은 내지 영화자본과의 경쟁에서 밀려 고전하게 되고 영화제작은 실행할 수 있을 정도의 인력과 기술 모두 부족했다. 처음의 원대한 계획은 수포로 돌아갔다.

[자료] 극동영화구락부의 필름 봉절 시연 광고 (《京城日報》, 1922.9.24.)

---

65 〈御挨拶〉, 《京城日報》, 1922.11.6.

[자료] 오미 분노스케일좌의 무사도고취 정신교화 연쇄극 〈해적토벌〉의 광고
(《京城日報》, 1922.7.27.)

　　1922년 9월, 조선활동사진주식회사의 주요 인물들인 나리키요 다케마쓰(成清竹松), 이와모토 요시후미(岩本善文), 이와타 센타로(岩田仙太郎) 등을 중심으로 극동영화구락부(極東映畵俱樂部)가 설립되었다. 나리키요 다케마쓰의 아들인 쇼치쿠 촬영기사 나리키요 에이(成清榮)가 전속 촬영기사였고,[66] 중앙관에서 연쇄극을 공연했던 고미 분노스케(五味文之助)가 이끄는 연쇄극단이 전속 배우로 합류했다.[67]

　　극동영화구락부는 경성일일신문사에서 주최한 오사카 마이니치 신문사와 만철간의 야구경기의 실사 영화를 촬영한 것과 연쇄극 〈노기장군〉을 9월 24일부터 3일간 경성극장에서 상영했다.[68] 이후의 자세한 활동은 알 수 없으나,[69] 다음의 《조선공론》 기사를 통해 이 시기 극동영화구락부에서 〈국

66　이필우는 이영일과의 대화에서 나리키요 부자를 다음과 같이 기억했다. "그런데 〈동도〉를 갖고 나하고 나온 아이가 스즈끼라고 그러는데 그 사람이 여기에 나리끼오라는 사람의 아버지를 알아요. 나리끼오라는 사람이 송죽 기사에요. 한국 와서 사진을 하겠다는군요. 영화, 활동사진. 나리끼오라는 사람이. 그 사진은 〈마적〉이야. 국경선, 신의주에 있는." 한국예술연구소 편, 『이영일의 한국영화사를 위한 증언록—유장산·이경순·이창근·이필우 편』, 도서출판 소도, 2003, 184쪽.

67　〈極東映畵俱樂部〉, 《京城日報》, 1922.9.15.

68　《京城日報》, 1922.9.24. 경성극장 광고 참조.

69　1922년 12월 6일부터 1923년 2월 23일까지 경성일보가 남아있지 않다. 그 외

경〉을 제작했음이 확인된다.

경성에 극동영화구락부라는 큰 이름을 가진 조그만 영화촬영그룹이
있다. 그 구락부가 제작한 영화에 『국경』은 압록강을 배경으로 촬영한
약 10권 정도의 작품으로 최근에 시내 ×××에서 상영되었다. 그런데
일부 학생관객들이 너무나 야유를 많이 보내 급기야는 중지할수밖에
없는 상황에 이르렀다고 한다. 아무리 영화가 형편없는 것일지라도
직접적인 야유를 보내 중지시켰다는 것은 심히 좋지 않은 일이다. 이것
이 조선인이다.[70]

〈국경〉은 한국영화사에 있어 그 존재의 유무, 성격 등에 관해 논쟁을 불
러왔던 영화이다. 위 기사는 그간 그 실체가 모호했던 〈국경〉에 대해 보다
자세한 접근을 가능케 해준다. 우선 국경의 제작 주체가 극동영화구락부임
이 확인 되었다. 신문기사 등에서 언급된 쇼치쿠에 대해서는 촬영기사인 나
리키요 에이가 쇼치쿠 출신이었다는 점을 확인할 수 있었다. 또한 그 성격
은 이필우가 언급하고 있듯이, 신의주 부근 국경에 출몰하는 마적을 토벌하
는 내용일 가능성이 크다.[71] 고미 분노스케가 이끄는 연쇄극단이 극동영화
구락부에 합류하기 전에 중앙관에서 공연했던 연쇄극이 경성헌병대의 야마
구치(山口) 대좌가 전임지인 칭따오(青島)에서 벌인 해적토벌을 취재하여

일본어신문인 조선신문, 경성일일신문 등도 남아있지 않기에 이시기 극동영화구
락부의 활동에 대해 자세히 알 수 없다.

70 "京城に極東映畫俱樂部と言ふ大きな名前を有する小さな映畫撮影のグルー
プがある。その俱樂部が作成した映畫に『國境』と稱する鴨綠江をバックとして
撮影した約十卷位のものが最近市内の×××に上映された。所が觀客の一部の
學生連中が大彌次を飛ばして遂に中止の止むなきに到つた想であるが如何に
映畫が拙劣なものであつても直接的な彌次で中止させたと言ふのは甚だ面白
くない事である。これは朝鮮人であつたのだ。"松本輝華、〈[映畫夜話] 螺鈿の木
机に靠れての噺〉,《朝鮮公論》, 1923.2, 107쪽.
71 한국예술연구소 편, 위의 책, 184쪽.

만든 것이었고,[72] 뒤이어 제작한 작품 역시 러일전쟁의 노기장군의 죽음을 토대로 만든 연쇄극이었다는 점은 이러한 추측을 가능케 한다. 그렇기 때문에 조만국경지역에서 일어난 봉오동, 청산리전투의 기억이 불과 얼마 지나지 않은 상황에서 국경지역에서 활동하는 무장독립운동가들을 연상시키는 마적단을 토벌하는 내용의 영화는 조선인들의 공분을 사기에 충분했을 것이다. 위 기사에서 언급했듯이 급기야 조선인 학생들의 야유로 인해 상영이 중단되는 상황이 발생한 것이다. 〈국경〉의 상영은 이후 재개되지 않았는데, 〈국경〉 상영이 시작되기 하루 전, 경성 시내에서 김상옥(金相玉)의 종로경찰서 폭탄투척 사건이 발생했기 때문에 조선인을 자극시킬 만한 내용의 영화를 상영하는데 있어 더욱 조심했던 것으로 보인다.

제3절 조선영화의 식민지적 특성

일제강점기 내내 총독부에서는 조선인들이 극장업에 진출하는 것을 막았다. 그런 상황에서 조선영화산업이 배급이나 제작이 중심이 되지 않고 내지자본에 의해 상영 중심으로 재편되자 일본인의 수가 적은 지방에서의 활동사진관 설립은 더욱 늦어졌다. 일본인 이주자의 수가 적었던 1920년대까지 조선의 극장흥행업은 더딘 성장을 할 수밖에 없었다. 앞서 살펴보았듯 1921년 경성일보사에서 독자위안을 위한 순회영사대회를 개최했을 때, 영화상영이 가능했던 지역이 총 28개였다. 경성일보 순회영사는 조선거주 일본인뿐만 아니라 조선인들도 관람할 수 있었고, 장소도 활동사진관뿐만 아니라 연극장, 학교교정, 청년회관 등이긴 했지만, 경성일보 순회영사의 열광적 반응에서 확인 할 수 있듯이 자본과 의지만 있으면 순회영사가 개최된 28

---

72 〈馬賊討伐實況〉,《京城日報》, 1922.7.26.

개 지역에 활동사진관을 지을 수 있었다. 그러나 그로부터 5년이 지난 1926년 7월, 조선 내 활동사진 상설관은 경성 8개소(일본인 5, 조선인 3), 신의주 1개소, 평양 2개소, 부산 3개소, 대구 3개소, 목포 1개소, 군산 1개소로 총 7개 지역 19개소에 불과했다.[73] 조선인에게는 극장 허가를 내어 주지 않고 일본인들에게만 극장 설립을 허가해 주었기 때문에 일본인 거류민들의 수가 많은 지역에만 활동사진관이 있었던 것이다. 이는 일본인 거류민의 수가 적은 지역에서는 극장이 만들어 질 수 없었음을 의미했다.

극장의 설립이 더디면 더딜수록 영화제작은 실패할 수밖에 없었다. 조선활동사진주식회사에서 후원한 극동영화구락부나 부산의 조선영화제작주식회사, 조선인 상설관인 단성사영화부(團成社映畵部)가 영화제작을 시작했으나, 한정된 산업규모와 체계적 배급망의 불비로 인해 지속적으로 작품을 만들어 내는데 실패했다. 내지의 영화배급망에 포섭된 조선의 영화산업은 제작을 통해 수익을 낼 수 없는, 산업적으로 성공할 수 없는 구조였던 것이다.

이러한 상황에서 조선총독부와 경성일보와 같이 조선인을 지배하고 동화시키는 목적을 지닌 관공서에서 제작한 영화는 조선의 식민성을 부각시킬 뿐이었다. 이는 극동영화구락부와 같은 조선거주 일본인 들이 제작한 영화에서도 마찬가지였다.

예를 들어 보면, 조선인을 전면에 내세운 위생영화 〈생의과〉에서 조선의 시골 양반집은 전염병에 쉽게 노출된 미개하고 더러운 곳으로 묘사되었다. 반면 일본적인 것으로 상징되는 위생관념이 투철한 도회의 집은 전염병에 안전한 곳으로 그려졌다. 조선을 더럽고, 미개한 것으로, 일본을 깨끗하고 개화된 것으로 등치시키고 있는 것이다.

내선동화를 목적으로 만든 경성일보 제작 영화들 역시 이러한 대응을 하

---

73 〈減下不能說에 首相, 總督에 陳情〉, 《每日申報》, 1926.7.21.

고 있기는 마찬가지이다. 〈애의 극〉에서 조선인 남녀는 바다에 빠지거나 산기슭에서 추락하는 등 위험에 처한다. 위험에 처한 이들을 구하는 사람은 일본인 남매이다. 이 영화에서는 조선인을 사회적 지위가 높은 은행가의 자식으로 등장시켰음에도 이들은 언제든 위험에 빠지는 불안한 존재이다. 가난한 일본인이지만 이들 일본인의 도움이 없이는 조선인 은행가의 자식도 위험에서 벗어날 수 없다.

〈사의휘〉에서도 불안한 조선인의 모습은 재현된다. 고학으로 학교를 다니다가 학교를 그만두게 된 조선인 아이가 죽음을 결심하고 철로 위를 배회하여 기차에 치일 위기에 처한 것을 일본인 선생이 발견하여 구해내고 학업을 지속할 수 있도록 경성의 지인까지 소개시켜준다.[74] 물에 빠진 학생을 구해내다 순직한 선생을 칭송하는 영화에서, 주인공인 일본인 선생을 돋보이게 만들기 위한 장치로 이 에피소드가 이용된 것이다. 이는 〈애의 극〉에서와 마찬가지로 조선인이 불안한 존재임을 재차 확인시키고 있을 뿐만 아니라 일본인은 가르쳐야 할 선생, 조선인은 일본인에게 배워야 할 학생으로 배치시켜 이러한 고정된 생각을 강조하고 있다.

1920년대 초반 조선총독부와 경성일보사 등의 활동사진선전활동은 1923년을 기해 막을 내리고 그 역할을 민간에게 넘겨주게 된다. 무료 혹은 저가로 활동사진 상영을 자주하다보니 상설관 운영자들의 불만이 속출한 것과, 1923년 1월 일어난 김상옥 사건으로 활동사진에 대한 부정적 인식이 확산되었던 것이 조선총독부를 중심으로 각종 단체에서 추진한 무료 혹은 저가의 활동사진 순회상영이 줄어들게 된 이유로 볼 수 있다.

---

74 위험에 처한 조선인 아이를 구해내는 내용은 신문에 실린 영화의 줄거리를 통해 알 수 있다. "...ある明月の夜鐵道線路を徘ふてゐる一人の鮮童があった、列車は凄しい響を立て、一直線に飛んで來た、轢死だ！直覺的に彼の頭腦に閃めいた、彼は苦學をしやうとして果さず死を決した若き鮮童であった、彼は不心得を說いて京城の知人を紹介してやった...."〈本社フイルム死の輝き梗概〉,《京城日報》, 1922.9.9.

제16장 최초의 카메라맨 이필우

영화사가(映畵史家) 이영일(李英一)은 1968년 한국영화인협회의 한국 영화탄생 50주년 기념사업의 하나인 한국영화사(韓國映畵史)의 원고 작성을 의뢰받고 영화제작 초기부터 활동하던 원로 영화인들을 만나 그들의 활동을 녹음으로 남겼다. 자료의 부족에도 불구하고 한국영화사 연구의 기념비적인 저술인 『한국영화전사』(韓國映畵全史)(삼애사, 1969)가 발간될 수 있었던 것은 이필우(李弼雨), 이구영(李龜永), 윤봉춘(尹逢春), 복혜숙(卜惠淑), 성동호(成東鎬), 최금동(崔琴桐), 이규환(李圭煥), 김성춘(金聖春), 유장산(柳長山), 이창근(李昌根), 이경순(李敬淳) 등 초창기 영화인들의 증언이 있었기에 가능했다. 이들의 목소리는 『한국영화전사』와 『한국영화인열전』(영화진흥공사, 1982)의 중요 자료로 활용되었다.

이영일이 남긴 작업은 이후 영화사 연구자들의 연구토대를 제공해 주었다. 특히 그의 사후에 발간된 『이영일의 한국영화사를 위한 증언록(전4권)』(이하 증언록)에는 일제강점기 조선영화에 대한 연구자들의 호기심을 충족시켜줄 다양한 목소리가 담겨져 있다. 2005년 이후 러시아와 중국에서 일제강점기 조선영화가 대거 발굴되면서 이 증언록은 일제강점기 조선영화연구에 날개를 달아주었다.

회고록이나 증언록과 같이 주관적인 경험을 바탕으로 한 회고조의 자료들을 이용한 역사 서술에는 주의할 점이 있다. 증언이라는 것은 당시의 사회적 상황과 개인의 가치관에 따라 영향 받을 수밖에 없다. 그렇기 때문에 이들 자료들을 역사 서술의 재료로 사용하기 위해서는 당대의 객관적인 자료들과 비교하고 세밀하게 분석하여 자료의 객관성을 확보해야 한다.[1]

이 장은 최초의 카메라맨 이필우의 생애를 복원하기 위한 시도이다. 일제강점기 한국영화사를 서술하는데 있어 빠질 수 없는 인물인 이필우는 1920년 연쇄극 〈지기〉(知己)를 촬영한 최초의 조선인 카메라맨이자 1935년 조선 최초의 토오키영화인 〈춘향전〉(春香傳)의 녹음기사였다. 이렇듯 토오키영화제작의 산파로 잘 알려져 있는 이필우는 최초의 카메라맨으로 많은 영화에서 기술부분을 책임졌던, 1920년대 조선영화가 제작되는데 있어서 가장 중요한 역할을 담당한 인물이었다. 그렇기 때문에 그가 남긴 증언은 한국영화의 기술적 발전을 입증하는 자료로써 중요한 역사적 가치를 지니고 있다.

이필우의 증언을 역사의 제대로 된 자리에 위치시키기 위해 1924년 단성사에서 제작하고 이필우가 촬영을 맡았던 〈장화홍련전〉(薔花紅蓮傳) 제작 이전 시기를 중심으로 그의 생애를 여러 실증적 자료들과 비교, 분석하여 사실 관계를 확인 할 것이다. 이렇게 도출된 사실들을 통해 기존 연구자들의 오류들을 바로 잡아 무성영화시대의 조선영화 제작의 한 흐름을 정확히 파악할 수 있도록 도울 것이다. 주요 검토 대상은 1977년 《부산일보》에 연재된 이필우의 『회고록』인 〈나의 인생 나의 보람〉[2](이하 회고록)과 이영일

---

1   이영일이 채록한 증언을 토대로 한 대부분의 연구들은 이영일이 정리한 내용 그대로를 비판 없이 인용하는 경우가 많다. 이는 단순히 연도의 오류수준에서 그치는 것이 아니라 가치 판단의 오류, 더 나아가 역사 서술의 오류로까지 확대 될 수 있다.

의 『한국영화인열전』(1982), 김종원의 『한국영화감독사전』(2005), 이순진의 『식민지시대 대중예술인 사전』(2006), 홍영철의 〈영화인 故 이필우 선생〉(2009)[3] 등을 중심으로 할 것이며 『증언록』과 교차하여 검토해 보도록 할 것이다.

제1절 영화계 입문과 일본에서의 활동

1) 보성소학교와 금성중학 수학

이필우는 1897년 11월 27일 구리개(동현[銅峴])라 부르던 지금의 을지로 입구 부근에서 시계점을 운영하던 집안의 첫째 아들로 태어났다. 동생은 촬영감독으로 유명한 이명우(李明雨)이다. 보성소학교(普成小學校)를 졸업한 후 YMCA에서 철공기술을 배웠는데 그곳에서 〈쿼바디스〉를 상영할 때 영사기를 돌려보고 활동사진에 흥미를 느껴 우미관(優美館)에 입사하여 영사기사가 되었다.

위의 내용은 영화계 입문 전 이필우의 활동을 기록한 글에 공통적으로 포함된 내용으로써 『증언록』의 우미관 입사 이전 사실들을 간추린 것이다. 그런데 위 내용을 서술함에 있어 연구자들에 따라 활동연도를 다르게 기재하거나 공통된 사실 외에 다른 기록들도 언급하고 있는 경우도 있다.

우선 이필우의 보성소학교 수학 기록을 보자. 『증언록』에 실려 있는 이필

2　각계 원로의 회고를 연재한 《부산일보》의 〈나의 인생 나의 보람〉이란 제목의 연재물에서 이필우 편은 339회(1977.11.8.)부터 367회(1977.12.21.)까지 총 29회가 게재되었다.

3　홍영철의 글은 부산예총 인터넷 홈페이지에 게재된 것을 참조하였다. (http://www.artpusan.or.kr/board/moim00.asp?board_id=a_board3&group_name=board&idx_num=5&page=3&category=&search=&b_cat=0&order_c=idx_num&order_da=desc) 2015.11.25.

우의 연보에는 "1910년 보성소학교를 졸업. YMCA에서 〈쿼바디스〉를 상영할 때 처음으로 영사기를 돌려봤다."[4]고 기록되어 있다. 이필우의 연보를 정리한 연구자에 의하면 1910년 이필우가 보성소학교를 졸업하고 YMCA에서 철공기술을 배웠다고 파악한 것이다.[5] 이필우와 직접 대담하여 녹음기록을 남긴 이영일은 연도를 적시하지 않은채 "이필우는 밭동[6]에 있는 보성소학교(崔麟 學監, 車상찬 小學校學監)를 졸업했다."고 서술했으나 이어 "소학교를 졸업한 뒤 14세가 되는 어느 날" YMCA에서 쿼바디스를 영사해 내 아마추어 영사기사가 되었다고 서술함으로써 이필우가 1910년 이전 소학교를 졸업한 것으로 파악했다.[7] 반면 이순진은 연도표기 없이 보성소학교를 졸업한 사실과 17세가 되던 1913년에 우미관에 입사했다는 내용만을 적은 것으로 보아 1913년 이전에 보성소학교를 졸업한 것으로 추정했다.[8]

이필우와 인터뷰한 내용을 《부산일보》 기자가 재구성한 것으로 보이는 『회고록』에는 1910년 이필우가 보성학교 2학년으로 입학했다고 기록되어 있다.[9] 그러나 이어지는 글에서는 소학교를 마치고 친구의 권유로 도쿄(東京)의 금성중학(錦成中學)으로 유학을 갔으며 그때 나이가 11세였다고 서술되었다.[10] 보성소학교에 입학하던 1910년 당시 이미 14세였는데 금성중학으로의 유학을 11세로 표기한 것은 앞뒤가 맞지 않다.

---

4 한국예술연구소 편, 앞의 책, 168쪽.
5 증언록 이필우 편의 일러두기를 보면 "연보는 증언내용과 평전 한국영화인열전 (이영일, 영화진흥공사, 1982.)을 바탕으로 구성하였다. 연도 작품명, 인명과 같은 사항은 다른 문헌과의 대조를 통해 타당하다고 생각되는 것을 따랐다."고 기록하고 있다. (한국예술연구소 편, 앞의 책, 164쪽.)
6 '밭동'은 '박동'의 오기이다. 보성소학교는 경성 중부 박동 10통 1호(현 수송동 44번지)에 위치해 있었다.
7 이영일, 『한국영화인열전』, 영화진흥공사, 1982, 27쪽.
8 이순진, 「이필우」, 『식민지시대 대중예술인 사전』, 도서출판소도, 2006, 286쪽.
9 이필우, 〈나의 인생 나의 보람〉, 《부산일보》, 1977.11.9.
10 위의 글, 1977.11.11.

《부산일보》에 게재된 이필우『회고록』을 토대로 한 것으로 추정되는 김종원의 글에는 연도 표기 없이 이필우가 보성소학교를 졸업한 뒤 일본으로 건너가 도쿄의 금성중학교를 졸업했다고 서술했다.[11] 홍영철은 11세에 금성중학으로 유학을 갔다는 이필우의 회고를 역산하여 연도를 추산하여, "1905년 그의 나이 8살 때 서른도 채 안된 아버지가 급작스러이 돌아가시자 보성소학교 2학년에 진학하면서 후일 자신의 목표에 영향을 준 민족주의자 차상찬 교감선생을 만나게 된다. 3년 과정을 마친 이필우는 친구의 권유로 11살 어린 나이에 동경유학길에 올라 금성중학에 응시 입학"[12]했다고 서술했다.

이렇듯 다양한 서술이 엇갈리는 가운데 과연 이필우는 보성소학교를 언제 졸업했으며, 실제 도쿄의 금성중학에 입학했던 것일까? 이필우의 증언을 직접 인용해 보자.

> 이필우 : 보성학교 때입니다. 발동[13]의 보성소학교. 그러니까 천도교
> 　　　　계통이죠. 손선생님이 교장이시고, 또 최린씨가 학감이고.
> 이영일 : 최린씨요?
> 이필우 : 네, 최린씨. 또 차종찬[14]씨가 우리 소학교 학감입니다.[15]

이필우는 보성학교를 천도교 계통의 학교로, 재학 당시 교장 손병희(孫秉熙), 학감 최린(崔麟), 소학교 학감 차상찬(車相瓚)으로 기억하고 있었다.

11　김종원,『한국영화감독사전』, 국학자료원, 2004, 509쪽.

12　홍영철,〈영화인 故 이필우 선생〉,《예술부산》, 2009. (http://www.artpusan.o r.kr/board/moim00.asp?board_id=a_board3&group_name=board&idx_num =5&page=3&category=&search=&b_cat=0&order_c=idx_num&order_da=des c) 2015.11.25.

13　'발동'은 '박동'의 오기이다.

14　차상찬(車相瓚)으로 주석이 되어 있다.

15　한국예술연구소 편, 앞의 책, 178쪽.

이필우가 천도교의 주요 인물들을 교장과 학감으로 기억하고 있다는 것은 천도교가 보성학교를 인수한 후에 학교를 다녔다는 말이 된다. 1905년 이용익(李容翊)이 세운 보성학교를 1910년 12월 천도교가 인수하였고 최린이 보성중학의 교장으로 취임한 것이 1911년 2월이었다. 이필우는 최소 1911년 이후까지 학교를 다니고 있었다는 말이 된다. 1910년 학교를 졸업했다는 이영일과 1905년, 2학년에 편입하여 3년 과정을 마치고 금성중학으로 유학을 갔다는 홍영철 역시 잘못 기록했던 것이다.

이필우의 『회고록』에서처럼 "한일합방이 되던 해"(1910년)에 2학년으로 입학하였다면, 1912년 혹은 1913년에 보성소학교를 졸업했을 가능성이 크다.[16]

그렇다면 도쿄의 금성중학 수학기록은 어떻게 해석 될 수 있을까?『증언록』에서 금성중학 수학이 언급되지 않음으로써 이는 의문으로 남게 되었다. 그런데 『증언록』에는 흥미로운 지점들이 발견된다. 이필우가 18세 때 일본에 처음 갔다고 언급한 부분이 바로 그것이다.[17] 아쉽게도 이영일이 원각사(圓覺社)에서 본 영화들로 이야기를 옮김에 따라 18세에 처음 일본에 간 내용은 더 이상 언급되지 않았는데 이 지점에서 금성중학에 대한 힌트를 얻을 수 있을 듯하다.

1897년생인 이필우가 18세이면 1914년이다. 1910년 보성소학교에 2학년으로 입학한 후 3년을 더 다녔으니 졸업년도는 1912년 혹은 1913년이 될 것이다. 그렇다면 회고록의 내용처럼 보성중학교 친구를 따라서 도쿄의 금성중학에 유학했을 가능성도 있다.[18] 이영일이 이필우에게 보성소학교 수학 내용을 확인하며 "신성소학교 근전이죠"라고 물었던 것은 보성소학교가 '금

---

16 이필우, 앞의 글, 1977.11.9.

17 한국예술연구소 편, 앞의 책, 177쪽.

18 11세에 금성중학으로 유학을 갔다는 회고록의 내용은 기억의 오류 혹은 기자의 잘못된 서술인 것이 분명하다. 1897년생인 이필우가 11세에 유학을 갔다고 하면 1907년에 유학을 간 것이기 때문이다. 이는 1910년에 보성소학교에 입학했다는 내용과도 배치된다.

성중학' 이전 학력임을 확인하던 중 '금성중학'을 '신성소학교'로 잘못 물었던 것으로 추측된다.[19]

혹여 이필우가 유학을 갔다고 해도 뒤에서 언급하겠지만 우미관 영사기사로 활동하던 시기를 고려해 보았을 때 중학을 졸업하지는 못했던 것으로 보인다.

2) 우미관 영사기사

금성중학 수학기록이 빠진 이필우의 회고에는 그가 보성학교를 졸업하고 YMCA에서 철공기술을 배우던 중 YMCA에서 주최했던 활동사진대회에서 장편영화인 〈쿼바디스〉를 상영할 때, 영사를 담당하던 김홍식을 대신해 영사기를 돌려보고 흥미를 느껴 영사기사가 되고자 우미관에 입사했다는 내용이 담겨있다. 그러면서 우미관 입사년도를 대정 2년, 다시 말해 1913년이라 기억했다.[20] 이순진은 이필우가 기억하는 1913년이라는 확신에 찬 기억을 토대로 보성학교를 졸업 후 YMCA에서 철공기술을 배우다가 우미관에 입사한 이 모든 것을 1913년이라 파악했다.[21] 이순진의 추산을 따른다면 도쿄의 금성중학 수학 기록은 사실이 아닌 것이 된다.

이필우가 우미관에 입사하게 된 계기인 YMCA에서 상영한 〈쿼바디스〉를 힌트 삼아 그 내용을 살펴 보도록 하자. 그러면 YMCA에서 〈쿼바디스〉를 상영한 기록이 있는지를 살펴 보고 이를 토대로 그 전후관계를 파악해 보도록 하자.

---

19 위의 책, 178쪽. 증언록의 일러두기에는 이필우의 목소리가 담긴 테입의 일부가 유실되어 그 부분은 이필우 녹취가 연재된 《영화예술》을 전재했음을 밝히고 있다. (위의 책, 164쪽.) 때문에 확인되지는 않지만 증언록의 '신성'은 '금성'의 오기일 가능성도 있다.

20 위의 책, 179쪽.

21 이순진, 앞의 책, 286쪽.

본월 팔일 오후 여덜시부터 종로청년회관에서 특별활동사진회를 열터인딕 영사홀 사진은 세계에 유명흔 소셜 「쿠어바디스」 죠션말로ᄒ면 「어듸로 가나」ᄒᄂᆫ 것인딕 녯날 로-마 황뎨가 교회를 릉모 학듸ᄒ던 실샹으로 골ᄌ를 삼아 파란의 대문호 「셩키위치」씨가 다년 고심ᄒᆞ야 뎌작흔 웅편이라 그 원작은 임의 십여 나라의 말로 번역되야 세상에 넓히 읽히우더라. 이 소셜의 ᄉ연을 활동사진으로 옴길ᄊᆡ에 실로 이십만원의 비용을 더져 삼천여 명빅우의 활동과 슈빅두의 ᄉᄌᆞ와 쇼를 모라 실로 힘과 돈을 될 수 잇ᄂᆞ딕로 만히드리여 팔쳔쳑의 긴 사진으로 영샤ᄒᆞ기에 네시간 가량이나 허비흔다ᄂᆞ딕 작년 봄에 청년회에셔 영사ᄒᆞ던 것보다 이쳔여쳑을 느리여 션악의 결과 여하를 목젼에 더욱 쇼연케 볼슈가 잇다ᄒᆞ며 관람즁은 한쟝 삼십젼이라 더라.[22]

위의 신문기사는 YMCA에서 8천척의 장편영화 〈쿼바디스〉를 상영한다는 내용을 담고 있다. 이 기사에 따르면 YMCA에서 〈쿼바디스〉가 상영된 것은 1916년 5월 8일이었다. 또한 위 내용에 "작년 봄에 청년회에서 상영했던 것 보다 2,000척이" 더 긴 영화를 상영한다는 내용이 있는 것으로 보아 1915년도 영화가 상영된 적이 있었다.[23] 하지만 그 영화가 〈쿼바디스〉인지는 알 수 없다.

이필우가 우미관에 입사했다는 연도를 대정 2년으로 기억하고 있지만 여러 가지 정황상 그 기억이 잘 못 되었을 가능성은 충분하다. 이필우의 기억과는 달리 그가 1916년에 우미관에 입사했다면 1910년 무렵까지 교육을 받지 않은 상태에서 늦깎이 학생으로 보성소학교에서 수학 후 도쿄에 가서 금성중학을 다니다가 중도에 귀국하여 YMCA에서 철공 교육을 받다가 〈쿼바

---

22 〈고샹흔 활동사진〉, 《每日申報》, 1916.5.4.
23 자료집 『신문기사로 본 조선영화 1911~1917』(한국영화사연구소 엮음, 한국영상자료원, 2008.)의 1915년도 기사들을 보면 기독청년회에서 지속적으로 환등회를 개최했음을 알 수 있다. 언론에 노출되지는 않았지만 환등회 개최 시 영화상영도 이루어진 것으로 보인다.

디스〉를 상영할 시 영사기를 돌려 본 후 우미관에 입사하여 영사기사로 직업을 결정한 것으로 생각할 수 있다. 이러한 내용은《부산일보》에 연재된 이필우의 『회고록』 내용과 나이만 다를 뿐 그 순서는 일치한다.

우미관에서 영사기사로 활약하던 이필우는 일본으로 건너가 영화촬영기술을 배웠다. 앞서 보성소학교와 우미관 입사시점이 명확치 않은 것처럼 그가 일본으로 건너 간 시점 역시 정확하지 않다. 대부분의 연구자들은 이필우가 1913년 우미관에 입사했고 1914년에 도일하여 1923년에 귀국했다고 기록하고 있다.[24] 앞서 살펴 본 것처럼 이필우가 우미관 입사 연도를 착각한 것이라면 도일시점 역시 달라질 수밖에 없다.

그럼 연구자들이 서술한 이필우의 도일시점과 일본에서 수련기간의 내용들을 살펴보자. 다음의 글은 이후 연구의 근거를 제공한 이영일이 기술한 내용이다.

> 大阪의 天活(天然色活動寫眞會社) 계통의 한 常設館을 찾아가 거기에서 映寫技師로 일하는 한편 본격적인 撮影기술습득의 기회를 기다렸다. 이 天活은 후에 帝國키네마 演藝株式會社로 흡수 발족하게 되는데(20年), 그 촬영소가 大阪에서 조금 떨어진 곳에 있던, 고사끼撮影所였다. 李弼雨는 극장 映寫主任技師인 세끼(關)라는 사람의 알선으로 그곳 촬영소에 들어가게 되었다. 15年을 전후로 한 당시의 일본 영화계는 극소수의 일인 촬영기사가 있기는 했지만 흔히 外國人撮影技師와 現像技師가 契約制로 와있는 형편이었다. (중략) 촬영기술과 현상기술을 익힌 그는 제국키네마가 된 후에도 대판에 머물러 주로 현상기사로서의 당당한 기술자 생활을 보내고 있었다.[25]

---

24 이영일, 앞의 책, 28쪽. ; 이순진, 앞의 책, 286쪽. ; 정종화, 앞의 논문, 43쪽.
25 이영일, 앞의 책, 28쪽.

이영일은 정확한 연도를 표기하지 않았지만 이필우가 텐카츠 계통의 상설관에서 영사기사로 일한 내용과 1915년 당시의 일본영화계를 이야기함으로써 1915년 즈음에 도일하여 텐카츠가 해산하고 테이키네로 바뀐 1920년대 초반까지 10년 정도의 기간을 일본에서 보냈으며, 관동대지진을 계기로 조선으로 돌아왔다고 주장한다. 그리고 이 10년간의 기간을 "영화기술을 배우는 수업기간"[26]이라 평했다.

이필우 연보의 편집자와 『식민지시대 대중예술인 사전』을 쓴 이순진 역시 이필우가 1914년 도일하여 1923년 귀국했다고 기술했다. 이순진은 더 나아가 고사카촬영소를 거쳐 오사카 스즈키촬영소 현상기사, 다시 테이키네 입소 등으로 일부 내용을 추가했다.[27]

이필우가 스스로 말한 우미관 입사연도가 기억의 착오라면 위에 언급했던 주장은 설득력을 잃는다. 이필우의 직접적인 언급 외에 도일시점을 추측할 수 있는 흔적은 없을까? 이필우는 자신이 일본으로 가서 촬영기술을 배우게 된 결정적인 계기를 비행사 안창남(安昌男)이 제공했다고 말한 바 있다. 이필우의 말을 직접 인용해 보자.

> 그 원인(일본으로 영화를 배우러 간 원인 - 연구자 주)이 안창남이가 여기 왔을 때인데, "난 비행기를 배우는데 넌 뭘 하느냐? 난 비행기 배우러 간다"고 그러더니 "그런 짓 하지 말고 일본에 들어가 공부를 해라" 그래 공부한다고 떠났지요.[28]

안창남이 비행기술을 배우기 위해 일본으로 건너간 것은 1919년이었다.[29] 오사카에 도착한 안창남은 먼저 자동차 운전 기술을 배운 후, 도쿄에

---

26 위의 책, 29쪽.
27 이순진, 앞의 책, 286쪽.
28 한국예술연구소 편, 앞의 책, 180쪽.
29 〈朝鮮人 飛行家〉, 《每日申報》, 1921.5.5.

있는 기시비행기제작소(岸飛行機製作所)에 입사하여 비행기에 대해 배우고 다음해인 1920년 오구리 죠타로(小栗常太郎)가 교장으로 있던 오구리비행학교(小栗飛行學校)에 들어가서 본격적인 비행기술을 익혔다.

안창남이 일본으로 가기 전에 이필우를 만나 이필우에게 일본으로 돌아갈 것을 권유한 시점은 1919년 즈음이었을 것으로 추정된다. 또 다른 추정도 가능한데 이필우가 "안창남이가 여기 왔을 때"라고 말한 것으로 보아 자동차 운전 기술을 배운 후 오구리비행학교에 입소하기 전, 이필우와 안창남이 조우했을 수도 있다. 이러한 정황으로 본다면 이필우의 도일은 1919년이었을 가능성이 있다. 실제 이필우는 고사카촬영소에서 1년 정도 지나 인화방법을 익히고 영국인 기술자들을 쫓아내자고 했다는데,[30] 이필우가 일본에서 조선으로 건너와서 이기세의 연쇄극 〈지기〉(知己)를 촬영한 것이 1920년이었다.

또 다른 정황을 살펴보자. 이필우가 일본에 건너가 촬영기술을 배우게 된 곳이 고사카촬영소였다. 그가 언급한 고사카촬영소의 영국인 기술자들이 1년 계약을 하고 촬영소에 들어왔으나 3년이 지나도록 나가지 않고 있다는 내용이 그것이다.[31] 고사카촬영소가 개소한 연도가 1916년이었다. 이필우의 고사카촬영소 입사는 1916년 이후여야 한다. 여기에 영국인들이 기술을 가르쳐 주지 않고 3년이 지나도록 나가지 않았다는 얘기는 고사카촬영소가 개소하지 3년이 되었다는 것을 의미한다. 때문에 이필우가 고사카촬영소에 입사한 것은 안창남이 도일한 직후인 1919년일 가능성이 크다.

텐카츠가 해산하고 코우카츠가 탄생하던 1919년 말, 텐카츠 오사카지사와 고사카촬영소는 코우카츠에 참여하지 않았고 1920년 4월 테이키네로 독립했기 때문에 이필우가 자신이 활약하던 고사카촬영소를 텐카츠 고사카촬영

---

30 한국예술연구소 편, 앞의 책, 181쪽.
31 위의 책, 181쪽.

소라 부르지 않고 테이키네 고사카촬영소라 언급했던 것으로 볼 수 있다.[32]

제2절 연쇄극 〈지기〉의 촬영 전후

1) 귀국과 연쇄극 〈지기〉 촬영

고사카촬영소에서 영화촬영과 현상기술을 습득한 이필우는 귀국하여 이기세(李基世)의 연쇄극 제작에 참여했다.[33] 이러한 사실은 이필우가 관동대지진이 일어났던 1923년에 귀국했다는 증언으로 인해 연구자들을 혼란에 빠트렸다. 대부분의 연구물들은 1923년 이후에 이필우가 이기세의 연쇄극을 촬영한 것으로 서술하고 있다. 먼저 이영일이 서술한 내용을 살펴보자.

> 이지음(하야가와의 춘향전이 제작될 무렵 - 인용자 주) 이필우는 이미
> 이기세의 문예단 멤버들과 협력하여 연쇄극 〈지기〉를 촬영하기로 했다.
> 일본인기사를 불러오지 않아도 되는 것이다. 그러나 문제는 촬영기재였
> 다. 그런데 이필우는 〈동도〉의 필름을 가지고 올 때 함께 왔던 스즈키(鈴
> 木)라는 일인이 아는 사람으로 나리키요 에이(成淸榮)라는 사람이 일인
> 촌의 조선관 근처에 살고 있는 것을 알았다. 더구나 나리기요는 전
> 송죽키네마의 촬영을 한 일도 있고 한국에 나와서 스스로 〈마적〉이라는
> 영화를 신의주의 국경지대에서 만든 일도 있었다는 것이다. 그런데
> 이 나리기요가 윌리엄슨촬영기를 소유하고 있다는 것을 알아내어 그것
> 을 빌려서 이기세와 함께 〈지기〉 등의 연쇄극을 촬영했다.[34]

---

32 1919년 이필우가 고종의 인산을 촬영했다는 『회고록』의 내용(『부산일보』, 1977.
   11.18.)은 1926년 순종의 인산을 촬영한 것을 착각한 데서 나온 오류로 보인다.
   본서에서는 이 부분에 대해서는 설명을 생략한다.
33 安鍾和, 앞의 책, 43~44쪽.
34 이영일, 앞의 책, 30쪽.

이필우의 증언을 토대로 한 이영일의 서술은 1923년 귀국 하면서 가져온 〈동도〉(東道)를 흥행한 후 이기세의 문예단의 연쇄극 제작에 참여했다는 내용이다.

〈지기〉의 제작과 공연에 관한 내용부터 보자. 〈지기〉를 제작한 문예단은 1919년 이기세에 의해 조직되었고 그 활동은 1921년 초까지 이어졌다. 이후 이기세가 연극 활동을 접고 《시사신문》을 속간하는 등 언론계 활동에 전념하면서 극단은 자연스럽게 해산되었다.[35] 그렇다면 이필우가 참여한 연쇄극 〈지기〉는 1919년부터 1921년 사이에 제작된 것이어야 한다. 더욱이 문예단의 공연 기록 중 1920년 4월 우미관에서 〈지기〉를 상연한 것이 발견되는 것으로 보아, 이필우는 공연이 시작되기 전인 1920년 4월 이전에 조선에 건너왔음을 알 수 있다.[36]

이것을 보면 이필우는 오랫동안 일본에 머물며 활동한 것이 아닌 조선과 일본을 왕래하며 활동했던 것으로 보인다. 위의 예에서 확인 할 수 있듯이 이필우가 일본에서 조선으로 건너온 것도 확인되는 것만 1920년과 1923년 두 차례나 있었다. 확인 되지 않은 것까지 포함하면 그 횟수는 훨씬 증가할 것이다.

---

35 〈時事新聞續刊〉, 《每日申報》, 1921. 4. 22.

36 이기세가 제작하고 이필우가 촬영한 연쇄극 〈지기〉의 내용은 다음과 같다. 해안 별장 마을에 사는 을용은 순이를 짝사랑하여 청혼을 했지만 거절당한다. 순이는 별장에 와 있는 부호의 아들 재영과 사랑하는 사이로 이미 홀몸도 아닌 상황이지만 가문의 차이로 이루어질 수 없는 상황이다. 어느 날 재영과 순이의 연애 장면을 순이의 아버지가 목격하고 다툼이 벌어지는데, 갑자기 순이 아버지가 쓰러져 죽는다. 그때 재영의 손에는 연장이 들려있다. 재영의 친구 인수가 멀리서 이 상황을 보고 재영 대신 자기가 대신 누명을 쓰고 살인죄로 체포된다. 사실 순이 아버지를 살해한 것은 을용이었다. 인수의 행동에 감동받은 을용은 자수를 하고, 영재 아버지는 순이를 며느리로 받아드린다. (安鍾和, 앞의 책, 44~45쪽.)

2) 통영청년단 활동과 〈석양의 촌〉

　문예단에서 제작한 연쇄극 〈지기〉가 상연된 이후 이필우의 활동 내역은 발견할 수 없다. 이필우의 이름이 문헌에 등장한 것은 1921년 통영청년단에서 순회활동사진반을 운영하면서 부터이다. 1921년 6월 8일 이필우는 통영청년단원 방정표(方正杓)와 함께 순회상영에 필요한 재료들을 구입하기 위해 일본으로 떠났다.[37] 사진 및 기계를 매입하여 돌아온 이필우 등은 7월 9일부터 순회상영을 시작했다.[38] 순회상영대는 8월, 경성으로 와서 중앙유치원을 후원하기 위한 상영회를 단성사에서 열기로 했다.[39]

　단성사에서의 순회상영회에 영사기사로 이름을 올렸던 이필우는 곧 순회영사회에서 빠져나와 헨리 고타니(ヘンリー小谷)가 이끄는 쇼치쿠 촬영팀에 합류했다. 이필우의 증언을 인용해보자.

　이영일 ： 문예영화배급소는 언제 만들어서 언제까지 계속되었습니까?
　이필우 ： 〈동도〉 가지고 나왔을 때부터 시작했죠. 대구, 서울, 평양, 안동, 봉천, 신경까지. 아침 일찍 촬영하고, 여관집 목욕탕 빌려서 현상했죠. 한 100자쯤 되니까. 신경에 갔는데, 송죽에서 온 촬영팀을 만났는데 아무리 촬영을 해도 안나온다는 거에요. 안개가 짙어요. 눈에 안보이는 안개에요. 처음에는 뽀얗게 있다가 해가 뜨면 걷히는데, 걷히는데도 있다 이거야. 이런 거는 박혀도 안나오거든. 만주는 오전에는 안된다. 오후에 해야 된다. 고다니 헨리가 송죽의 배우들을 데리고 와서 한달을 묵고 있었어요, 신경 야마다 호텔에. "박아도 나오지 않는다." 하니까, 그럼 나한테 좀 박아달라는 거예요. 그래서

---

37 〈巡廻活動寫眞準備〉,《東亞日報》, 1921.6.13. 통영청년단의 순회상영에 대한 연구는 다음을 참조하라. 정충실, 「통영청년단의 순회상영과 관객의 영화관람 (1921~1923)」『정신문화연구』 38권 2호, 2015.
38 〈靑年團活動寫眞隊〉,《東亞日報》, 1921.7.16.
39 〈統營靑年巡廻活動隊〉,《每日申報》, 1921.8.6.

"나한테 맡겨두고 당신은 들어가, 들어가면 내가 쫓아 들어가
리다. 배우들은 여기 둘테니 들어가라." 그렇게 해서 내가
고다니 헨리의 촬영을 도와준 작품이 〈석양의 촌〉이야.

이영일 : 그렇케 해서 작품을 위탁받았군요. 제목이 뭡니까?

이필우 : 〈석양의 촌〉이라는 거예요.

이영일 : 일본 사람, 고다니 헨리가 박으려던 것을 찍어 주었군요. 고다
니 헨리라면 일본영화사 초기의 대원으로 카메라맨인….

이필우 : 네. 배우는 전부 송죽 배우죠.

이영일 : 그때 배우 이름 기억나는 이름 있습니까?

이필우 : 구리시마 스미꼬, 가쯔미 요따로, 우메무라 요꼬, 또 중국복
식한 사람이 있었는데, 가데시꼬… 마적 사진이에요. 일본사
람이 마적하는 거. 그것 박아주고서는 일본 들어갔다가….

이영일 : 그것이 몇 년입니까?

이필우 : 한 이태 걸렸어요. 만주에서.

이영일 : 2년 걸렸습니까?

이필우 : 네, 2년 걸렸어요.

이영일 : 춘하추동을 거기서 보냈군요. 신경에서요.[40]

이필우는 1923년 〈동도〉의 상영을 시작으로 영화배급업을 하던 시기에
만주 신경(新京, 현재 장춘[長春])에 까지 영화를 상영했다는 이야기를 하
다가 갑자기 만주에서 헨리 고타니를 도운 이야기로 화제를 바꾸었다. 〈동
도〉의 상영에 관한 이야기와 〈석양의 촌〉(夕陽の村)은 시간의 선후 관계와
는 상관없이 기억나는 데로 말을 이어갔기 때문에 이영일을 비롯한 연구자
들을 착각에 빠트렸던 것이다.

이필우가 신경에서 헨리 고타니의 촬영팀을 돕는 동안에도 통영청년단의
순회활동사진회는 목포, 여수 등지로 옮겨가며 지속되었다. 이필우는 헨리
고타니를 일본으로 돌려보내고 신경에서 촬영을 마무리 한 뒤 일본으로 건

---

40 한국예술연구소 편, 앞의 책, 186~187쪽.

너갔다. 이필우가 도운 〈석양의 촌〉은 1921년 11월 1일, 이례적으로 서양영화가 개봉되는 아사쿠사 제국관(帝國館)에서 개봉되었다.[41] 영화의 배경이 만주지역이었고 헨리 고타니가 미국에서 영화를 배워가지고 온 인물이었기에 서양영화가 개봉되는 극장에서 상영된 것으로 보인다.

〈석양의 촌〉을 완성한 후 헨리 고타니를 찾아서 쇼치쿠로 갔던 이필우는 헨리 고타니가 쇼치쿠를 나오게 되면서 그를 따라 나왔던 것으로 추정된다. 이후 1923년 귀국할 때까지 요코하마의 촬영소에서 근무했는데 다음의 증언은 이를 뒷받침 한다.

> 요꼬하마에 가서 보니까 라이트를 미국에서 하나 가져왔는데, 나중에 들어보니까 미국에서도 잘 안쓴대. 가져왔는데 아스팔트가 폭폭 빠져요. 어찌나 큰지. 3킬로 반이에요. 서치라이트 같아요. 촬영 잘 못하면 하루 종일 눈을 못 떠요. 카봉에서 나오는 납 때문에 눈을 못 떠요. 그리고 고생을 하다가 안되겠어요. "한국 나가겠다." 하니까 지금 나가면 어떻게 하냐 이거에요. "다 익숙해지면 나가라." "너 한국 나가면 다 대줄테니 익숙하거든 나가라." 해요. 그런데 이젠 지진이 터지고…[42]

위 증언은 일본에도 카메라맨이 별로 없던 시기에 일본서 촬영술을 배운 이야기를 하면서 미국 파라마운트에서 근무했던 헨리 고타니에 대한 이야기 도중에 나온 말이다. 1920년 이전, 고사카촬영소에서 근무했던 이필우가 재차 일본으로 건너가 이번에는 요코하마에 근무하게 된 것인데, 이는 이필우가 헨리 고타니를 따라 일본에 들어가 도쿄 인근에서 활동했기 때문이다.

---

41 『松竹八十年史』, 松竹株式會社, 1975, 195쪽.
42 한국예술연구소 편, 앞의 책, 182쪽.

제3절 1923년 귀국 후 활동

1) 〈동도〉 흥행

다음으로는 1923년 〈동도〉의 수입, 상영에 관한 내용들을 검토해보자. 『증언록』에 따르면 요코하마의 촬영소 생활을 중도에 접고 조선으로 돌아가기로 마음먹은 이필우는 일본에 상영되어 큰 성공을 거둔 그리피스의 영화 〈동도〉를 무단 복제해서 조선으로 가져오기로 한다. 이필우에게 〈동도〉가 있다는 소문이 돌자 흥행업자들이 이필우에게 접근했고 이필우는 필름을 다케무라상회(高村商會)에 팔고, 자신이 다케무라상회에서 필름 상영권을 사는 식으로 꾸며 조선에서 영화를 상영하기로 한다.[43] 1923년 1월, 악사 8명과 변사 3명을 데리고 조선에 들어온 이필우는 문예영화양행을 세우고 부산의 보래관(寶來館)[44]과 접촉하여 〈동도〉의 흥행계약을 맺고, 서울에 올라가 대정관과 단성사와도 계약을 맺는다. 그러자 〈동도〉의 흥행권을 가지고 있던 경성의 모리스상회에서 이필우의 〈동도〉 상영을 중지 시킬 것을 요구하면서 문제가 발생했으나 이 문제는 흐지부지 되어 대정관(大正館)과 단성사(團成社)에서 상영된 후 1923년 3월 15일 부산 보래관에서 〈동도〉를 흥행했다.

위의 내용에 대해서는 대부분의 연구자들이 동의하고 있다. 그러나 〈동도〉에 관한 유선영의 글에서는 이필우의 〈동도〉 수입, 흥행에 관한 이야기를 과장된 것으로 보고 있다. 그 이유로는 〈동도〉의 배급권을 두고 치열한

---

43 〈동도〉에 관한 유선영의 연구에는 1922년 4월, 일본 내에서 〈동도〉의 상영문제로 다케무라상회와 유니버설 영화사 대리점 사이의 분쟁이 있었음을 알 수 있다. 유선영, 「할리우드 멜로드라마, 〈동도〉(東道)의 식민지적 영화경험」, 시네마바벨 편, 『조선영화와 할리우드』, 소명출판, 2014, 88쪽.

44 증언록에는 동래관(東萊館)으로 표기되어 있으나 당시 부산에 동래관이라는 극장은 없었다. 〈동도〉가 상영된 극장은 보래관이었다. (홍영철, 『부산근대영화사』, 산지니, 2009, 189쪽.) 채록자가 보래관을 동래관으로 오기한 것으로 보인다.

신경전이 벌어지고 있는데 대정관에 상영된 해적판 〈동도〉에 대한 기사가 없었던 것을 그 이유로 들었다.[45] 이필우의 『증언록』을 검토했음에도 불구하고 유선영이 이렇게 주장한데에는 〈동도〉의 흥행권 분쟁을 다룬 신문기사[46]에서 문예영화양행의 대표자를 세토 다케오(瀨戶武夫)로 지칭하고 있기 때문에 이 문제를 일본인 흥행업자와 미국인 흥행업자 사이의 갈등으로 본 것 같다. 그러나 일제가 창씨개명을 강요했을 때 이필우의 창씨명이 세토 다케오였던 것으로 보아 문예영화양행의 대표자는 이필우였음을 알 수 있다.[47] 유선영이 〈동도〉를 두고 일어났던 흥행권 갈등의 대상자가 이필우였음을 인지하지 못한 상황에서 일어난 오류인 것이다.

여기서 흥미로운 사실을 발견할 수 있다. 이필우가 일본에서 일본식 이름으로 활동하면서 일본인처럼 행세했다는 점이다. 이는 조선에서 사업을 하는데 조선인으로 행세하는 것 보다 훨씬 유리한 점이 많았기에 그러했을 것은 쉽게 짐작할 수 있는 부분이다. 그러한 결과 무단 복제를 통한 영화의 상영에도 불구하고 별 다른 제재 없이 경성의 단성사와 대정관, 부산의 보래관에서 영화를 상영할 수 있었던 것으로 보인다.

2) 방역영화 제작

1924년 〈장화홍련전〉의 촬영을 맡기 전, 이필우의 행적은 어떠했을까? 이필우는 〈동도〉의 필름을 가지고 대구, 서울, 평양, 안동, 봉천, 신경 등지로 순회상영을 다니며, 카메라를 들고 각지를 촬영한 것으로 보인다. 다음에 인용된 이필우의 증언을 보자.

---

45 유선영, 앞의 책, 88~89쪽.
46 〈京城 各 活動常設館의 映畵 『동쪽길』爭鬪戰〉, 《每日申報》, 1923.3.9.
47 〈朝鮮映畵登錄技能者名簿〉, 《映畵旬報》87호, 26쪽.

이필우 : 그렇게 해서 그 해(〈동도〉를 상영한 1923년–연구자 주)에 한국에서 사진 하나 만들려고 하는데 기계가 있어야죠. 그런데 〈동도〉를 갖고 나하고 나온 아이가 스즈끼라고 그러는데 그 사람이 여기에 나리끼오라는 사람의 아버지를 알아요. 나리끼오라는 사람이 송죽 기사예요. 한국 와서 사진을 하겠다는 군요. 영화, 활동사진. 나리끼오라는 사람이. 그 사진은 〈마적〉이야. 국경선, 신의주에 있는.

이영일 : 감독은 누가했습니까?

이필우 : 나리끼오가 한 모양에요. 배우는 무대배우들을 쓴 모양이에요. 관청에다 팔려고 했는데 안팔려서 처박아뒀어요. 그걸 우연히 스즈끼라는 아이가 나리끼오 어머니를 알아가지고 내통이 돼서 촬영기가 있다고 그런다고. 그래서 "보자." 나는 야심이 달라서 "그래 보자." 가봤더니 촬영기 하고 그림이 있더라구요. 현상실 조그만 거하고.

이영일 : 나리끼오 집입니까?

이필우 : 집이죠. 집이 어딘가 하니 을지로 2가쯤인가. 단성사 가는 길, 3가에요. 거기 조금 올라가면 짐 신고 가는 구르마 바퀴 고치는 집이에요. 마침 〈동도〉가 끝나고 사진 하나 갖다 하자 그러다가 우물쭈물하다가 사진 두어번 갖다가 하긴 했죠. 그때 도네가와 하고 〈가레스 스키〉를 했죠. 하는데, 내 조수가 안상훈이에요. 기계를 빌려가지고 농간을 칠려고 하는데 마침 함경북도 함흥에 갈 일이 있었어요. 촬영을 갔었어요. 카메라는 윌리암슨.

이영일 : 카메라 일습이 결국은 나리끼오라는 사람 집에서 나온 거군요. 필름하고 기계하고.

이필우 : 약도 빌렸죠. 필름은 오자와에서 사고…. 그게 오리이의 집 앞이에요.

이영일 : 아, 그렇습니까?

이필우 : 그죠, 이게. 현상소가 이 집 밖에 없죠. 그때 필름이 한 자에 4전5리에서 3전, 포시가 1전9리, 7리 정도 되고.

이영일 : 필름은 얼마든지 있었나요?

이필우 : 있었죠. 아우디, 오소 빨간 불에다 현상하고….[48]

이필우가 각지를 돌면서 촬영을 할 수 있었던 것은 경성에서 카메라와, 필름, 현상액 등 영화촬영과 현상을 할 수 있는 기자재를 얻었기에 가능했다. 이필우가 사용한 카메라는 극동영화구락부(極東映畵俱樂部)에서 사용하던 것이다. 중앙관(中央館)의 후원으로 탄생한 극동영화구락부는 첫 번째 작품으로 조만국경의 마적단을 소재로 한 〈국경〉(國境)이라는 영화를 제작하여 1923년 1월, 단성사에서 개봉했는데, 영화의 내용이 조선인을 모독하는 것이어서 조선인 관객들의 항의로 단 하룻만에 상영이 중지된 바 있었다. 이후 동력을 잃은 극동영화구락부는 활동을 중지했으며 영화촬영을 위해 준비해 둔 기자재는 이필우에게로 넘어가게 된 것으로 보인다.

이필우는 기자재를 가지고 관청에서 발주한 영화의 촬영을 한 것으로 보인다. 함경도청에서 발주한 영화를 촬영하던 중 영화배우가 되고 싶다는 영화배우 전옥(全玉)의 어린 시절을 기억했는데, 그 영화가 소 방역 영화였다고 한다.[49]

이후 부산으로 내려가 소방연구를 하던 중,[50] 단성사 지배인 박정현(朴晶鉉)의 부름을 받고 단성사에서 제작하는 〈장화홍련전〉(薔花紅蓮傳)의 촬영을 맡았던 것이다.

---

48 한국예술연구소 편, 앞의 책, 184~185쪽.
49 한국예술연구소 편, 앞의 책,185쪽.
50 위의 책, 186쪽.

맺음말

제작보다는 관람 위주이던 초기 조선의 영화산업을 살펴보는데 있어 극장은 가장 중요한 연구 대상이다. 극장의 탄생에서 영화제작의 시작까지를 다루고 있는 이 책에서는 영화사 연구에 있어 중요한 사실 몇 가지를 세밀히 살피고 있다.

첫 번째, 흥행 산업의 시작에 관한 사항이다. 개항으로 일본인들이 조선에 건너오면서 최초의 극장인 인천의 인부좌를 비롯하여 인천, 부산, 군산 등 개항장을 중심으로 일본인극장이 만들어졌다. 옥내 연희의 전통을 가지고 있지 않던 조선인들도 일본인극장의 영향을 받아 옥내 극장을 세워, 연희를 개량하고 활동사진을 상영하는 등 적극적으로 근대적 흥행사업의 토대를 마련하고 있었다.

두 번째, 일제의 조선 침략을 계기로 재조선일본인들이 흥행 산업을 장악하였다. 조선의 흥행업이 몰락하게 된 이유는 러일전쟁 이후 시작된 일련의 식민화 과정 때문이었다. 조선의 경제를 식민지 경제체제로 편입하기 위해 추진한 화폐, 재정 사업은 결과적으로 상업자본가로 성장하던 한성상인들의 몰락을 촉진했고 식민지배기구의 조선인에 대한 차별로 인해 흥행 산업에서 조선인의 주변화가 급속히 일어났다. 결국 1917년 단성사가 일본인 소유로 바뀌면서 경성의 모든 극장은 일본인이 차지하게 되었다.

세 번째, 재조일본인들이 경성의 흥행업을 장악하자 조선영화산업은 일본영화산업에 종속되었다. 조선의 배급망을 장악한 닛다연예부와 하야가와 연예부는 일본의 영화산업과 밀접한 관련을 맺고 있었다. 이들은 싼 값에 서양 혹은 일본의 영화를 공급받을 수 있었기에 손해를 무릅쓰고 영화를 지속적으로 제작할 필요가 없었다. 이로 인해 조선 내에 영화제작은 더딘 발전을 하게 되었고 영화인 양성은 제대로 이루어지지 못했다. 당시 영화인이라고는 극장 흥행에 필요한 변사, 악대, 영사기사에 한했다.

네 번째, 왜 조선인들은 연쇄극에서부터 영화제작을 시작했고, 연쇄극은 왜 급격히 소멸했는지를 구조적 측면에서 살펴보았다. 기존의 논의에서는 신파극단의 경영난 타계를 위해 연쇄극을 도입했다고 했으나 이는 옳은 지적이 아니다. 1918년 활동사진관으로 재탄생한 단성사에서는 텐카츠의 영화를 공급받고 있었다. 단성사에서는 텐카츠에서 제작하던 연쇄극을 모방한 조선인 연쇄극의 제작을 추진하여 1919년 10월 27일 연쇄극 〈의리적 구토〉를 상연하게 되었다. 그러나 1920년을 정점으로 연쇄극은 급격히 소멸한다. 일본의 메이저 회사들에 의해 구조화 된 조선에서 조선의 신파극, 연쇄극, 활동사진 등은 상연할 곳을 찾을 수 없는, 손해를 볼 수밖에 없는 "식민지적 특성(식민성)"을 가지고 있었기에 그렇다.

이와 같은 내용들을 포함하여 본문에서 언급한 내용들은 기존의 단선론적 영화발전론이 실증적인 근거를 갖지 못하고 있음을 보여준다. 조선이 일제에 강점되면서 조선인 중심의 흥행업은 재조일본인들에게 완벽히 장악당하였다. 이로써 조선의 영화산업은 재조선일본인들에 의해 일본의 메이저 회사들이 주도하던 일본영화산업과 연동하여 움직이게 된다. "영화의 도입-흥행 산업으로의 성장-영화제작의 시작"과 같은 방향으로 진행되지 않았던 것이다. 이러한 구조적 문제는 식민지시기 조선영화인들이 끊임없이 제기했던 조선영화가 예술적, 산업적 실패를 반복할 수밖에 없는 취약한 구조를 가지고 있었음을 실증적으로 보여준다. 단선론적 영화발전론으로는 설명할 수 없는 부분이다.

來月十五日から釜山から
全鮮を巡回上場す

　來る四月十五日から本紙愛讀者慰安の爲め全鮮を巡廻する本社活動
寫眞は本社員八島柳當氏脚色『愛の極み』を上演する事となり二月初旬
より撮影にかゝり仁川月尾島, 京城市街, 朝鮮の代表的靈山金剛山等を
背景に幾多の苦心を費し去る十七日漸く撮影を終り直に現像し既報の通
り來月十五日から釜山を振り出しに鮮内各地を巡回上演の筈である。

劇の梗概

　本社主催仁川海水浴場大會が催された日は晴れ亘った, 一際の凶變に
は應はしからぬ日であったが, 暑い陽光の降り注ぐ下を群を離れて獨り貝
拾ひをしながら磯を傳って行く小鳥の樣な乙女があった, 彼女が岩を亘り
歩くうちに可憐な凶變が釀されて居たのである。此の麗しの乙女こそは, 今
京城に時めく銀行家朴炳熙氏の令嬢貞玉で今日の催しに京城から伴れ來
のであった。又此の時, 名も無い一人の京城に在住する畫家が仁川の海邊
で熱心に, 陽の下に憂鬱を海のスケッチに懸って居った, 時の經ると共に潮
は膨れ上がって來て地續きで有った磯邊には急に島となる樣な處が多
かった。此の翼を持たぬ小鳥貞玉も亦何時かその離れ小島の孤獨な守人
となって了った, 然し未だ未だ潮は膨れ上がって來る。島は沈んで行く。彼
の女の悲鳴が平靜な湊の中に凶々しい悲調を投げた。一方スケッチに心を
取られて居った畫家はこの慘々しい悲鳴に依って呼び覺まされ小舟を求

めて、浪間の岩より貞玉を救ひ出した。事も無げに畫家に再び畫架に向った。名を貞玉のために語ることをも仕なかったが、貞玉は繪道具の隅から勝木と云ふ姓を認めた、又その執筆中の繪には今の危い岩も有った。勝木とは勿論畫家の姓で名は忠雄と云った。彼は父を戰場に失つて眼の惡い病弱の母と妹の露子と三人のために、京城日報の配達に從事して居った。子の苦鬪を見兼ねた病母は遂に自殺して失った。彼等兄妹の數日の後まで續いた。そのうち勝木か或る鮮人邸に配達した時門前で思ひ懸け無く貞玉に會った。

　貞玉は恩人の忠雄を逃して失った貞玉は其の頃同じ銀行家の令息趙永植から結婚の申込を受けて居ったが彼の女の魂の中では忠雄位光って居るものはなかった。

　其頃の京城では稀らしく盛大な新進畫家の展覽會が京城日報社の來靑閣で行はれた。勝木忠雄も『或海岸』を出品した、その作品を見出して買び上げたのは婦人であったが婦人の求め樣とする價額の高價は淸廉な忠雄を驚かした。婦人は忠雄の高潔な言葉を取次がれて益々憧れの心を燃した。間も無く勝木は朝鮮美展出品製作のために金剛山に出た。兄を金剛山に送るために妹の露子は工場に通って居ったが、自然の惡戲は益々烈しくなって來た工場の歸途一臺の自動車は彼の女を轢き倒した。車の中から驚き飛び出して來たのは貞玉であった。露子は貞玉の家に引き取られた。姉妹の樣に成つた貞玉と露子はふとした話から勝木との因緣を知り二人其金剛山の忠雄を慕ふたので遂に二人は金剛山に向った。

　是を見て驚いたのは貞玉に思ひを寄せる趙永植である。彼は直に彼女等の自動車を追った。次は山中の光景であるが、誤つて趙永植が谷間に墜落したので、露子が救け樣として是は遂に一命を落すに至る負傷をした。人の性は善と云ふ例え、永植は立派に貞玉と走せつけた忠雄の爲めに彼等の握手を助けた。遂に貞玉と忠雄の夢が現實と成る日か來たのである。妹を

失って戀人を得た忠雄は男の心を亂して悲喜交々として露子を歸らぬ旅へ送り、貞玉をその傷める胸に抱き締めて泣した。此處に始めて勝木は人生の明るみに出て來た様な幸福を感したのである。

此の劇の中に植付けられた人情は總て可憐な美、正しきもの、清楚なものである是を以て本社が讀者の慰安會材料と爲すに決した事は家庭的見物として實に應はしいからである。幸ひに讀者諸士よ、此の貧しい節書きを離れてそのフヰルムの中に如何なる情景、如何なる美景が取入れてあるかな待たれよ。

『愛の極み』撮影を了リて
八島柳堂

『愛の極み』の作者として又脚色から撮影監督迄しなければならなかった私は可也の苦心を味はされた第一筋が高尚であらねばならぬと云ふ事と内鮮人向きたるは勿論學生に觀せそも差支のないものと云ふ難しい條件附きなので何うしたら此條件を全ふし面白く觀せる事が出來るかに就て隨分頭を疲れさせた。

或時は出張先の宿屋で思索に耽る事黎明四時に及びやっと書き上げて脚色の段となって此處も工合が悪い彼方も拙いで又一苦勞させられた愈々撮影に取掛って見ると折角選定して置いた室が意外にも暗くて撮影技師から苦情を申込まれたりして眞實に苦しい思ひをさせられた、而し役者は藝術の爲めにはドンナ事でもすると云ふ約束もあったので私の云ふ事をよく聞いて働いて呉れた貞玉と云ふ婦人を貧乏畫家が救助の場面等は此寒空に海ベラの夏衣裳で荒浪の海中へ飛び込まして活躍をさせたので四肢の感覺を失ひ『殺す氣ですか』と悲鳴をあげられたり又或場面では妹に粉した女優に自動車に轢かれよ運轉手は彼を轢けと命じ今から思ふ

とゾッとする程危険を犯させた又金剛山中の墜落の場面では高い斷崖から實際に墜落せよと命じ『恐いわよ恐いわよ』と女優に泣かれ實際同情せずにはゐられなかった是は替玉を使へば何んでもない事であるが眞實に劇を生かして見せる上から云ふと此位の危險は犯さなければならないので危險を敢て犯かさせた而し大した怪我もなくって胸を撫でなから天祐を嬉んだ役者諸君は撮影監督としての私を隨分恨んだ事であろう而し之も立派な寫眞が作り度い一念からである。

〈巡回活動「愛の極み」劇 撮影終了す〉, 《京城日報》, 1922.3.21.
(한상무 번역)

　순회활동『애의 극』촬영을 끝내다.
　다음 달 15일부터 부산으로부터 시작하여 전 조선을 순회상영 할 것.

　　오는 4월 15일부터 본지 애독자들을 위안하기 위해 전 조선을 순회할 본
사 활동사진은 본사 직원인 八島柳當씨 각색의『애의 극』을 상연하기로 되
어있는데, 2월 초순부터 촬영에 착수하여 인천의 월미도·경성 시가·조선
의 대표적 영산인 금강산 등을 배경으로 수많은 고심을 들여 지난 17일에
점차 촬영을 마치고 곧바로 현상을 하고 이미 알려드린 대로 오는 15일부터
부산을 시작으로 하여 조선 각지를 순회 상연할 것이다.

　극의 개요

　　본사가 주최하는 인천 해수욕장 대회가 개최된 날은 날씨가 맑아서 더욱
흥변을 감당하기에 나무랄 데 없는 날이었다. 뜨거운 태양 볕이 내리쪼이는
아래를 무리를 떠나 홀로 조개잡이를 하면서 암석 해안을 따라 걷고 있는
작은 새의 모양을 한 처녀가 있었다. 그녀가 바위를 따라 걸어가는 동안 가
련한 흥변이 자라나고 있었다. 이 아름다운 처녀는 지금 경성을 주름잡고
있는 은행가 박병희씨의 영양 貞玉으로 오늘의 모임을 위해 경성으로부터
따라 온 것이다. 또 이때 이름도 없는 한 사람의 경성에 살고 있는 화가가
인천의 해변에서 열심히 태양 아래에서 우울을 바다의 스케치에 입히고 있
었다. 시간이 경과하는 것과 함께 조수가 부풀어 오르자 육지와 맞닿아 있
던 해변은 급속히 섬과 같이 되어버린 곳이 많았다. 이 날개를 가지지 않은
작은 새 정옥도 또한 언제부터인가 그 떨어져간 작은 섬의 고독한 守人이

되어버렸다. 그러나 아직도 조수는 부풀어 올라 오고 있다. 섬은 잠겨 간다. 그녀의 비명이 고요한 항구 속에 불길한 슬픈 곡조를 던졌다. 오직 스케치에 마음을 뺏겨있었던 화가는 이 비참한 비명에 의하여 환기되어 작은 배를 구하여 파도 사이의 바위로부터 정옥을 구해내었다. 아무렇지도 않은 듯이 화가는 다시 이젤로 향했다. 이름을 貞玉이라고 했기 때문인지 이야기조차 하지 않았지만, 정옥은 그림 도구의 구석에서 勝木(카즈키)라고 하는 성을 확인하였다. 또한 집필중인 그림에는 지금의 위험한 바위도 있었다.

勝木(카즈키)는 물론 화가의 성으로 이름은 타다오(忠雄)라고 하였다. 그는 아버지를 전장에서 잃어버린, 눈이 나쁜 병약한 어머니와 여동생 露子와 함께 세 사람을 위하여 경성일보의 배달에 종사하고 있었다. 아들의 고투를 차마 볼 수 없었던 병든 어머니는 마침내 자살을 해서 잃었다. 이들 남매의 생활은 수일 후까지 계속되었다. 그 사이 카즈키가 어떤 조선인의 집에 배달을 했을 때 문 앞에서 생각지도 못하게 정옥과 만났다. 정옥은 은 인인 타다오(忠雄)를 놓쳐버렸다. 정옥은 그 때 같은 은행가의 영식인 조영식으로부터 결혼 신청을 받고 있었는데 그녀의 영혼 속에는 타다오(忠雄)만큼 빛나고 있는 존재는 없었다.

그 무렵 경성에는 좀처럼 없을 것 같은 성대한 신진화가의 전람회가 경성일본사의 래청각에서 열렸다. 勝木忠雄(카즈키 타다오)도『或海岸』을 출품하였다. 그 작품을 찾아내어 사주신 분은 부인이었는데, 부인이 요청한 가액의 높은 가격은 청렴한 타다오(忠雄)를 놀라게 하였다. 부인은 타다오(忠雄)의 고결한 말을 전해 듣고 더욱 더 동경하는 마음을 불태웠다.

머지않아 가즈키는 조선미술전 출품 제작을 위하여 금강산에 갔다. 오빠를 금강산에 보냈기 때문에 여동생 露子는 공장에 다니고 있었는데, 자연의 장난은 더욱더 심해져갔다. 공장에서 돌아오는 길에 한 대의 자동차가 그녀를 치어 넘어뜨렸다. 차 안으로부터 놀라서 뛰쳐나온 사람은 貞玉이었다. 露子는 정옥의 집에 떠맡겨졌다. 자매처럼 되어버린 정옥과 露子는 사소한 이야기로부터 가즈키와의 인연을 알게 되었고 두 사람은 그 금강산의 타다오(忠雄)를 그리워하여 마침내 두 사람은 금강산으로 향했다.

이것을 보고 놀란 사람은 정옥에게 마음을 둔 조영식이다. 그는 곧바로 그녀들의 자동차를 뒤따랐다. 다음은 산 속의 광경인데, 실수로 조영식이 계곡으로 추락하였기 때문에 노자가 구하려고 하였는데 이것은 마침내 한 생명을 잃는 데까지 이를만한 부상을 주었다. 사람의 본성이 선하다고 말할 수 있는 예로, 영식은 훌륭하게도 정옥과 달아난 타다오(忠雄)를 위해 그들의 악수를 도왔다. 마침내 정옥과 타다오(忠雄)의 꿈이 현실로 이루어지는 날이 왔다. 여동생을 잃어버리고 연인을 얻은 타다오(忠雄)는 남자의 마음을 어지럽혀 희비를 엇갈리게 만든 露子를 돌아올 수 없는 여행길로 보내고, 정옥을 그의 상처 난 가슴에 부둥켜안고 울었다. 이곳에서 시작하여 가즈키는 인생의 밝은 곳으로 나온 듯한 행복을 느꼈다.

이 극 속에 심어진 인정은 전부 가련미 · 올바름 · 청초함이다. 이것을 가지고 본사가 독자의 위안회 재료로 하기로 결정한 것은 가정의 볼거리로서 실로 어울리기 때문이다. 바라건대 독자 여러분들께서는 이 빈약한 글을 떠나서 그 필림 속에 어떠한 정경 · 어떠한 미경이 도입되었을까 기다려주세요.

『애의 극』 촬영을 마치며.
八島柳堂

『애의 극』의 작가이자 각색, 촬영감독까지 하지 않으면 안되었던 나는 상당한 고심을 맛보았다. 첫째로 고상하지 않으면 안된다는 것과 일본인과 조선인이 어울려야 하는 것은 물론 학생들이 보아도 지장이 없어야 한다는 어려운 조건에 부합해야 하기 때문에 어떻게 해야 이 조건을 완수하면서 재미있게 볼 수 있는 것이 가능할까, 꽤 머리가 피곤했다.

어느 때에는 출장지 여인숙에서 사색에 몰두하여 새벽 4시에 이르러서야

가까스로 써서 각색한 단락이, 이곳도 상태가 안좋고 저곳도 변변치 않아 또 한 번 수고를 하였다. 마침내 촬영을 시작하여 보니 애써 선정하여 두었던 집이 의외로 어두워서 촬영기사로부터 불평을 듣기도 하여 진실로 괴로운 생각을 하게 하였다. 그러나 배우는 예술을 위해서는 어떠한 것이라도 한다고 한 약속도 있기 때문에 내가 말한 것을 잘 듣고 움직여주었다.

정옥이라고 부르는 부인을 가난한 화가가 구조하는 장면 등에서는 겨울의 추운 날씨에 바다 놀래기와 같은 여름 의상으로 황량한 바다 속으로 뛰어 들어가 활약을 하게 하였기 때문에 사지의 감각을 잃고 "죽이실 작정입니까?"라고 비명을 지르기도 하였고, 또 어떤 장면에서는 여동생으로 분한 여배우가 자동차에 치이게 되어있어서 운전사가 그녀를 치도록 시켰는데 지금 생각해보면 오싹할 정도로 위험한 짓을 저지르게 한 것이다. 또 금강산 속의 추락 장면에서는 높은 낭떠러지로부터 실제로 추락하도록 시켜서 "무서워요! 무서워요!"라고 하며 여배우가 울어서 실제로 동정하지 않을 수가 없었다. 이것은 대역을 쓰면 아무 것도 아닌 것이지만 진실로 극을 그럴싸하게 보이게 하려면 위에서 말한 것처럼 이정도의 위험은 저지르지 않으면 안되었기 때문에 위험을 무릅쓰고 저지르게 한 것이다. 그러나 별다른 부상도 없어서 가슴을 쓸어내리며 하늘이 도우심을 기뻐하였다. 배우 제군들은 촬영감독으로서의 나를 몹시 원망하고 있을 것이다. 그러나 이것도 훌륭한 사진을 만들고 싶다는 일념 때문이었다.

　大邱中學の教諭に豊田一良と云ふ人があつた、島根縣那賀郡江津町字
郷田に生ひ立つた、高等師範學校を卒業すると山形縣立師範學校と高等
女學校に教鞭を採つてゐたが大正九年八月大邱中學校に着任した、父か
大邱府の內務課長をしてゐるから日夕父に相見ることが出來るのは彼に
とつて非常の喜びであつた、可愛い、三人の妹達ちと生活する樣になつたの
も彼にとつては大きな喜びであつた、彼はある一日學校のテニスコートで
生徒の島田が退校するがも判らないと云ふ噂を耳に挾んだ、彼は同情に堪
へずその夜島田を訪問する途中袴をつけずに步いてゐる二人の生徒に出
逢つた、彼は懇に外出するときは袴を著ける樣に說き聞かせた、島田の門
前で藥瓶を下げてゐる島田に出逢つた、その父は永の患ひで床についてゐ
た、彼は父の容態を細々と聞きながら更らに孝養を盡せと言ひ聞かせて見
舞品を置いて歸つた、島田は師の篤き溫情に泣いた、ある明月の夜鐵道線
路を徘ふてゐる一人の鮮童があつた、列車は凄しい響を立て、一直線に飛
んで來た、轢死だ！直覺的に彼の頭腦に閃めいた、彼は苦學をしやうとし
て果さず死を決した若き鮮童であつた、彼は不心得を說いて京城の知人を
紹介してやつた、間もなく彼は舍監になつたある夜の人員點呼に一人缺げ
でゐた、羽根田某と云ふ生徒である、彼は室內に苦しさうに呻吟してゐた
彼は焦ぐ介抱してやつた、彼は翌日慈惠病院に入院した、丁度妹が入院し
てゐた、教諭はその妹は見舞はずに每日缺かさず〇が敎え子の羽根田を見
舞つた、君を見舞ふ事は僕の監務の一つなんだ―彼はさう言つた、いよいよ
生徒廿九名が馬山の水泳に行くことになつた、神ならぬ身はこれが二人の
親愛の三人の妹達ちとの永訣にならうとは夢にも知らず、彼は勇んで出〇

けた、水泳練習の一週間は經過した、その翌くる八日目、彼は前夜から少し
不快だったが押して出場してゐた、生徒達は〇快さうに泳き廻ってゐた、こ
のとき『助けて吳れ…』と絹を劈く樣な呼び聲と同時に一生徒は『先生吉
田と向阪か溺れてゐます』と指す方を見れば二人は沖へ沖へと流されてゆ
く屹と敎諭の胸には强い責任感と大覺悟が動いた彼は溺れゆく二生徒の
後ろを追ふた敎諭の二人の生徒を安全地帶まで運んで來ると氣が弛んだ
のか身體の自由を失って通卷く波の中に見えずなった生徒達ちはこのほ
んの瞬間的な不意の出來事に逢いて急を和田校長に報じた、府尹も警察
署長も馳せつけた、直ちい〇〇隊が出動した、漸く敎諭の死體は發見され
た然し檢診に來た醫師の應急擔當を〇の甲斐もなかった、敎諭豊田一良
氏の靈は二人の愛しい敎え子を長ひ思たりと云ふ安らかな微笑と共に遂
に再び歸らぬ國へ去ったのである。

〈본사 필름 죽음의 빛의 줄거리〉, 《경성일보》, 1922.9.9.(한상무 번역)

대구 중학의 선생 중에 豊田一良이라 불리는 사람이 있었다. 島根縣 那賀郡 江津町 字鄕田에서 살고 있었는데 고등사범학교를 졸업하고 山形현립사범학교와 고등여학교에서 교편을 잡고 있다가 대정 9년 8월 대구중학교에 부임하였다. 아버지가 대구부의 내무과장을 하고 있었기 때문에 아침저녁으로 아버지를 만나볼 수 있는 것이 그로서는 매우 대단한 기쁨이었다. 귀여운 세 명의 여동생들과 생활하게 된 것도 그로서는 큰 기쁨이었다.

어느 날 학교의 테니스 코트에서 학생인 島田가 퇴교할지도 모른다는 소문을 들었다. 그는 동정을 이기지 못하고 그날 밤 島田를 방문하는 도중에 하까마를 입지 않고 걸어가고 있는 두 사람의 학생과 마주쳤다. 그는 친절하게 외출을 할 때에는 하까마를 입고 다니라고 타일렀다. 島田의 문 앞에 약병을 내려놓고 있는데 島田와 마주쳤다. 島田의 아버지는 오랜 질환으로 병들어 누워있었다. 그는 아버지의 용태를 자세히 듣는 것은 물론 효양을 다하라고 타이르면서 위문품을 두고서 돌아왔다. 島田는 선생님의 두터운 온정에 울었다.

어느 보름날 밤 철도선로를 배회하고 있던 한 명의 조선 아이가 있었다. 열차는 쓸쓸한 소리를 내며 일직선으로 날듯이 달려왔다. 깔려 죽었다! 즉각적으로 그의 머릿속에 번득였다. 그는 고학을 하다가 하지 못하게 되자 죽음을 결심한 젊은 조선아이였다. 그는 무분별함을 말하면서 경성의 지인을 소개해 주었다.

곧 그는 사감이 되었다. 어느 밤의 인원 점검에 한 사람이 빠졌다. 羽根田 某라고 불리는 학생인데 그는 방 안에서 고통스럽게 신음하고 있었다. 그는 애타게 병구완을 했다. 그는 다음날 자혜 병원에 입원하였다. 마침 여동생이 입원해 있었다. 교유는 그 여동생을 꼭 병문안하는 김에 매일 빠지지 않고 교유의 제자인 羽根田를 병구완하였다. "너를 병구완하는 일은 나의 임무 중의 하나다."라고 그는 말했다.

바야흐로 학생 29명이 마산의 수영 대회에 가기로 되었다. 신이 아닌 인간에게 있어서 그것이 두 사람의 친애하는 사람과 세 사람의 여동생들과의 영원한 이별이 될 줄은 꿈에도 알지 못하고 그는 용감하게 출전하였다. 수영 연습의 일주간이 경과되었다. 그 다음 날인 8일 째 그는 전날 밤부터 약간 불쾌하였지만 그것을 누르면서 출전하였다. 학생들은 즐겁게 헤엄치면서 돌아오고 있었다. 그 때 "살려 주세요…"라는 비단을 찢는 듯한 비명 소리와 동시에 "선생님, 吉田와 向阪가 물에 빠졌어요."라며 가리키는 방향을 보니 두 사람이 출렁출렁 거리며 떠내려가고 있었다. 틀림없이 교사의 가슴속에는 강한 책임감과 커다란 각오가 움직였을 것이다. 그는 빠져 죽어 가는 두 학생의 뒤를 따라 들어가 교사의 두 제자를 안전지대까지 옮기고 돌아오다가 기운이 풀렸는지 신체의 자유를 잃어버리고 굽이치는 파도 속으로 들어가 보이지 않게 되었다. 학생들은 이 진짜로 일어난 순간적인 불의의 사고와 마주치자 다급한 상황을 和田 교장에게 보고하였다. 부윤도 경찰서장도 급히 달려왔다. 곧바로 경찰대가 출동하였다. 차츰 교사의 사체가 보였다. 그러나 검진 온 의사의 응급담당을 부른 보람도 없었다. 교사 豊田一良씨의 영혼은 두 사람의 사랑스런 제자를 오랫동안 기억하겠다고 말하는 듯 편안한 미소와 함께 마침내 다시는 돌아올 수 없는 나라로 가버렸다.

참고문헌

1. 자료집, 연감, 연표, 사전

『松竹八十年史』, 松竹株式會社, 1975.

『朝鮮銀行會社要錄』, 1921年版.

강옥희·이순진·이승희·이영미, 『식민지 시대 대중예술인 사전』, 도서출판소도, 2006.

岡村紫峰, 『活動写真名鑑 : 前編』, 東京:活動新聞社, 大正12(1923).

권영민, 『한국현대문학대사전』, 서울대학교출판부, 2007.

近代歌舞伎年表編纂室, 『近代歌舞伎年表 京都篇 第六卷』, 八木書店, 2015.

김계자 편역, 『일본어잡지로 보는 식민지영화 2』, 도서출판 문, 2012.

김영희 편, 『『매일신보』전통공연예술 관련기사 자료집 1』, 보고사, 2006.

김종욱, 『실록 한국영화총서(상, 하)』, 국학자료원, 2002.

김종원, 『한국영화감독사전』, 국학자료원, 2005.

김태현 편역, 『일본어 잡지로 보는 식민지 영화 1』, 도서출판 문, 2012.

檀國大 公演藝術研究所 編, 『近代韓國公演藝術史 資料集 1』, 檀大出版部, 1984.

단국대학교 부설 동양학연구소, 『개화기에서 일제강점기까지 한국문화자료총서-일상 생활과 근대 영상매체(영화1, 2)』, 민속원, 2007.

서대석, 손태도, 정충권, 『전통구비문학과 근대 공연예술Ⅱ』, 서울대학교출판부, 2006.

서울역사박물관 편, 『근대대중예술-소리와 영상』, 서울역사박물관, 2003.

松浦幸三 編著, 『日本映畵史大鑑』, 文化出版社, 1982.

수잔 헤이워드(이영기 외 옮김), 『영화사전(개정판)』, 한나래, 2012.

안광희, 『한국 근대 연극사 자료집 1~6권』, 역락, 2001.

양승국, 『한국근대연극영화비평자료집』, 연극과인간, 2004.

朝鮮公論社 編, 『(在朝鮮內地人)紳士名鑑』, 朝鮮公論社, 1917.

朝鮮實業新聞社 編, 『(朝鮮在住內地人)實業家人名士典』, 朝鮮實業新聞社, 1913.

친일인명사전편찬위원회, 『친일인명사전』, 민족문제연구소, 2009.

한국영화사연구소 엮음, 『신문기사로 본 조선영화 1911~1917』, 한국영상자료원, 2009.

_____, 『신문기사로 본 조선영화 1918~1920』, 한국영상자료원, 2009.

_____, 『신문기사로 본 조선영화 1921~1922』, 한국영상자료원, 2010.

한국예술연구소 편, 『이영일의 한국영화사를 위한 증언록―유장산, 이경순, 이창근, 이필우 편』, 2003.

_____, 『이영일의 한국영화사를 위한 증언록―성동호, 이규환, 최금동 편』, 2003.

_____, 『이영일의 한국영화사를 위한 증언록―김성춘, 복혜숙, 이구영 편』, 도서출판 소도, 2003.

허영환, 『정도 600년 서울지도』, 범문사, 1994.

洪永喆, 『釜山映畵 100年』, 韓國映畵資料研究院, 2001.

2. 단행본

岡良介, 『京城繁昌期』, 博文社, 1915.

강준만, 『한국근대사산책 1』, 인물과사상사, 2007.

京城居留民團役所 編, 『京城發達史』, 京城：京城居留民團役所, 明治45[1912].

구견서, 『일본영화 시대성』, 제이앤씨, 2007.

김려실, 『투사하는 제국 투영하는 식민지』, 삼인, 2006.

김미현 편, 『한국영화사 開化期에서 開花其까지』, 커뮤니케이션북스, 2006.

金成姸, 『越境する文学』, 花書院, 2010.

김수남, 『광복 이전 조선영화사』, 월인, 2011.

김의경·유인경 편, 『박노홍의 대중연예사1』, 연극과인간, 2008

김종원, 정중헌, 『우리 영화 100년』, 현암사, 2001.

김호일, 『다시 쓴 한국개항 전후사』, 중앙대학교 출판부, 2002.

魯 晩, 『韓國映畵史』, 韓國俳優專門學院, 1964.

大韓電氣協會 編, 『韓國電氣事業變遷史(草創期~統合韓電)』, 大韓電氣協會,

2000.

藤木秀朗, 『增殖するペルソナ：映画スターダムの成立と日本近代』, 名古屋：名古屋大学出版会, 2007.

루홍스, 슈샤오밍(김정욱 옮김), 『차이나 시네마』, 도서출판 동인, 2002.

木浦開港百年史編纂委員會 編輯, 『木浦開港百年史』, 木浦百年會, 1997.

미나미 히로시(정대성 옮김), 『다이쇼 문화(1905~1927)：일본 대중문화의 기원』, 제이앤씨, 2007.

朴珍, 『世世年年』, 京和出版社, 1966.

박진, 『歲歲年年』, 세손출판회사, 1991.

배경한 엮음, 『20세기 초 상해인의 생활과 근대성』, 지식산업사, 2006.

사토오 다다오(유현목 옮김), 『일본영화이야기』, 다보문화, 1993.

石割平 編著, 『日本映畵興亡史 2』, 東京：ワイズ出版, 2002.

小谷益次郎 編, 『仁川府史』, 仁川府, 昭和8[1933].

市川彩, 『アジア映畵の創造及び建設』, 國際映畵通信社出版部・大陸文化協會本部, 1941.

愼鏞廈, 『新版 獨立協會研究(하)』, 일조각, 2006

安鍾和, 『韓國映畵側面秘史』, 현대미학사, 1998.

앙마누엘 툴레(김희균 옮김), 『영화의 탄생』, 시공사, 1996.

양해남, 『포스터로 읽는 우리 영화 삼십 년』, 열화당, 2007.

오미일, 『한국근대자본가연구』, 한울아카데미, 2002.

우수진, 『한국 근대연극의 형성』, 푸른사상, 2011.

위경혜, 『호남의 극장문화사』, 다홀미디어, 2007.

유모토 고이치(연구공간 수유+너머 동아시아 근대 세미나팀 옮김), 『일본 근대의 풍경』, 그린비, 2004.

유민영, 『한국 근대극장 변천사』, 태학사, 1998.

_____, 『한국인물연극사 1』, 태학사, 2006.

俞賢穆, 『韓國映畵發達史』, 한진출판사, 1980.

李瑞求, 『歲時記』, 培英社, 1973.

이순진, 『조선인극장 단성사 1907~1939』, 한국영상자료원, 2011.

이승기, 『마산영화 100년』, 마산문화원, 2009.

이영일, 『한국영화인물열전』, 영화진흥공사, 1982.

_____, 『한국영화전사』(개정증보판), 도서출판소도, 2004.

이화진, 『조선영화―소리의 도입에서 친일 영화까지』, 책세상, 2005.

이효인, 『한국영화역사강의 1』, 이론과 실천, 1992.

임종국, 『밤의 일제침략사』, 한빛문화사, 2004.

田中純一郎, 『秘錄 日本の活動寫眞』, ワイズ出版, 2004.

_____, 『日本映畵發達史 Ⅰ』, 中央公論社, 1980.

_____, 『秘錄 日本の活動寫眞』, ワイズ出版, 2004.

朝鮮行政編輯總局 編, 『朝鮮統治秘話』, 京城 : 帝國地方行政學會, 昭和12[1937].

조영규, 『바로잡는 협률사와 원각사』, 민속원, 2008.

조희문, 『나운규』, 한길사, 1997.

_____, 『한국영화의 쟁점 1』, 집문당, 2002.

크리스틴 톰슨, 데비드 보드웰, 『Film History an introduction』, HS media, 2011.

호현찬, 『한국영화 100년』, 문학사상사, 2000.

홍성철, 『유곽의 역사』, 페이퍼로드, 2007.

홍영철, 『부산근대영화사』, 산지니, 2009.

Brian Yecies, Ae-Gyung Shim, Korea's Occupied Cinemas, 1893-1948, Routledge, 2011.

Eileen Bowser, The Transformation of Cinema, 1907-1915, (Vol.2 in History of the American Cinema), New York: Charles Scribner's Sons, 1990.

Mark Garrett Cooper, Universal Women: Filmmaking and Institutional Change in Early Hollywood, University of Illinois Press, 2010.

Peter Kobel, Library of Congress, Silent movies : the birth of film and the triumph of movie culture, New York : Little, Brown and Co., c2007.

Rachael Low, The History of British Film Volume Ⅱ, Routledge, 1997.

Richard Abel, encyclopedia of early cinema, Routledge, 2005.

Scot Barmé, Woman, man, Bangkok: love, sex, and popular culture in Thailand, Rowman & Littlefield Publishers, Inc., 2002.

Stephen Bottomore, "Thailand(Siam)", Richard Abel, Encyclopedia of Early Cinema, Routledge, 2005.

3. 연구논문

橋本妹里, 「都市公園의 理解方式과 그 變遷樣相」, 성균관대학교 석사학위논문, 2009.

김수남, 「연쇄극의 영화사적 정리와 미학적 고찰」, 『영화연구』 20호, 2002.

김재석, 「1910년대 한국 신파연극계의 위기의식과 연쇄극의 등장」, 『어문학』 제102집, 한국어문학회, 2008.

김정민, 「1920년대 초반 조선총독부의 활동사진에 대한 인식과 활용에 대하여」 『인문과학연구』 제27집, 2009.

金廷珉, 「1920年代前半における『京城日報』製作映画に関する研究 : 『愛の極み』を中心に」 『マス・コミュニケーション研究』, 日本マス・コミュニケーション学会 編, 2012.

김종원, 「초창기 계몽 위생영화와 〈국경〉의 영화사적 검증」, 『영화평론』 제12호, 1998.

魯晚, 『韓國映畫史』, 韓國俳優專門學院, 1964.

박노현, 「극장(劇場)의 탄생 −1900∼1910년대를 중심으로−」, 『한국극예술연구』 제19집, 한국극예술학회, 2004.

박찬승, 「서울의 일본인 거류지 형성과정 −1880년대∼1903년을 중심으로−」, 『사회와 역사』 62집, 한국사회사학회, 2002.

배병욱, 「1920년대 전반 조선총독부의 선전영화 제작과 상영 」 『지방사와 지방문화』 9권 2호, 2006.

백문임, 「조선 영화의 '풍경의 발견'」, 『동방학지』 제158집, 2012.

복환모, 「1920년대 초 조선총독부 「활동사진반」의 역할에 관한 연구」, 『영화연구』 24호, 2004.

_____, 「한국영화사 초기에 있어서 이토히로부미(伊藤博文)의 영화이용에 관한 연구」, 『영화연구』 28호, 2006.

여선정, 「무성영화시대 식민도시 서울의 영화관람성 연구」, 중앙대학교 석사학위논문, 1999.

上田学, 「映画館の〈誕生〉」, 岩本憲兒 編, 『日本映画の誕生』, 森話社, 2011.

서은선, 「일제 강점기 시대의 단성사 연구」, 상명대학교 석사학위논문, 2005.

笹川慶子, 「海を渡った興行師・播磨勝太郎」, 『關西大學文學論集』 64卷 4號,

2015.

吳鎭錫, 「한국근대 電力産業의 발전과 京城電氣(株)」, 연세대학교 박사학위논문, 2006.

옥미나, 「변사의 매개적 위상 및 의미에 관한 연구 : 한국 영화사에서의 역할을 중심으로」, 중앙대학교 석사학위논문, 2003.

우수진, 「무성영화 변사의 공연성과 대중연예의 형성」, 『한국극예술연구』 28집, 2008.

유선영, 「초기 영화의 문화적 수용과 관객성」, 『언론과 사회』, 2003년 겨울호.

_____, 「할리우드 멜로드라마, 〈동도〉(東道)의 식민지적 영화경험」, 시네마바벨 편, 『조선영화와 할리우드』, 소명출판, 2014.

이순진, 「식민지시대 영화 검열의 쟁점들」, 한국영상자료원 엮음, 『식민지 시대의 영화검열』, 한국영상자료원, 2009.

_____, 「조선 무성영화의 활극성과 공연성에 대한 연구」, 중앙대학교 박사학위논문, 2008.

_____, 「활동사진의 시대(1903~1919), 조선의 영화관객성에 대한 연구—딱지본 번안소설과 수입영화를 중심으로」, 『대중서사연구』 16호, 대중서사학회, 2006.

李在奎, 「유가의 禮樂사상에서 '樂'의 쇠락 원인 추정 및 분석」, 『艮齋學論叢』 제13輯, 艮齋學會, 2012.

李龍南, 「解放 前 朝鮮 映畵劇場史 考察」, 淸州大學校 碩士學位論文, 2001.

李昊杰, 「식민지 조선의 외국영화 – 1920년대 경성의 조선인 영화관에서의 외화 상영」, 『大東文化硏究』 72호, 2010.

이호걸, 「신파양식 연구 : 남성신파 영화를 중심으로」, 중앙대학교 박사학위 논문, 2007.

이희환, 「인천 근대연극사 연구(1883-1950)」, 『인천학연구』 5호, 2006.

전평국, 「우리 영화의 기원으로서 연쇄극(連鎖劇)에 관한 시론」, 『영화연구』 24호, 2004.

정병욱, 「특수은행의 겸업과 보통은행의 정체」, 『역사문제연구』 5호, 2000.

정재왈, 「韓國映畵 登場以前의 映畵上映에 關한 硏究 : 每日申報의 映畵廣告를 中心으로」, 고려대학교 석사학위논문, 1996.

정종화, 「조선 무성영화 스타일의 역사적 연구」, 중앙대 박사논문, 2012.

정충실, 「통영청년단의 순회상영과 관객의 영화관람(1921~1923)」, 『정신문화연구』

38권 2호, 2015.

조영규, 「協律社와 圓覺社 研究」, 연세대학교 박사학위논문, 2004.

조희문, 「무성영화의 해설자 변사 연구」, 『영화연구』 13호, 1997.

_____, 「연쇄극 연구」, 『영화연구』 15호, 한국영화학회, 2000.

_____, 「草創期 韓國映畵史 研究」, 中央大學校 博士學位論文, 1992.

_____, 「한국영화 기점에 관한 연구」, 『영화연구』 9호, 1993.

_____, 「'한국영화'의 개념적 정의와 기점 (基点) 에 관한 연구」, 『영화연구』 11호, 1996.

주창규, 「버나큘러 모더니즘의 스타로서 무성영화 변사의 변형에 대한 연구」, 『영화연구』 32호, 2007.

_____, 「역사의 프리즘으로서 '映畵란 何오' : 충무로 영화의 문화적 근대성 연구」, 중앙대학교 박사학위논문, 2004.

최은숙, 「변사 연행 연구 : 문화번역과 청각적 모더니티 맥락에서」, 한국예술종합학교 석사학위논문, 2007.

한상언, 「1920년대 초반 동아문화협회의 영화활동」, 『한국영화사연구』 6호, 한국영화사학회, 2007.

호시노 유우코, 「'경성인'의 형성과 근대 영화산업 전개의 상호 연관성 연구」, 서울대석사논문, 2011.

洪善英, 「1910년 전후 서울에서 활동한 일본인 연극과 극장」, 『일본학보』 제56호, 한국일본학회, 2003.

홍영철, 〈영화인 故 이필우 선생〉, 《예술부산》, 2009.

横田洋, 「連鎖劇の研究 : 明治・大正期の映画と演劇の関係をめぐって」, 大阪大学博士論文, 2010.

4. 신문 잡지 기사

《朝鮮新報》, 1892.5.25.

〈[各方面의成功苦心談(八)] 興行界의 老將 朴承弼氏〉, 《中外日報》, 1929.11.1~2.

〈『生の誇』衛生課の宣傳寫眞完成す〉, 《京城日報》, 1922.4.1.

〈「愛の極み」劇 撮影終了す〉, 《京城日報》, 1922.3.21.

〈[廣告]〉, 《京城日報》, 1910.3.12.

〈[廣告]〉, 《京城日報》, 1916.1.1.

〈[廣告]〉, 《京城日報》, 1917.1.1.

〈[廣告]〉, 《京城日報》, 1935.12.20.

〈[廣告]〉, 《大韓每日申報》, 1908.7.26.

〈[廣告]〉, 《大韓民報》, 1910.4.16.

〈[廣告]〉, 《大韓民報》, 1910.5.1.

〈[廣告]〉, 《獨立新聞》, 1897.5.13.~6.12.

〈[廣告]〉, 《獨立新聞》, 1897.6.12.

〈[廣告]〉, 《每日申報》, 1912.1.26.

〈[廣告]〉, 《每日申報》, 1912.11.8.

〈[廣告]〉, 《每日申報》, 1916.12.17.

〈[廣告]〉, 《每日申報》, 1916.12.21.~26.

〈[廣告]〉, 《帝國新聞》, 1904.12.7.

〈[廣告]〉, 《朝鮮新聞》, 1914.1.1.

〈[廣告]〉, 《朝鮮新聞》, 1914.9.2.

〈[廣告]〉, 《朝鮮新聞》, 1914.10.10.

〈[廣告]〉, 《朝鮮新聞》, 1915.3.12.

〈[廣告]〉, 《皇城新聞》, 1900.3.3.

〈[廣告]〉, 《皇城新聞》, 1905.4.24.~5.10.

〈[廣告]〉, 《皇城新聞》, 1906.4.30.~5.15.

〈[廣告]〉, 《皇城新聞》, 1906.8.13.~15.

〈[廣告]〉, 《皇城新聞》, 1907.4.19.~4.23.

〈[廣告]〉, 《皇城新聞》, 1907.4.24.~5.7.

〈[廣告]〉, 《皇城新聞》, 1907.5.30.~7.16.

〈[廣告]〉, 《皇城新聞》, 1907.9.24.~10.11.

〈[廣告]〉, 《皇城新聞》, 1909.7.31.~8.6.

〈[廣告]〉, 《The Independent》, 1897.5.13~6.15.

〈[廣告]〉, 《キネマ・レコード》 no.28, 1915.10.

〈[廣告]〉, 《キネマ・レコード》 no.39, 1916.9.

〈[廣告]〉,《キネマ·レコード》no.40, 1916.10.

〈[廣告]〉,《キネマ·レコード》no.51, 1917.11~12.

〈[廣告]開館披露〉,《朝鮮新聞》, 1913.10.30.

〈[廣告]客案內婦人入用〉,《朝鮮新聞》, 1913.3.31.

〈[廣告]京城高等演藝館〉,《大韓民報》, 1910.5.1.

〈[廣告]京城高等演藝館〉,《每日申報》, 1912.6.16.

〈[廣告]京城高等演藝館〉,《每日申報》, 1912.9.17.

〈[廣告]京城高等演藝館〉,《朝鮮新聞》, 1912.9.17.

〈[廣告]京城高等演藝館〉,《朝鮮新聞》, 1912.11.5.

〈[廣告]空前絕後의 妓生歌舞〉,《每日申報》, 1912.4.21.

〈[廣告]金原商店〉,《每日申報》, 1912.9.28.

〈[廣告]金原商會〉,《朝鮮新聞》, 1912.9.28.

〈[廣告]大戰亂活動寫眞大會〉,《朝鮮新聞》, 1914.10.10.

〈[廣告]大正館〉,《朝鮮新聞》, 1912.12.3.

〈[廣告]大正館〉,《京城日報》, 1917.6.20.

〈[廣告]大革新〉,《朝鮮新聞》, 1913.3.30.

〈[廣告]模範的常設活動寫眞館開館〉,《朝鮮新聞》, 1912.11.8.

〈[廣告]壽座〉,《京城日報》, 1917.9.19.

〈[廣告]壽座〉,《京城日報》, 1917.9.29.

〈[廣告]壽座〉,《京城日報》, 1917.10.4.

〈[廣告]壽座〉,《京城日報》, 1918.5.7.

〈[廣告]新田演藝部〉,《京城日報》, 1917.1.1.(附錄 其三 2면)

〈[廣告]新築落成 京龍館 柿葺落〉,《京城日報》, 1921.7.19.

〈[廣告]有樂館〉,《京城日報》, 1917.3.21.

〈[廣告]有樂館〉,《京城日報》, 1917.3.29.

〈[廣告]有樂館〉,《京城日報》, 1917.4.15.

〈[廣告]有樂館〉,《京城日報》, 1919.4.28.

〈[廣告]有樂館〉,《京城日報》, 1917.5.4.

〈[廣告]有樂館〉,《京城日報》, 1917.5.10.

〈[廣告]有樂館〉,《京城日報》 1917.8.3.

〈[廣告]有樂館〉, 《每日申報》, 1918.6.25.

〈[廣告]有樂館〉, 《京城日報》, 1919.4.28.

〈[廣告]黃金館〉, 《朝鮮新聞》, 1914.4.9.

〈[廣告]黃金館〉, 《京城日報》, 1916.10.31.

〈[廣告]黃金館〉, 《京城日報》, 1917.5.5.

〈[廣告]黃金館〉, 《京城日報》, 1917.7.27.

〈[廣告]黃金館〉, 《京城日報》, 1919.2.21.

〈[廣告]黃金館〉, 《京城日報》, 1919.2.23.

〈[寫眞]〉, 《東亞日報》, 1925.4.1.

〈25년 만에 비로소 공개되는 고 이필우 옹의 「영화사」 증언〉, 《映畫藝術》, 1992.7.

〈歌舞伎座의 大火〉, 《每日申報》, 1912.2.22.

〈歌舞伎座の北村劇〉, 《京城新報》, 1908.1.23.

〈歌舞伎座の津田政登場〉, 《京城新報》, 1908.1.29.

〈各地活動界近狀〉, 《キネマ・レコード》 no.48, 1917.6.

〈減下不能說에 首相, 總督에 陳情〉, 《每日申報》, 1926.7.21.

〈京劇利益處分〉, 《京城日報》, 1922.2.26.

〈京劇の柿葺落〉, 《京城日報》, 1921.8.10.

〈慶南道宣傳用『愛の極』公開〉, 《京城日報》, 1922.8.27.

〈京龍館新築落成〉, 《京城日報》, 1921.7.29.

〈京龍館替外題〉, 《京城日報》, 1921.7.24.

〈京城 各 活動常設館의 映畫『동쪽길』爭鬪戰〉, 《每日申報》, 1923.3.9.

〈京城松竹座十三日開く〉, 《京城日報》, 1934.7.12.

〈京城演藝風聞錄〉, 《朝鮮公論》, 1919.7.

〈京城演藝風聞錄〉, 《朝鮮公論》, 1919.8.

〈京城演藝風聞錄〉, 《朝鮮公論》, 1919.10.

〈京城慈善音樂演奏會〉, 《朝鮮新報》 1906.10.26.

〈京城活辯の裏表〉, 《朝鮮公論》, 1913.12.

〈京城を背景に〉, 《京城日報》, 1917.10.1.

〈京城の實業家 (其二) 新田耕市君〉, 《朝鮮公論》, 第4卷 第3號, 1916.3.

〈京城の演藝界〉, 《朝鮮新聞》, 1910.7.17.

〈高等演藝館 喝采聲〉,《每日申報》, 1912.5.2.

〈高等演藝의 名譽〉,《大韓民報》, 1910.6.2.

〈고샹흔 활동사진〉,《每日申報》, 1916.5.4.

〈口繪寫眞〉,《朝鮮公論》, 第4卷 第10號, 1916.10.

〈極東映畵俱樂部〉,《京城日報》, 1922.9.15.

〈劇場 團成社 燒失〉,《每日申報》, 1915.2.19.

〈劇場本町座大火災〉,《京城新報》, 1909.2.18.

〈劇場と興亡 過去十六年間の京城〉,《京城日報》, 1921.8.13.

〈金原商會의 新設〉,《每日申報》, 1911.8.11.

〈今日晝夜團成社에〉,《每日申報》, 1922.5.5.

〈今日は義州(會場未定)〉,《京城日報》, 1921.10.14.

〈金小浪一行의 衛生劇〉,《每日申報》, 1920.7.30.

〈內地に於ける朝鮮事情紹介〉,《京城日報》, 1921.9.10.

〈ダヌンチオの舞臺撮影監督〉,《京城日報》, 1917.4.1.

〈團社活動〉,《皇城新聞》, 1910.6.8.

〈단셩샤가 팔려〉,《每日申報》, 1917.2.18.

〈團成社 失火 公判〉,《每日申報》, 1915.3.17.

〈團成社의 改築〉,《每日申報》, 1918.6.21.

〈團成社의 新餘興〉,《每日申報》, 1919.5.9.

〈當業家訪問錄〉,《キネマ・レコード》 no.28, 1915.10.

〈當業者訪問記〉,《キネマ・レコード》 no.39, 1916.9.

〈大同江で活動寫眞〉,《朝鮮新聞》, 1915.8.7.

〈大正五年度日本物の鑑賞〉,《キネマレコード》, 1917.1.

〈大正活動寫眞館〉,《朝鮮新聞》, 1912.11.9.

〈途聽途說〉,《每日申報》, 1912.5.30.

〈독자긔별〉,《每日申報》, 1915.2.26.

〈讀者의聲〉,《朝鮮新聞》, 1911.10.8.

〈東京シネマ商會〉,《キネマレコード》, 1917.7.

〈馬賊討伐實況〉,《京城日報》, 1922.7.26.

〈魔? 人?〉,《朝鮮新聞》, 1917.6.13.~18.

〈名金來る〉, 《京城日報》, 1916.6.23.

〈明快な發聲にフアンの狂喜〉, 《京城日報》, 1930.1.30.

〈目出度く手打ら〉, 《京城日報》, 1916.6.1.

〈防疫衛生劇映畫〉, 《每日申報》, 1920.6.24.

〈本社巡廻活動を見て 齊藤總督の賞讚〉, 《京城日報》, 1922.4.15.

〈本社フイルム死の輝き梗概〉, 《京城日報》, 1922.9.9.

〈本紙連載小說『怒濤の月』劇〉, 《京城日報》, 1917.10.8.

〈本紙連載の怒濤の月〉, 《京城日報》, 1917.10.5.

〈本紙五千號自祝記念 讀者慰安大會 朝鮮全道に亘り開催〉, 《京城日報》, 1921.9.12.

〈붓방아〉, 《每日申報》, 1915.4.13.

〈寫眞活動勝於生人活動〉, 《皇城新聞》, 1901.9.14.

〈澁澤一座と癈馬〉, 《朝鮮新聞》, 1915.6.28.

〈常設活動館 出願〉, 《每日申報》, 1920.8.10.

〈商業月報〉, 《キネマレコード》, 1917년 11~12월호.

〈雪崩の如く殺到らた觀衆〉, 《京城日報》, 1921.9.18.

〈蘇生つた芝居寄席〉, 《京城日報》1917.4.12.

〈松竹問題解決す〉, 《京城日報》, 1934.7.1.

〈松竹キネマ映畫試演大會〉, 《京城日報》, 1921.12.15.

〈獸疫豫防活動寫眞班〉, 《朝鮮新聞》, 1921.3.17.

〈壽座の『怒濤の月』〉, 《京城日報》, 1917.10.8.

〈巡廻活動寫眞準備〉, 《東亞日報》, 1921.6.13.

〈巡廻活動寫眞 「愛の極み」撮影〉, 《京城日報》, 1922.3.16.

〈時事新聞續刊〉, 《每日申報》, 1921.4.22.

〈施政宣傳の爲め雪中に橇な驅り〉, 《朝鮮新聞》, 1921.1.11.

〈新田演藝部〉, 《京城日報》附錄 其三, 1917.1.1.

〈新築落成ㅎ 團成社〉, 《每日申報》, 1914.1.17.

〈樂屋裏から〉, 《朝鮮公論》, 第11卷 第5號, 1923.5.

〈御挨拶〉, 《京城日報》, 1922.11.6.

〈エノケンの醉虎傳〉, 《京城日報》, 1934.11.15.

〈演劇의月朝〉, 《朝鮮新聞》, 1911.10.1. 附錄1.

〈演劇場風波〉,《大韓每日申報》, 1908.9.12.

〈連鎖劇來る〉,《釜山日報》, 1915.11.5.

〈連鎖劇と割引〉,《朝鮮新聞》, 1915.7.5.

〈連鎖喜劇開演延期〉,《京城日報》, 1917.9.28.

〈演藝〉,《朝鮮新聞》, 1911.6.14.

〈演藝〉,《朝鮮新聞》, 1913.9.5.

〈演藝〉,《朝鮮新聞》, 1915.5.21.

〈演藝〉,《朝鮮新聞》, 1915.6.17.

〈演藝〉,《朝鮮新聞》, 1915.7.2.

〈演藝〉,《朝鮮新聞》, 1915.8.15.

〈演藝界〉,《每日申報》, 1912.6.19.

〈演藝界〉,《每日申報》, 1912.11.8.

〈演藝界〉,《朝鮮新聞》, 1912.11.7.

〈演藝界〉,《朝鮮新聞》, 1913.1.11.

〈演藝開場〉,《大韓民報》, 1910.2.18.

〈演藝館主晚餐會〉,《大韓民報》, 1910.2.15.

〈演藝館主披露〉,《大韓民報》, 1910.2.13.

〈演藝館請牒〉,《皇城新聞》, 1910.2.18.

〈演藝 團成社 設立〉,《萬歲報》, 1907.6.7.

〈演藝御覽〉,《皇城新聞》, 1910.4.9.

〈演藝株式會社創立の準備中〉,《京城日報》, 1917.9.22.

〈演藝だより〉,《京城新報》, 1911.8.29.

〈演況彫殘〉,《大韓每日申報》, 1909.10.24.

〈演興戛演〉,《皇城新聞》, 1909.2.3.

〈演興不興〉,《大韓每日申報》, 1908.10.17.

〈연흥사의 죠흔 판소리〉,《每日申報》, 1915.4.17.

〈연흥샤허가쟉쇼〉,《每日申報》, 1914.11.7.

〈映畵界通信〉,《朝鮮公論》, 第10卷 第10號, 1922.10.

〈映畵팬의 今昔譚 － 團成社主 朴晶鉉氏 訪問記〉,《中央》, 4卷 4號, 1936.4.

〈映畵の封切 地方改良活寫〉,《朝鮮新聞》, 1921.1.16.

〈映し出す紙上のフ井ルム〉,《朝鮮新聞》, 1917.6.3.~8.

〈おことわり〉,《キネマ・レコード》no.16, 1914.10.

〈外國活動寫眞界近況〉,《キネマ・レコード》no.29, 1915.11.

〈優美館의 衛生劇〉,《東亞日報》, 1920.7.29.

〈又設演臺〉,《皇城新聞》, 1907.11.30.

〈蔚山白骨事件〉,《京城日報》, 1917.3.16.

〈雄麗な畵, 平面な筋〉,《京城日報》, 1917.4.8.

〈원각샤의연극금지〉,《每日申報》, 1912.10.2.

〈衛生講演活動寫眞〉,《每日申報》, 1922.6.18.

〈衛生講話와幻燈會〉,《東亞日報》, 1920.9.11.

〈衛生劇 脚本은『人生의 仇』〉,《東亞日報》, 1920.7.30.

〈위싱사진과 연극〉,《朝鮮日報》, 1920.6.26.

〈衛生宣傳寫眞〉,《京城日報》, 1922.3.7.

〈有樂館落成祝賀會〉,《京城日報》, 1915.9.19.

〈有樂館舞臺開〉,《京城日報》, 1915.9.13.

〈有樂館の開館式〉,《京城日報》, 1915.9.20.

〈仁川歌舞伎座〉,《朝鮮新聞》, 1915.4.10.

〈仁川に新らしき常設館〉,《朝鮮新聞》, 1914.8.3.

〈仁川の連鎖劇〉,《朝鮮新聞》, 1915.4.1.

〈仁川の連鎖劇〉,《朝鮮新聞》, 1915.4.5.

〈인천활동샤진관의 대셩황〉,《每日申報》, 1914.11.3.

〈一劇千金〉,《大韓每日申報》, 1910.4.10.

〈入場券有無調査〉,《每日申報》, 1912.1.23.

〈入場料直上〉,《朝鮮新聞》, 1914.9.4.

〈刺戟に狂へる京城の女〉,《朝鮮公論》, 1915.8.

〈慈善演藝會 = 仁川開港以來の美事〉,《朝鮮新報》, 1892.6.5.

〈慈善活動寫眞會〉,《大韓民報》, 1909.7.8.

〈長安社把守〉,《每日申報》, 1910.9.29.

〈全南巡廻活寫〉,《朝鮮新聞》, 1920.9.2.

〈朝鮮映畵製作年譜 1~5〉,《朝鮮日報》, 1938.12.2.~6.

〈朝鮮一の活動寫眞館〉,《朝鮮新聞》, 1914.10.29.

〈戰亂の巴里と佛國活動界〉,《キネマ・レコード》no.17, 1914.11.

〈第二大正館新面目〉,《毎日申報》, 1914.6.3.

〈第三回愛讀者慰安巡廻活動寫眞〉,《京城日報》, 1922.9.21.

〈種痘豫防の宣傳劇 衛生課で製作〉,《京城日報》, 1922.2.5.

〈朝鮮事情宣傳映畫を各府縣にて公開映寫〉,《京城日報》, 1922.10.20.

〈朝鮮映畫登錄技能者名簿〉,《映畫旬報》87호.

〈朝鮮人 飛行家〉,《毎日申報》, 1921.5.5.

〈朝鮮活動寫眞館〉,《朝鮮日報》, 1921.3.5.

〈地方改良活動寫眞〉,《毎日申報》, 1920.10.2.

〈嶄新宏壯活動寫眞〉,《大韓毎日申報》, 1909.6.9.~7.3.

〈責協律社觀光者〉,《大韓毎日申報》, 1906.3.16.

〈天然色의活動寫眞〉,《毎日申報》, 1914.2.13.

〈天然色活動寫眞〉,《朝鮮新聞》, 1914.3.8.

〈青年團活動寫眞隊〉,《東亞日報》, 1921.7.16.

〈清人演劇〉,《大韓毎日申報》, 1909.4.16.

〈初日の『怒濤の月』劇〉,《京城日報》, 1917.10.7.

〈總督官邸でトーキー試寫會〉,《京城日報》, 1930.1.29.

〈最近の活動寫眞〉,《朝鮮新聞》, 1916.2.3.

〈カビリアの梗概〉,《京城日報》, 1917.4.1.~2.

〈キネマ界往來〉,《朝鮮公論》, 第12卷 第2號, 1925.3.

〈キネマ樂屋噺〉,《朝鮮公論》, 第13卷 第3號, 1925.3.

〈統營青年巡廻活動隊〉,《毎日申報》, 1921.8.6.

〈特別大廣告〉,《皇城新聞》, 1908.5.26.~6.5.

〈平壤の活動寫眞〉,《朝鮮新聞》, 1915.8.12.

〈瓢館開館式〉,《朝鮮新聞》, 1914.10.31.

〈豊田教諭殉職の眞相〉,《京城日報》, 1922.9.26.

〈豊田教諭の殉職は事實だ〉,《京城日報》, 1922.9.16.

〈閒雜遊戲〉,《皇城新聞》, 1899.4.3.

〈韓太子の御父君へ御献品〉,《活動寫眞界》3號, 明治42年.

〈協同船會〉,《皇城新聞》, 1899.2.18.

〈活動館統一計劃〉,《朝鮮日報》, 1921.3.19.

〈活動寫眞〉,《帝國新聞》, 1905.6.3.

〈活動寫眞契約〉,《皇城新聞》, 1910.5.17.

〈活動寫眞內幕(上)〉,《朝鮮新聞》, 1916.3.23.

〈活動寫眞內幕(下)〉,《朝鮮新聞》, 1916.3.24.

〈活動寫眞辯士 座談會〉,《朝光》, 4卷 4號, 1938.4.

〈活動寫眞商業雜記〉,《キネマ・レコード》no.9, 1914.3.

〈活動寫眞御覽〉,《皇城新聞》, 1908.3.28.

〈活動寫眞 이약이〉,《別乾坤》, 2號, 1926.12.

〈活動寫眞(仁川)〉,《朝鮮新聞》, 1914.9.18.

〈活動寫眞の活動話〉,《朝鮮新聞》, 1915.3.10.

〈活動常設出願〉,《朝鮮日報》, 1920.12.11.

〈活動留聲〉,《大韓民報》, 1909.6.19.

〈活畵劇御覽〉,《大韓每日申報》, 1910.4.9.

〈黃金館落成式〉,《京城日報》, 1916.6.7.

〈黃金館覘き〉,《朝鮮新聞》, 1914.4.25.

〈黃金館の開館〉,《京城日報》, 1917.4.5.

〈フイルム・レコード〉,《キネマ・レコード》no.29, 1915.11.

〈フイルム・レコード〉,《キネマ・レコード》no.38, 1916.8.

〈フイルム・レコード〉,《キネマ・レコード》no.40, 1916.10.

〈フイルム界の新事〉,《キネマ・レコード》no.38, 1916.8.

〈フイルム界の新事〉,《キネマ・レコード》no.39, 1916.9.

〈フイルム界の新事〉,《 キネマ・レコード》no.40, 1916.10.

〈희뒤쇼식〉,《每日申報》, 1915.5.30.

〈희뒤쇼식〉,《每日申報》, 1915.6.4.

〈噫豊田敎諭劇〉,《京城日報》, 1922.9.2.

〈稀しい盛況であつた全州の衛生劇〉,《京城日報》, 1921.7.2.

江戶ッ子,〈京城活動寫眞界の內幕〉,《朝鮮及滿洲》, 1916.2.

京城の人, 〈[內地活動寫眞界近況]朝鮮(Korea)〉, 《Kinema-Record》, 1915.4.10.

勸告生, 〈독쟈긔별〉, 《每日申報》, 1915.8.24.

歸山敎正, 〈活動寫眞科學講話(一)〉, 《Film Record》, 1卷 4號, 1913.11.

克生, 〈朝鮮키네마特作『금붕어』를 보고〉, 《東亞日報》, 1927.7.10.

迷々亭主人, 〈京城キネマ界漫步〉, 《朝鮮及滿洲》, 通卷 197號, 1924.4.

白夜生, 〈朝鮮映畵15年〉, 《朝鮮日報》, 1936.2.21.~3.1.

白銀幕夫, 〈映畵街漫步〉, 《朝鮮公論》, 第16卷 4號, 通卷181號, 1928.4, 3의7~10.

本誌記者, 〈鮮滿映畵界人物總卷り〉, 《朝鮮公論》, 第10卷 第11號, 1922.11.

本誌記者, 〈興味津々全朝鮮映畵界人物總卷り〉, 《朝鮮公論》, 第12卷 第10號,
　　　1924.10.

北野南窓, 〈釜山より〉, 《活動寫眞雜誌》, 1915年 2月號.

徐光霽, 〈[映畵批評] 아리랑後篇(三)〉, 《朝鮮日報》, 1930.2.22.

誠耳, 〈The Kirin-Kan〉, 《Film Record》, 1卷, 1號, 1913.10.

小川誠耳, 〈先年度の活動寫眞界雜感〉, 《Film Record》2卷 6號, 1914.1.

孫煒斌, 〈朝鮮映畵史 －十年 間의 變遷－〉, 《朝鮮日報》, 1933.5.28.

松本輝華, 〈[映畵夜話] 螺鈿の木机に靠れての噺〉, 《朝鮮公論》, 1923.2.

＿＿＿＿, 〈京城キネマ界〉, 《朝鮮公論》, 1921.9.

＿＿＿＿, 〈京城キネマ界風聞錄〉, 《朝鮮公論》, 第13卷 第4號, 1925.4.

＿＿＿＿, 〈キネマ界通信〉, 《朝鮮公論》, 1922.1.

＿＿＿＿, 〈キネマ界通信〉, 《朝鮮公論》, 1921.11.

沈熏, 〈朝鮮映畵總觀〉, 《朝鮮日報》, 1929.1.1., 4.

＿＿, 〈朝鮮映畵人 언파레드〉, 《東光》 第23號, 1931.7.

樂屋鼠, 〈[映畵界秘話] 京城說明者의 懷中調〉, 《朝鮮公論》, 1925年 1月號.

安鍾和, 〈朝鮮映畵發達의小考〉, 《朝鮮日報》, 1938.11.20~27.

愛活生, 〈朝鮮キネマ界〉, 《活動寫眞雜誌》, 1917年 10月號.

若柳綠朗, 〈演藝樂屋噺〉, 《朝鮮及滿洲》, 通卷 243號, 1928.2.

宇佐見誠一郎, 〈松竹映畵肩替り問題の眞相〉, 《朝鮮及滿洲》, 通卷 320號,
　　　1934.7.

柳興台, 〈銀幕 暗影 속에 喜悲를 左右하든 當代 人氣 辯士 徐相昊 一代記〉, 《朝光》,
　　　4卷 10號, 1938.10.

尹白南, 〈演劇과 社會〉, 《東亞日報》, 1920.5.16.

李龜永, 〈事件으로 본 映畫裏面史(2)〉, 《映畫藝術》, 1970년 12월호.

_____, 〈事件으로 본 映畫裏面史(3)〉, 《映畫藝術》, 1971년 1월호.

_____, 〈朝鮮映畫界의 過去-現在-將來〉, 《朝鮮日報》, 1925.11.26.

_____, 〈朝鮮映畫의 印象〉, 《每日申報》, 1925.1.1.

이필우, 〈나의 인생 나의 보람〉, 《부산일보》, 1977.

林和, 〈朝鮮映畫發達小史〉, 《三千里》, 1941年 6月號.

酒居正雄, 〈京城の活動寫眞界〉, 《朝鮮及滿洲》, 1922年 1月號.

竹本國夫, 〈京城映畫界の今昔〉, 《朝鮮公論》, 第13卷 第2號, 1925.2.

片山二施毛, 〈京城の近況〉, 《活動之世界》, 1916年 8月號.

編輯局, 〈活動俳優所屬並に人員〉, 《活動之世界》, 1917年 9月號.

花村晨二郎, 〈朝鮮の浪花節と活動寫眞界〉, 《朝鮮公論》通卷 24號, 1915.3.

曉太郎, 〈演藝界通信〉, 《朝鮮公論》, 第9卷 第10號, 1921.10.

S.I.生, 〈滿韓印象記〉, 《活動寫眞界》, 14號, 明治43年[1910].

찾아보기

극장 및 단체

인명

작품명